# VIAȚA MEA,
# CREDINȚA MEA (I)

„Eu iubesc pe cei ce mă iubesc,
și cei ce mă caută cu tot dinadinsul mă găsesc.”
(Proverbele lui Solomon 8:17).

# VIAȚA MEA,
# CREDINȚA MEA (I)

Dr. Jaerock Lee

VIAŢA MEA, CREDINŢA MEA (I), de dr. Jaerock Lee
Publicat de către editura Urim Books (Reprezentant: Kyungtae Noh)
361-66, Shindaebang Dong, Dongjak Gu, Seul, Coreea
www.urimbooks.com

Citatele bilice au fost extrase din varianta de traducere pr. Dumitru Cornilescu.

Drepturi de autor © 2013 dr. Jaerock Lee
ISBN: 978-89-7557-726-0, ISBN: 978-89-7557- 725-3(set)
Drepturi de autor pentru traducere © 2012 dr. Esther K. Chung. Material folosit cu permisiune.

Carte publicată anterior în 2006, în limba coreeană, de către Christian Press, Seoul, Korea

*Prima ediţie apărută în mai 2013*

Editarea: Eunmi Lee
Designul executat de către editura Urim Books
Tiparul executat de Yewon Priting Company
Pentru informaţii suplimentare contactaţi-ne la: urimbook@hotmail.com

# Aromă profound spirituală

Se spune că parfumul de trandafir cel mai înmiresmat se obține din trandafirii munților Balcani. Dar nu oricum. Pentru a obține un parfum de cea mai bună calitate, trebuie să extragem esența din trandafirii culeși la ora două dimineața, momentul cel mai friguros și întunecat.

*„Viața Mea, Credința Mea (I)",* autobiografia doctorului Jaerock Lee, oferă cititorilor săi cea mai înmiresmată aromă spirituală. Aceasta deoarece viața sa își extrage seva din dragostea lui Dumnezeu, experimentând în același timp valurile întunecate ale vieții, de la jugul rece și până la culmea disperării.

De ce nu ar fi putut și dr. Lee să viseze la o viață luminoasă și strălucitoare asemeni tinerilor de vârsta sa? A fost o perioadă din viața sa când s-a luptat să devină absolventul unui liceu cu renume, să studieze în străinătate și să devină un om împlinit și important. Dar în ciuda visului său, viața sa a cunoscut o cădere în valea disperării. Corpul său s-a acoperit de rănile bolii. În loc să câştige faimă a fost neglijat şi privit cu dispreţ de către cei apropiaţi. A conştientizat profund şi pe deplin cât de lipsită de sens este iubirea acestei lumi. A conştientizat ce înseamnă sărăcia şi cât de dureros e să fi neputincios ca şi susţinător al familiei. A avut chiar două tentative de sinucidere.

Pe când se afla în valea disperării, aproape rămas fără suflare, l-a întâlnit pe Dumnezeu. Până atunci s-a luptat de unul singur cu viaţa sa zbuciumată. Dar Domnul atotputernic şi plin de iubire a venit la el, a intrat în viaţa sa şi a rămas alături de el. Dumnezeu l-a eliberat de disperare şi l-a umplut de speranţa împărăţiei cereşti! „Cum pot să răsplătesc această minunată bunătate a Domnului?" a devenit întrebarea laitmotiv a vieţii doctorului Lee. A făcut ceea ce Domnul i-a spus să facă, nu a încălcat poruncile Lui. A devenit prizonierul iubirii nemărginite a lui Dumnezeu, iar scopul suprem al vieţii sale a fost să placă Domnului.

Mărturisirea dragostei profunde a apostolului Pavel este şi mărturisirea de credinţă a pastorului Lee. *«Cine ne va despărţi pe noi de dragostea lui Hristos? Necazul, sau strâmtorarea, sau prigonirea, sau foametea, sau lipsa de îmbrăcăminte, sau primejdia sau sabia? După cum este scris, „Din pricina Ta suntem daţi morţii toată ziua; suntem socotiţi ca nişte oi de tăiat." Totuşi în toate aceste lucruri suntem mai mult decât biruitori, prin Acela care ne-a iubit. Căci sunt bine încredinţat că nici moartea, nici viaţa, nici îngerii, nici stăpânirile, nici puterile, nici lucrurile de acum, nici cele viitoare, nici înălţimea, nici adâncimea, nici o altă făptură, nu vor fi în stare să ne despartă de dragostea lui*

*Dumnezeu, care este în Isus Hristos, Domnul nostru.»* (Romani 8:35)

După cum este scris în Proverbele lui Solomon 8:17, *«Eu iubesc pe cei ce mă iubesc, şi cei ce mă caută cu tot dinadinsul mă găsesc,»* dacă era voia Domnului, dr. Lee răspundea din suflet doar cu un „Da" sau cu „Amin", în orice situaţie. Dumnezeu l-a înveşmântat cu puterea Sa şi l-a aşezat mai presus de această lume. Biserica sa, numită Biserica Centrală Manmin-Joong-ang (centrală), Manmin (întreaga creaţie)-se roagă pentru toţi oamenii de toate naţiile după cum o spune şi numele acesteia „Manmin". Ea înfăptuieşte viziunile trimise de Dumnezeu una după alta şi a devenit locul principal de manifestare a lucrării Duhului Sfânt.

Reverendul dr. Lee înţelege durerea celor bolnavi, deoarece el însuşi a suferit din cauza atâtor boli. El înţelege suferinţa celor cu inima zdrobită tocmai pentru că şi el a fost batjocorit şi dispreţuit. El înţelege inima celor ce suferă de jugul greu al sărăciei, deoarece a cunoscut sărăcia cruntă. Din aceste motive mii de credincioşi din biserica sa se adună în jurul său doar ca să-l vadă.

Viaţa reverendului dr. Lee este unul din cele mai dramatice cazuri de schimbare a vieţii unei persoane după întâlnirea cu Dumnezeu. Exemplul său ne arată cum o viaţă de evlavie şi de ascultare deplină a lui Dumnezeu poate să dea atât de multe roade spirituale şi materiale.

Modul în care şi-a trăit viaţa ne arată cu toată convingerea că secretul tuturor binecuvântărilor este de a deveni la fel de sfânt şi pur precum cristalul, aşa cum Dumnezeu Tatăl este sfânt-uneori ca şi un leu răgind, alteori milos şi blând ca şi mâinile unei mame.

Aşa cum viaţa doctorului Lee emană un parfum spiritual pătrunzător, sper că toţi cititorii acestei cărţi vor fi capabili să emane un parfum mai intens decât cel al trandafirilor din munţii Balcani.

10 Decembrie 2006

Dr. Esther K. Chung

Fost preşedinte al Universităţii femeilor din Seul, Coreea
Preşedinte al Seminarului Internaţional Manmin, Seul, Coreea
Profesor onorific, Universidad Nacional de San Antonio Abad del Cusco, Peru

# Suferinţă şi credinţă arzătoare

Cartea „*Viaţa Mea, Credinţa Mea*" oferă un răspuns clar întrebării „cum să trăim o viaţă de creştin?". Aşadar este o carte pentru toţi acei care l-au primit pe Isus Hristos în viaţa lor şi cred în sângele Său vărsat pe cruce.

Sincer vorbind, dr. Jaerock Lee, pastor senior al Bisericii Centrale Manmin, este o persoană pe care nu am cunoscut-o foarte bine. Într-o zi unul dintre colegii mei mi-a oferit cartea sa, „*Viaţa Mea, Credinţa Mea*", şi citind-o nu am putut să nu izbucnesc în lacrimi. Deschideam această carte când nu puteam adormi noaptea târziu şi mă capta în totalitate.

Nu puteam să citesc fară să plâng din cauza suferinţelor sale datorate bolilor, sărăciei şi problemelor de familie, care ar putea fi comparate cu suferinţele lui Iov. Era şi genul acela inconfundabil, tipic coreean, de tristeţe profundă. Bolile sale erau atât de grave, încât el a recurs până şi la tratamentul cu zeamă de fecale în scopul vindecării, încercând în două împrejurări diferite să se sinucidă. Şi eu am trecut prin multe suferinţe de-a lungul vieţii, însă cartea era copleşitoare şi nu puteam să mă abţin din plâns citind-o.

Majoritatea coreenilor care au trăit în perioada de austeritate din primăvara anilor '50 – '60 au trecut prin multe suferinţe. Sunt oameni care nu-şi pot permite toate cele trei mese pe zi sau încălzire în timpul iernii nici în prezent. Sunt mulţi oameni bolnavi care nu-şi pot permite tratamentele medicamentoase. Sunt şi oameni care trăiesc în locuinţe temporare după ce au trecut prin suferinţe din cauza inundaţiilor şi altor dezastre. Noi, coreenii, încă nu am fost eliberaţi pe deplin de sărăcie şi suferinţă.

Dar reverendul dr. Jaerock Lee a ajuns să trăiască o viaţă cu totul diferită după ce a trecut peste atâtea suferinţe şi dureri, iar această carte descrie fiecare din paşii pe care el i-a făcut, într-un mod cu totul şi cu totul emoţionant. Aceasta nu înseamnă că este o carte scrisă prin cuvinte sofisticate şi înflorite şi cu parfum literar. Mai degrabă frazele simple şi sincere sunt cele care mi-au înduioşat inima.

Ar fi mai potrivit să spun „parfumul adevărului"? Confesiunea sa, ce cuprinde adevărul despre mântuire şi dă slavă lui Isus Hristos, poate să-i facă pe cititori să simtă acelaşi har al Domnului şi asupra lor.

Poate că nu am dat peste „cărţi cu adevărat bune", dar oricum, motivul pentru care această carte m-a înduioşat atât de mult a fost faptul că viaţa sa de pocăinţă după întâlnirea cu Isus, ascultarea chemării Domnului şi intrarea la seminar pentru a deveni pastor, încercarea de a economisi şi cel mai mic bănuţ pentru a-l dărui celor nevoiaşi, a fost un fel de simbol pentru viaţa mea şi a vecinilor mei, a copiilor care-şi întreţin familia şi a celor care se luptă cu bolile trupeşti. După ce am citit această carte a trebuit să-mi schimb foarte mult cursul vieţii mele creştineşti.

Cred că viaţa reverendului dr. Jaerock Lee poate fi un manual pilduitor pentru viaţa noastră de creştini. Credem că suntem purificaţi când ascultăm predicile în biserică, însă când revenim în lume ne compromitem şi continuăm să păcătuim din nou. Acesta este cercul vicios al vieţii noastre în credinţă.

Aşadar, „Viaţa Mea, Credinţa Mea" oferă un răspuns clar întrebării „cum să trăim o viaţă de creştin?", iar reverendul dr. Jaerock Lee ne îndeamnă să ne înălţăm vocile în rugăciune prin această carte: „Rugaţi-vă pentru a fi mântuiţi şi pentru a fi de folos planului divin, rugaţi-vă ca Domnul să vă dea putere, rugaţi-vă ca să primiţi darurile Sfântului Duh, rugaţi-vă pentru biserica voastră, pentru pastorul vostru, pentru alţi slujitori ai Domnului, rugaţi-vă pentru împăraţia şi dreptatea Domnului", şi „Rugaţi-vă pentru dragostea spirituală". Mărturisirea sa de credinţă ce rezultă din experienţele sale are un impact profund în viaţa noastră.

Miracolele care s-au întâmplat imediat după ce el a deschis biserica, inclusiv cele ale însănătoşirilor, reînvierea celor aflaţi pe patul de moarte şi chiar reînvierea celor morţi puteau să-i atragă invidia altor pastori. El a studiat la un seminar teologic care respectă dogma creştină şi a fost ordinat de către acesta, dar de ce şcoala confesională l-a excomunicat? Procesul nedrept prin care dr. Lee a trecut este de asemenea explicat în detaliu.

Ne dăm seama de adevărata valoare a unui pom când îi cercetăm roadele. Astăzi, flacăra Duhului Sfânt arde în fiecare săptămână în Biserica Centrală Manmin unde atâţia suferinzi de boli incurabile sunt vindecaţi. Mari cruciade de evanghelizare au avut loc în Statele Unite, Rusia, Africa, Orientul Mijlociu, Europa şi America Latină şi foarte mulţi oameni din întreaga lume au privit semnele şi minunile care se petreceau. Acum, Coreea devine „centrul misiunii" mondiale!

Chiar dacă a ridicat Biserica Centrală Manmin, una dintre cele mai mari din lume, trăieşte doar prin rugăciuni şi post, în munţi. Atunci când fetele sale s-au aflat în situaţii ce le puneau viaţa în pericol şi când se afla în pragul morţii din cauza hemoragiei, datorită surmenajului acumulat în exces, el a trecut peste toate aceste încercări doar prin credinţă. Totuşi, nu se laudă pe sine în nici una dintre aceste încercări. Ceea ce ar trebui să ne rămână ca exemplu în viaţă este credinţa sa.

Schimbarea apei în vin la nunta din Cana, vindecarea celor suferinzi şi leproşi, învierea din morţi a lui Lazăr sunt miracole săvârşite de Isus. Atunci de ce sunt criticate vindecările, lucrarea şi puterea Domnului manifestate prin reverendul dr. Jaerock Lee? Putem să vorbim despre cei o sută de ani de creştinism coreean fără să vorbim despre lucrări de vindecare?

Coreea este ţara cu cele mai multe biserici din lume. Este o ţară în care putem vedea oamenii rugându-se împreună cu voce tare, corpurile lor tremură în timpul rugăciunii sau chiar dansează când deseori aduc laude; se vindecă boli grave precum cancerul în timpul şedinţelor de rugăciune de pe „Muntele rugăciunii", iar oameni aflaţi pe moarte sunt reînviaţi. Astăzi, Coreea are un mare număr de misionari delegaţi în întreaga lume. Citind cartea reverendului dr. Jaerock Lee am simţit încă o dată cât de binecuvântată este ţara noastră, Coreea.

Astăzi, reverendul dr. Jaerock Lee predică despre „rai" şi nu ştim când subiectul se va sfârşi. Însă oricine doreşte să vorbească despre acest subiect, nu va mai avea nimic de adăugat după ce pastorul a epuizat subiectul timp de câteva săptămâni. Dar reverendul dr. Jaerock Lee predică tot mai înflăcărat şi mai detaliat cu fiecare zi. Aceasta deoarece a primit darul profeţiei şi multe alte daruri, şi astfel toate aceste predici continuă să iasă la iveală precum mătasea din cocon.

La fel precum regele Solomon a spus în metafora din Proverbe, mesajele reverendului dr. Jaerock Lee sunt spuse blând, sunt uşor de înţeles, prorocesc cuvântul Domnului şi fiind spuse la momentul potrivit sunt precum merele de aur în tipsii de argint (Proverbele lui Solomon 25:11). El îşi manifestă puterea de a săvârşi minuni după ce a trecut prin suferinţe arzătoare.

Februarie 2007

Yoorim Han (Reporter TV)

# CUPRINS

Capitolul 3
## Chemarea mea

Capitolul 4
## Chemarea Domnului

# CUPRINS

## Capitolul 5
# Începuturile bisericii

## Capitolul 6
# Creşterea bisericii şi alte încercări

## Capitolul 7
# Dumnezeu a extins hotarele misionarismului

## Capitolul 1

# „Şşş, şşş... s-a născut un copil mut!"

# Părinţii mei m-au învăţat ce înseamnă bunătatea şi corectitudinea

„Şşş, şşş...s-a născut un copil mut! De ce nu poate plânge?" Fiindcă nu am plâns deloc când m-am născut părinţii mei s-au îngrijorat şi m-au plesnit puţin. Totuşi, eu nu am plâns, ci mai degrabă am zâmbit. Membrii familiei mele s-au întristat crezând că eram mut.

După ce am primit harul Domnului, m-am întrebat cum de nu am plâns când m-am născut. Probabil pentru că sufletul meu ştia că voi duce o viaţă binecuvântată în slujba lui Dumnezeu, călăuzind multe suflete spre mântuire. Născut pe 20 aprilie 1943, (după calendarul selenar) eram ultimul copil (din trei fii şi trei fiice) al tatălui meu, Chabeom Lee, şi al mamei Gamjang Cho. Locul naşterii mele este un sătuc din Haeje Myeon, Muan Goon, provincia Jeollanam-do. Tatăl meu era erudit în materie de clasici chinezi şi îi plăcea eleganţa şi muzica. El a vizitat Japonia de multe ori în interes de afaceri, în timp ce Coreea se afla sub ocupaţie japoneză, însă după ce Coreea a devenit independentă, el şi-a încheiat afacerile şi a căutat un loc care să-i asigure un trai liniştit. Când aveam 3 ani, familia mea s-a mutat în Changsung, un sat din regiunea Boon-hyang Ri, Nam Myeon, Changsung Goon. Era un sat exclusivist. Oamenii spuneau că numai familia „Chun" avea dreptul să locuiască în sat, însă familia mea s-a stabilit acolo cu uşurinţă.

Din câte îmi amintesc din copilărie, tatăl meu era o persoană ce a pierduse contactul cu societatea şi citea o mulţime de cărţi acasă. Totuşi, îmi amintesc că aveam câţiva musafiri care ne treceau pragul casei. Când tatăl meu avea vizitatori, el servea câte un pahar cu aceştia şi recita poeme clasice sau se întrecea cu ei în cunoştinţele despre clasici.

## Tatăl meu dorea foarte mult să devin un om important

Tatăl meu obişnuia mereu să-mi spună:
- Jaerock, un bărbat trebuie să fie loial. Într-o zi, vei deveni un om important. Probabil, toţi părinţii vor să crească copii oneşti, capabili să reuşească în tot ceea ce fac. Însă îmi amintesc cum, când începusem să mai cresc, tatăl meu încerca mai ales sa-mi insufle o judecata sanatoasa a valorilor, iar mama încerca să ne fie mereu de folos şi se sacrifica pentru familie.

Când aveam doar 5 ani, tatăl meu a început să mă înveţe cele „o mie de caractere chinezeşti". De asemenea îmi spunea multe poveşti cu eroi legendari. Când ascultam povestea celor „Trei regate" despre Guan Yu, Zhang Fei şi Zhao Yun care şi-au riscat viaţa în luptă pentru a-l apăra pe stăpânul lor Liu Bei, sau basmul lui Zhu Ge Lian, eroul care stârnea vântul, eram atât de impresionat încât îmi transpirau mâinile. Tatăl meu obişnuia să-mi vorbească despre învățăturile unor înțelepți precum Confucius sau Mencius sau despre simțul datoriei oamenilor celebri. Povestea lui Mongju Jung care a servit dinastia Koryo cu prețul vieții, deşi distrugerea ei a fost prezisă, sau povestea amiralului Soonshin Lee care a salvat țara când era pe punctul de a fi distrusă, acestea erau povestiri ce mă emoționau mereu, ori de câte ori le-aş fi ascultat. Poveştile despre oameni importanți care își păstrau poziția în societate şi onoarea, chiar şi în situații de viață şi de moarte, erau întipărite în inima băiatului de odinioară. Ascultând aceste istorioare am reținut că trebuie să-mi respect părinții, să merg pe calea cea dreaptă şi să întorc binele primit pentru tot restul vieții, fără a mă abate din drum.

## Visând să devin membru în congres

Am intrat la şcoala primară cu visul de a deveni om politic, iar tata obişnuia să mă ia cu el la multe discursuri politice, în perioada campaniei electorale. Mergeam pe jos chiar 10 sau 15 kilometri până la locul unde se desfăşura campania electorală. M-a luat cu el la alegeri locale, generale şi prezidențiale. Dorea să mă pregătească pentru a deveni un om politic care să realizeze multe pentru țara sa.

În acea perioadă, Partidul liberal era la putere şi mulți oameni ascultau discursurile politice. Oratorii lăsau impresia unor oameni importanți şi mi se păreau extraordinari. Deseori mă gândeam, „Voi ajunge ca şi ei când voi creşte mare..." Ascultând discursurile candidaților, visam în fiecare zi să devin un membru în congres. Cu acelaşi vis am intrat la şcoala gimnazială şi la liceu. Mergeam la discursurile politice de unul singur şi ascultam candidații.

Înainte de a intra la şcoala primară, ştiam deja tabla înmulţirii şi Hangul (alfabetul limbii coreene) de la fraţii şi surorile mele, astfel, şcoala nu mi se părea foarte interesantă. Îmi plăcea mai mult să mă joc cu prietenii după ore. Îmi plăceau jocurile cam violente, precum cele de-a soldaţii, luptele şi bătăile. Eram mai puternic în comparaţie cu prietenii de aceeaşi vârstă şi mereu doream să câştig în toate jocurile. Eram încăpăţânat şi foarte mândru. Mereu trebuia să continui jocul până câştigam. Eram sănătos. Chiar dacă nu stăteam prea bine din punct de vedere financiar, mama îmi dădea remedii tonice pe bază de plante, care erau destul de scumpe. Pe vremea aceea era foarte neobişnuit să iei astfel de medicamente, mai ales la ţară. Dragostea mamei mele pentru fiul cel mic era neţărmuită. Când ieşeam cu mama în sat, oamenii mai în vârstă obişnuiau să spună:

- Acest băiat e foarte deştept... va ajunge cineva în viitor. Îmi dau seama după faţa lui că va fi un om important când va fi mare... Ai mare grijă de el!

Observam că mama se bucura foarte mult când auzea astfel de remarci. Am crescut privind-o cum, din când în când, ducea orez pentru ofrande şi se ruga pentru binecuvântarea familiei la un templu buddhist.


## Mama se ruga din toată inima

Noaptea, mama făcea un duş, se schimba în Hanbok (costumul ei alb tradiţional coreean), mergea afară şi punea un castron cu apă curată pe un piedestal şi se ruga la stele. Fiind cel mai mic, încercam să rămân treaz până ce se întorcea. În câteva nopţi, în care stătea mai mult decât de obicei, obişnuiam să o privesc printr-o scobitură a ferestrei noastre de hârtie până când adormeam.

Odată am întrebat-o:
- Mamă, de ce faci plecăciuni şi te rogi atât de mult?
- Deoarece când m-am rugat la Carul Mare, fratele tău s-a întors cu bine din războiul coreean, iar motivul pentru care voi sunteţi atât de sănătoşi şi creşteţi frumos este tocmai faptul că eu mă rog atât de mult. A răspuns ea.

Iar mai târziu când eram deja mare şi m-am îmbolnăvit, s-a rugat către stele pentru sănătatea mea, dar fără niciun rezultat. Şi imediat ce a auzit că am fost vindecat complet, dintr-odată, prin puterea lui Dumnezeu, a început să meargă la biserică din proprie iniţiativă.

- M-am rugat foarte mult la stele şi lui Buddha, dar Buddha şi Carul Mare nu au putut să-mi vindece fiul. Şi pentru că fiul meu a fost vindecat în biserică, voi merge la biserică. După ce a spus acestea şi-a aruncat toţi idolii şi a devenit o credincioasă devotată, slujind doar Domnului.

## Părinţii mei s-au concentrat strict pe educaţie

Fiind mezinul familiei aveam tendinţa de a fi ascultător, de aceea eram iubit într-un mod special de către părinţi. Părinţii mei erau foarte exigenţi în privinţa educaţiei şi disciplinei, în toate aspectele vieţii. Ei ne-au învăţat, pe mine şi pe fraţii mei, nu numai abc-ul relaţiilor umane ci şi normele generale de comportare civilizată, modul cuviincios de a merge, de a vorbi, de a ne îmbrăca, de a mânca la masă, de a ţine lingura în mână, de a dormi sau de a ne trezi. Ei mai insistau să nu ridicăm vocea când vorbim; să nu vorbim până ce interlocutorul nostru nu a terminat de vorbit; să nu privim direct în ochi pe cei mai în vârstă, când aceştia ne vorbesc; să nu-i deranjăm pe vecini când îi vizităm ; şi indiferent cât de săraci am fi, să nu lăsăm pe vreun cerşetor să plece cu mâna goală de la noi, etc. Ne-au mai învăţat să ne comportăm cu generozitate şi răbdare. Eu cred că datorită educaţiei primite de la părinţii mei, chiar înainte de a-l cunoaşte pe Dumnezeu, m-am lăsat condus de propria conştiinţă, iar oamenii obişnuiau să facă referire la mine numindu-mă „omul care nu are nevoie de lege". Tot datorită metodelor stricte de educaţie ale părinţilor mei, după ce l-am primit pe Dumnezeu în viaţa mea, am fost capabil să spun „Amin" şi să acţionez în consecinţă, faţă de orice poruncă a Domnului.

Ca erudit în materie de clasici chinezi, tata a studiat fizionomia, arta de a aprecia caracterul unei persoane după trăsăturile fizice, şi cititul în palmă. El obişnuia să prezică exact evenimente importante care urmau să se petreacă în ţară sau în satul nostru. Îmi spunea:

- Jaerock, vei deveni un om important. Viitorul îţi surâde, dar linia vieţii tale este puţin cam scurtă şi întreruptă la mijloc, deci ţi-e scris să mori de tânăr. Însă este şi o linie de legătură destul de subţire aproape de linia vieţii tale, şi dacă reuşeşti să treci de 30 de ani, vei deveni o binecuvântare pentru mulţi oameni.

Tatăl meu era foarte încântat după ce îmi studiase fizionomia şi îmi citise în palme. Spunea că puteam să mor de tânăr, dar dacă treceam de 30 de ani, aş fi călătorit în multe părţi ale lumii şi aş fi câştigat respectul multor oameni. La vârsta de 30 de ani am fost răpus de boală. M-am aflat în pragul morţii de multe ori. Deseori nici nu ştiam dacă voi supravieţui până în ziua următoare. Aflat într-o asfel de stare de sănătate, nici nu puteam visa să devin un om important în viitor. Tatălui meu îi era milă de mine deoarece se gândea că s-ar putea să mor de tânăr, astfel şi-a dat toată silinţa să mă înveţe şi să-mi ofere tot ce era mai bun. Iar mama a fost trup şi suflet pentru mine, ca de altfel toată familia.

## Un accident în şcoala primară

În copilărie am fost foarte sănătos. Fiind ultimul ei copil, mama mă iubea foarte mult şi îmi dădea miere cu tot felul de suplimente şi extracte naturale pe bază de plante. Astfel, eram mai rezistent decât ceilalţi copii de vârsta mea. Deşi eram tânăr, mereu câştigam toate medaliile la lupte coreene libere, iar oamenii obişnuiau să mă strige „Invincibilul". Mulţi copii mă însoţeau prin sat şi mă considerau liderul lor.

Aflaţi sub influenţa războiului coreean, eu şi prietenii mei ne jucam multe jocuri destul de violente. Ne plăcea să ne jucăm de-a războiul, cu sabia, trânte, lupte şi un joc numit Sahbi care presupunea strangularea adversarului până la capitularea acestuia. În timpul luptelor, copiii ridicau mâna pentru a se preda când ajungeau într-o astfel de strânsoare. Odată am leşinat fiindcă am refuzat să mă predau. În orice fel de competiţie eu concuram mereu până câştigam, aceasta pentru că eram mândru şi foarte încăpăţânat. Într-o zi, când eram prin clasa a IV-a, mă jucam cu un coleg care era în gimnaziu şi m-am accidentat la o coastă. Pe atunci, nu ne permiteam să mergem la spital şi părinţii mei mi-au dat remedii din plante medicinale şi apoi au aşteptat să mă vindec. Dar în fiecare vară rana continua să mă doară. Simţeam junghiuri pe partea accidentată, aveam probleme de respiraţie şi nu puteam să alerg. Fiindcă nu era vreun tratament specific, tata a pus doi şerpi veninoşi în băutura spirtoasă numită Soju şi îmi dădea să beau zilnic, dimineaţa şi seara. Şi uite aşa am învăţat să beau de la o vârstă atât de fragedă.

Altă dată, tot în clasa a IV-a, era un învăţător la şcoala noastră. Era poreclit „Nebunul". Mă jucam Sahbi cu prietenii mei în curtea şcolii, iar învăţătorul a crezut că ne batem. Ne-a chemat în sala profesorală. Ne-a certat şi a început să ne pălmuiască. Pe urmă, ne-a făcut să ne tragem palme unul altuia, fiecare de câte douăzeci de ori. Nu am fost pălmuit doar de învăţător, ci şi de prietenul meu. Din această cauză mi s-a umflat faţa, iar unul din timpane mi s-a spart. Aveam o secreţie purulentă din ureche care a evoluat într-o tulburare de auz. Mai târziu, învăţătorul a fost concediat, dar eu am suferit în continuare în urma acelui incident.

# Adolescenţa

**Eram introvertit şi ruşinos.**

În anul 1959, am terminat şcoala gimnazială în oraşul Kwangju şi am urmat liceul în Seul. Stăteam cu sora mea mai mare în Shindang Dong, Seongdong Gu, Seul, Coreea. Odată, prin ultimul an de liceu, am lipsit mai mult de patruzeci de zile fiindcă eram bolnav. Şi în timp ce zăceam în pat, o persoană pe care nu am mai văzut-o a venit la noi să mă evanghelizeze ca să-l accept pe Hristos în viaţa mea. Mă gândeam: „Ce nebun! Unde e Dumnezeul acesta despre care vorbeşte el? Oricum nu voi crede în Isus, dar chiar dacă aş crede, cum aş putea să propovăduiesc Evanghelia astfel? Sunt prea timid ca să fac asta."

Îi compătimeam pe cei care umblau de colo-colo şi vorbeau oamenilor despre Isus. Fiind ateu, ruşinos şi introvertit din fire, mă gândeam: „Iată un alt motiv pentru care nu aş vrea să cred în Dumnezeu – pentru că nu mi-ar plăcea să merg de ici-colo şi să

La liceu

În gimnaziu

evanghelizez oamenii astfel." Tatăl meu, care era erudit în materie de clasici chinezi, mi-a spus:

- Te-ai născut cu aşa o fire, că nu ai fi în stare nici să ceri împrumut o uncie de sare.

Deşi oamenii de la ţară erau săraci în acea perioadă, sare totuşi se găsea. Însă ce vroia tatăl meu să spună era că aveam o personalitate care nu-mi permitea să depind de cineva sau să-i deranjez pe ceilalţi.

În gimnaziu, când am primit înştiinţarea de plată a taxei de şcolarizare, pur şi simplu nu aveam curajul să le-o arăt părinţilor mei. Mereu depăşeam termenul şi din această cauză profesoara mă mustra aspru şi-mi spunea să vin cu părinţii la şcoală; abia atunci îi arătam mamei înştiinţarea. După ce o citea, mama îmi dădea banii numaidecât. Ştiam că îmi dădea banii, însă îmi era foarte greu să îi cer. Aşa introvertit şi timid eram! Firea mea m-a afectat mai târziu şi în ce priveşte activitatea mea de pastor.

## Prima tentativă de sinucidere

Nu am învăţat prea bine în liceu, fiindcă am pierdut atâtea zile din cauza problemelor de sănătate. Mi-am făcut un scop din a trece examenul de intrare la Facultatea de Inginerie din cadrul Universităţii Naţionale din Seul. Luam pastile energizante pentru a putea rezista şi noaptea ca să învăţ mai mult. Dar, cum timpul trecea, pastilele nu-şi mai făceau efectul şi a trebuit să iau mai multe. Ulterior am devenit dependent şi a trebuit să le iau în mod constant. Fără pastile eram fără vlagă şi nu mă puteam concentra. Dormeam patru ore pe zi şi studiam în fiecare zi la Biblioteca Naţională care se afla unde este acum magazinul universal Lotte. După ce am studiat astfel un an întreg, am câştigat încrederea că aş putea trece examenul de intrare la şcoala de inginerie din cadrul Universităţii Naţionale din Seul.

În noiembrie 1962, înainte de examen, mi-am dat seama că-mi pierdusem memoria. Citeam ziarul în timpul unei pauze şi dint-o dată nu mi-am putut aminti numele preşedintelui coreean din acea perioadă, dl. Synman Rhee. Mai mult, nu-mi puteam aminti cuvintele în limba engleză sau formulele de matematică pe care le studiasem din greu pentru a le reţine. Nu-mi aminteam nimic. Şi nu a fost ceva temporar. Am încercat să-mi reamintesc tot ce studiasem din greu pentru a reţine, dar nu am reuşit să-mi amintesc nici măcar noţiunile de bază. Pentru o perioadă, m-am simţit ca şi când aş fi căzut într-o prăpastie. Nu aveam nicio speranţă de viitor şi mă aflam pe punctul de a cădea într-o depresie profundă. Cu o astfel de fire introvertită şi timidă, mi-am petrecut un an ca să studiez pentru examenul de intrare, iar acum îmi pierdusem memoria.

Cum puteam să dau cu ochii de părinţii mei după tot sprijinul pe care mi l-au acordat şi toate greutăţile prin care au trecut pentru mine? Mi-era prea ruşine să mai trăiesc. M-am hotărât să mă sinucid şi am început să strâng somnifere americane, despre care oamenii spuneau că erau puternice şi foarte eficiente, de la diverse farmacii. Pe atunci, stăteam într-o cameră închiriată pentru studiu şi mâncam la sora mea care stătea alături.

I-am spus surorii mele:

- Surioară, mă duc la un prieten să învăţăm împreună în seara asta, aşa că nu voi fi la cină. Te rog să nu mă aştepţi.

Sora mea nu ştia de planul meu şi a aprobat. După ce mi-am împachetat lucrurile şi am scris ultima mea scrisoare către părinţi, surori şi fraţi, m-am închis în cameră, am pus pătura pe jos, m-am aşezat şi am înghiţit multe pastile. Câteva momente am fost complet conştient, însă într-o clipă mi-am pierdut cunoştinţa. Un proverb spune că „Moartea e doar începutul vieţii viitoare".

Fratele meu şi cumnatul meu aveau un magazin de haine în piaţa Dongdaemoon. De obicei închideau magazinul pe la ora zece seara, se mai ocupau şi de alte afaceri şi se întorceau acasă pe la miezul nopţii. Dar, foarte ciudat, în acea zi amândoi vroiau să se întoarcă acasă mai devreme decât de obicei.

Fratele meu i-a spus cumnatului:

- Frate, cred că ar trebui să închidem magazinul şi să mergem acasă mai repede în seara asta.

- Chiar aşa? Şi eu vroiam să ne întoarcem mai repede astăzi, a răspuns el.

În acea zi, fratele meu a închis magazinul devreme. De obicei, când ajungea acasă la sora mea nu trecea pe la mine ca să nu mă deranjeze de la studiu, dar în acea zi, voia să mă vadă, fără vreun motiv special.

- Unde e Jaerock? a întrebat el.

- A spus că merge la un prieten să înveţe împreună, a răspuns sora mea.

Totuşi, fratele meu a încercat să mă caute în camera mea. A văzut că uşa era închisă şi a simţit că se petrecea ceva rău. A spart uşa şi m-a găsit rece ca un cadavru. El i-a spus cumnatului meu:

- S-ar putea să trăiască dacă îl ducem la spital să-i facă spălături stomacale.

Fratele şi cumnatul meu s-au grăbit să ajungă cu mine la spital, dar pentru că luasem atâtea pastile, doctorul a spus că am puţine şanse de supravieţuire. Însă după câteva zile mi-am recăpătat cunoştinţa. Oricum, în urma acestei tentative de sinucidere, mi-am pierdut până şi slaba capacitate de memorare ce mi-a mai rămas. Chiar după un an, capacitatea mea de memorare nu s-a recuperat în totalitate. Totuşi, după ce am mai studiat serios încă o dată, am trecut examenul şi în luna martie a anului 1964 am intrat la Şcoala de inginerie a Universităţii Hanyang.

# Căsătoria şi destinul meu

Când eram la facultate am fost recrutat şi m-am înrolat în armată pe data de 29 octombrie 1964. Spre sfârşitul serviciului militar, una dintre rudeniile mele mi-a găsit o prietenă prin corespondenţă, care ulterior a devenit soţia mea.

## Mi-am pierdut toţi banii moşteniţi de la părinţi

În mai, 1967, am încheiat serviciul militar şi am fost lăsat la vatră. Avea să se întâmple ceva neprevăzut. Înainte de a mă înrola în armată, primisem de la părinţii mei taxa de şcolarizare pentru cel de-al doilea semestru, în avans. Am împrumutat aceşti bani unei rudenii, cu promisiunea că-mi va returna banii cu dobândă când voi încheia serviciul militar. Dar această rudenie a avut probleme şi nu mi-am recuperat nici măcar suma împrumutată. Fratele meu şi cumnatul meu au aflat de situaţia în care mă aflam şi mi-au dat ei taxa de şcolarizare. După armată am cunoscut-o pe prietena mea prin corespondenţă, actuala mea soţie, de care m-am îndrăgostit lulea. Ne-am logodit.

Era o tânără cu ochi mari şi limpezi ca ai unui lac. A aflat că am primit taxa de şcolarizare şi m-a rugat să i-o împrumut ei pentru scurt timp. Nici ea nu a putut să-mi returneze banii după cum a promis. Aşadar, nu am reuşit să mă înscriu în al doilea semestru şi am fost nevoit să aştept mai multe luni. În final, m-am hotărât să mă întorc acasă. Le-am spus părinţilor:

- Mamă, tată, mă căsătoresc curând, vă rog să-mi daţi moştenirea mea acum. Voi cheltui ceva pentru nuntă, iar fiindcă logodnica mea este coafeză vom deschide un salon de frumuseţe pentru a ne câştiga existenţa. Voi depune restul banilor la bancă şi voi economisi dobânda. Voi studia cu vreo bursă, iar după ce îmi iau licenţa voi merge în Statele Unite să-mi dau doctoratul. Le explicam planurile mele de viitor ca şi cum aş fi prezentat un proiect care să-i convingă pe părinţii mei. Nu aveau ce să facă decât să-şi asculte fiul, iar după un moment de şovăială mi-au dat banii. Visând la un viitor roz, m-am întors în Seul cu uriaşa sumă de bani moşteniţi. Însă lucrurile au început să meargă prost. Trebuia să mă întâlnesc cu logodnica mea la gara din Seul, dar ea nu a venit. Nu am reuşit să iau legătura cu ea o săptămână întreagă.

Sora mea m-a sunat şi mi-a spus:

- Frate, am auzit că ţi-ai primit partea de moştenire. Ei bine, ce dobândă crezi că ai să primeşti de la bancă? Una dintre prietenele mele conduce o societate comercială şi dacă ai investi cu ea, ai putea câştiga mulţi bani. Garantez eu pentru ea, deci nu ai de ce să-ţi faci griji. Fiind naiv, am ascultat de sora mea. Iar fiindcă nu aveam nicio veste de la logodnica mea, am închiriat o casă şi i-am dat surorii mele restul banilor.

După câteva zile şi-a făcut apariţia şi logodnica mea. Părinţii ei nu erau de acord ca ea să se căsătorească cu mine şi în tot acest timp ea a încercat să-i convingă. Într-un moment de disperare a încercat şi ea să se sinucidă luând somnifere. A fost internată în spital şi abia a scăpat cu viaţă. Tocmai ieşise din spital.

Apoi, sora mea mi-a dat valoarea dobânzii pe două luni pentru banii pe care i-am dat, iar pe urmă nu am mai primit nicio veste de la ea. Am sunat-o şi i-am spus:

- Soră, trebuie să-mi plătesc taxa de şcolarizare pe noul semestru, deci te rog să-mi dai banii înapoi.

Nu mi-a răspuns. După Anul Nou, m-am dus la sora mea şi i-am cerut banii ca să-mi continui studiile. Mi-am dat seama că e tulburată. Mi-a spus:

- Frate, credeam că prietena mea căreia i-am împrumutat banii avea o societate comercială, dar s-a dovedit că făcea contrabandă. A fost prinsă, iar acume e la închisoare. Nu am cum să recuperez banii.

Eram deprimat. Mă gândeam în sinea mea: „Groaznic! Şi nici măcar nu am absolvit facultatea! Ce dezastru mai e şi ăsta!?" Din cauză că sora mea nu avea cum să-mi dea banii înapoi, am pierdut toată moştenirea mea, aşa, într-o clipă. M-am hotărât să mă angajez ca să câştig bani, iar noaptea să merg la şcoală. Mi-am găsit o slujbă ca jurnalist la un ziar, iar în ianuarie 1968 m-am căsătorit cu iubita mea logodnică.

## Eram mai sigur pe mine când beam

În timp ce lucra ca reporter pentru un ziar

După ce ne-am căsătorit, într-o duminică din luna martie a anului 1968, am dat o petrecere de casă nouă. Pregătindu-ne de petrecere, am cumpărat patruzeci de sticle de whisky din Dongdaemoon, iar prietenii mei au adus și ei foarte multă băutură. Dimineață am petrecut cu colegii, la amiază m-am întâlnit cu prietenii mei din Seul, iar seara am petrecut cu prietenii din satul meu natal. M-am distrat până noaptea târziu. Eram foarte sigur că sunt rezistent la alcool, așa că nu am refuzat niciun pahar oferit de prietenii mei, nici măcar spre dimineață. Cred că am băut cel puțin șapte sticle de whisky de unul singur. De la atâta tărie am avut probleme grave cu stomacul. După ce mi-am petrecut oaspeții, târziu în noapte, m-am întins în pat cu un sentiment de ușurare fiindcă fusesem gazda unei petreceri reușite.

Dintr-odată, tavanul camerei a început să se învârtească. Becurile electrice se învârteau, totul se învârtea cu mine. Apoi am început să vomit. Am vomitat atât de mult încât aveam impresia că îmi dau afară şi intestinele. Soţia mi-a adus nişte medicamente de la farmacie, dar le-am vomitat încă înainte de a le fi înghiţit în întregime. Nu puteam nici să beau apă. Aveam nişte dureri! Din acea zi nu am mai putut mânca nimic cum se cuvine. Din cauza problemelor de stomac nu puteam digera alimentele. Am încercat de toate, chiar şi medicamente din plante, însă fără rezultat. Noi credeam că era ceva temporar şi că totul va fi bine, însă cu fiecare zi situaţia se agrava, iar trupul meu a început să scape de sub control.

## Încercând să mă însănătoşesc

A trebuit să renunţ la servici. Am luat tot felul de medicamente şi am umblat la foarte multe spitale încercând să obţin un diagnostic corect. Dar nu era vreo altă boală, în afara ulcerului gastric. Totuşi continuam să pierd în greutate şi sufeream de multe complicaţii. După trei sau patru ani, abia de mai era sănătoasă vreo parte din corpul meu. Eram ca un „depozit ambulant de boli". Am încercat toate doctoriile despre care se spunea că ar fi bune. Vara, sufeream de mâncărimi provocate de micoze la picioare şi iarna de degerături. Aveam eczeme pe tot corpul şi în fiecare dimineaţă, toate inflamaţiile se infectau, iar puroiul era întărit. Îmi simţeam mereu capul greu din cauza ozenei Nasul îmi era mereu înfundat, iar memoria îmi slăbea simţitor.

Mai aveam şi afecţiuni limfatice. La început simţeam o bubiţă în gât care a crescut tot mai mare, cât o boabă de strugure. Din cauza inflamaţiei limfatice nu puteam să-mi mişc gâtul cum se cuvine. Doctorul de medicină orientală spunea că nu putea să-mi dea şi remedii pentru inflamaţia limfatică deoarece luam prea multe tratamente medicamentoase. Nu sufeream doar de inflamaţia limfatică, ci şi de eczemă, depresie nervoasă, anemie, infecţie a urechii mijlocii, iar organele mele interne, inclusiv stomacul, intestinul subţire şi cel gros, funcţionau foarte prost.

## Am încercat şi să-mi schimb numele

Soţia mea a căutat tot felul de tratamente şi a încercat leacuri populare în scopul vindecării. Dar când eforturile ei s-au dovedit a fi zadarnice, chiar după atâţia ani, s-a îndreptat spre superstiţii. Unii îi spuneau:

- Se poate vindeca. Ar trebui să chemi un exorcist şi să încerci aşa.

Alţii spuneau:

- Ar merge dacă ai chema un călugăr buddhist să alunge demonul.

Soţia mea a umblat pe la călugări renumiţi şi a încercat şi cu exorcismul, după cum spuneau călugării. În final, ne-am schimbat şi numele.

Unii ne-au spus că dacă ne schimbam numele se putea schimba şi soarta noastră. Ni se părea destul de logic. Pe atunci, alături de sediul central al guvernului, erau multe birouri de schimbare a numelui. Dimineaţa devreme ne-am dus la „Biroul Bongsoo Kim". A trebuit să aşteptăm de dimineaţă până seara ca să ne primească.

- Numele voastre sunt rele. De ce nu vi le schimbaţi?

De atunci, am început să purtăm numele pe care ni le-a dat el, dar fără niciun folos.

## Suferința unui tată bolnav

Fiind o persoană foarte introvertită, am încercat să-mi ascund sănătatea șubredă chiar și de soția mea. Și cum familia mea se îngropa tot mai mult în datorii, nu puteam să stau cu mâinile încrucișate. Așa că m-am dus de colo-colo căutând un loc de muncă. Dar din cauza problemelor cu urechile, nu am primit nicio slujbă. Auzul meu s-a deteriorat atât de mult, încât nu puteam nici să folosesc un telefon, ceea ce-mi îmi scădea șansele de a găsi un servici.

Trebuia să caut o profesie mai independentă. Astfel, am început să vând mese mici. Mergeam pe stradă să le vând, dar nu eram în stare să strig: „Măsuțe! Măsuțe de vânzare!". După ce am muncit fără izbândă mai multe zile, încet, încet am căpătat încredere și am început să le vând.

Într-o zi din anul 1972 eram în drum spre îndeletnicirea mea zilnică. Dintr-odată, am simțit că îmi paralizează piciorul și de durere nu mai puteam umbla. Mi-am lăsat măsuțele într-un loc din apropiere și m-am întors acasă cu autobuzul. Din acel moment am fost țintuit la pat. Se părea că sufeream de artrită reumatoidă. Simțeam dureri puternice de câte ori umblam și curând am devenit dependent de baston. Cu toate acestea, mai puternică decât durerea fizică era suferința psihică. Eram foarte întristat fiindcă nu auzeam. Aveam tipanul spart din cauza unui accident din școala primară. Am menționat deja acea întâmplare. Dar din cauza medicamentelor puternice pe care le luam de vreo cinci, șase ani aveam probleme și cu cealaltă ureche. Oricât de mult încercam să citesc pe buze ce spuneau ceilalți, dacă mediul era zgomotos, nu înțelegeam nimic din ce spuneau. Nu eram în stare să spun familiei mele că eram pe punctul de a surzi. Mă temeam că-mi vor spune „handicapat". Când ceilalţi îmi vorbeau eu le dădeam răspunsuri greşite sau nu puteam să le răspund deloc, deoarece nu-i auzeam. Mă înroşeam la faţă din cauza ruşinii şi a sentimentului de inferioritate.

Soţia mea s-a chinuit să mă îngrijească şi să plătească cel puţin dobânda datoriilor noastre. Fiindcă închiriam mereu cele mai ieftine locuinţe, eram mereu în mişcare. Ne-am mutat din Ah-hyeong Dong în Kimpo, în Sangdo Dong, în Chongno, în Ddooksum şi aşa mai departe. Câteodată, când eram cu adevărat disperaţi, stăteam la părinţii soţiei mele sau în casa surorii ei. După ce ne-am tot mutat, într-un final ne-am mutat într-un sat de munte din Keumho Dong. Casa noastră era din cărămidă şi semăna cu un bloc. Când ieşeam pe uşa din faţă puteam vedea râul Han la distanţă.

Soacra mea nu mai trăieşte acum, dar plângea mult din cauza mea. M-a dus la spital şi la vraci pentru a face acupunctură şi a procura leacuri din plante. Iar fiindcă nu puteam umbla, prietenii mă cărau în spate până la poalele muntelui de unde puteam lua un taxi şi mergeam împreună cu soacra mea la spital. Când ne întorceam de la spital, ea îmi cumpăra băutură din orez; probabil fiindcă îi era milă de mine.

- Fiule, ştiu că ai dureri, dar ia un păhărel şi înveseleşte-te.

# Soţia mea se afla în pragul disperării

Soţia mea mergea de ici, colo să împrumute bani pentru tratamente. Între timp, datoria noastră a tot crescut. Când aveam nevoie urgentă de bani, mergea la părinţii ei, la sora sa ori la fratele ei ca să împrumute bani. Pe urmă, plătea dobânda provenită din datorie şi folosea ce mai rămânea pentru medicamente. Curând am fost considerat o persoană foarte rea de către familia soţiei mele. Din punctul lor de vedere, faptul că nu susţineam material familia, ca orice soţ bun, supunea la încercări grele pe fiica lor cea mai tânără şi mai iubită. Din cauză că m-am îmbolnăvit chiar după căsătorie, nu ne-am putut bucura nici măcar de primii ani de proaspăt căsătoriţi. Soţia mea era împărţită între ambele noastre roluri, cel de întreţinător şi cel de îngrijitor al familiei. A trebuit să crească două fete, luptându-se în acelaşi timp să câştige traiul tuturor membrilor familiei. Era epuizată, iar firea ei bună şi blândă a început să devină aspră, ca şi cum s-ar fi întărit din cauza responsabilităţilor unei vieţi pe care era silită să o trăiască.

M-a îngrijit cinci, şase ani cu o singura speranţă, aceea că mă voi însănătoşi, dar văzând că starea mea se înrăutăţea tot mai mult, nu putea decât să cadă pradă deznădejdii. Fiind cam irascibilă, oricând se simţea frustrată cu ceva îşi făcea bagajele şi pleca acasă la părinţii ei...

- Nu am nevoie de dragoste. Acum avem nevoie de bani. Du-te şi câştigă ceva bani!

Trebuia să plătească datoria cu o dobândă zilnică destul de mare, către cămătari. Astfel, de câte ori era stresată de plată nu mai suporta situaţia şi pleca de acasă spunând că ea nu mai rezistă aşa. Dar, întotdeauna se întorcea după câteva zile.

Într-o zi, cu ajutorul surorii sale mai mari, soţia mea a deschis un mic snack-bar în piaţa Keumho Dong. Era o bucătăreasă bună, deci avea mulţi clienţi. Mergea la muncă în piaţă de dimineaţa devreme până noaptea târziu. Pe la douăsprezece noaptea ajungea acasă obosită frântă. Se străduia foarte mult ca să plătească din datoriile noastre cât mai mult posibil, iar când se întorcea acasă şi mă vedea zăcând în pat, îşi pierdea speranţa şi se supăra din orice. Cele două fete ale noastre erau deja respinse de societate. Încă de când soţia mea deschisese salonul de frumuseţe mă străduiam să o îngrijesc pe fiica noastră cea mare Miyoung, iar Mikyung, fiica cea mica, stătea cu mama mea în casa fratelui meu.

- Seamănă leit cu tatăl ei! spuneau mereu cei apropiaţi.

Oare pentru că semăna leit tatălui ei bolnav Mikyung nici măcar nu a avut şansa de fi înconjurată de dragostea noastră? Totul din cauza situaţiei în care ne găseam. Când mergeam câteodată pe la fratele meu şi o vedeam jucându-se cu o bucată de cârpă de şters praful în gură, mi se rupea sufletul. Însă din cauza stării mele de sănătate nu o puteam lua cu mine acasă să o îngrijesc cum se cuvine. Mă chinuiam îngrozitor. Pe atunci sufeream de nevroză şi eram hipersensibil, mă întristam chiar şi din cel mai neînsemnat motiv. Dacă soţia mea făcea vreun comentariu care îmi rănea orgoliul, se isca o ceartă. Pe urmă, ea spunea că vrea să divorţeze, îşi făcea bagajele şi mergea la părinţii ei.

- Cum puteţi continua aşa? Cred că mai bine aţi divorţa, pentru binele amândurora...

Rudeniile soţiei veneau la noi, mă blamau şi-mi făceau reproşuri strigând tare, ca să audă toţi vecinii. Mi se înroşea faţa de mânie şi ruşine. Soţia mea, care plecase de acasă, se întorcea să-mi spună:
- Nu m-am întors să te văd pe tine. Am venit să-mi văd fiica. Dacă vreodată te vei face bine, voi divorţa. Aş vrea să o fac acum, dar dacă aş face-o oamenii ar zice că mi-am părăsit soţul bolnav. Deci, nu acum!

## Dragoste trecătoare

În 1972, mă priveam şi îmi dădeam seama că devenisem o epavă. Din cauza atâtor tratamente puternice, nicio injecţie sau medicament nu-şi mai făceau efectul. Părinţii, fraţii, surorile şi rudeniile mele au început să mă arate cu degetul şi s-au distanţat de mine. Soţia mea mă evita. Până şi propria mamă a renunţat la mine. Mama, care avea pe atunci 70 de ani, mi-a făcut o vizită. Văzându-şi fiul ţintuit la pat a început să plângă amarnic. Credea că nu mai am nicio scăpare.

- Vai! Vai! Dacă ai muri mai repede ar fi mai bine pentru tine. Numai aşa mă poţi onora.

Cât de gravă putea fi starea mea dacă până şi propria mamă, care mă iubea cel mai mult, prefera să mor ca să îi dovedesc respect? Credeam că mama nu m-ar fi părăsit niciodată, chiar dacă întreaga lume s-ar fi întors împotriva mea. În acel moment, mi-am dat seama că sentimentele de iubire ale oamenilor sunt trecătoare. În condiţii nefavorabile, dragostea se poate schimba.

Întrucât nici propria mamă nu îmi înţelegea suferinţa, ce putea şti un frate? Într-o zi fratele meu mi-a făcut o vizită şi beat fiind spunea că vrea să mă consoleze. Dar în loc să mă încurajeze vorbele sale m-au făcut să sufăr şi mai mult.

## Eşecul celei de-a doua tentative de sinucidere

Mă simţeam ca o vrăbiuţă ce încerca cu disperare să bată din aripi într-o luptă pentru supravieţuire, însă în zadar. La început, când soţia mea îşi împacheta lucrurile şi mergea la părinţii ei mă duceam după ea pentru a o aduce înapoi. Dar când situaţia se repeta, nu mai îndrăzneam să merg după ea din cauza dispreţului familiei ei, pe care trebuia să-l îndur de fiecare dată. Oricând mă gândeam la viitorul fetelor mele o dorinţă puternică de a supravieţui ţâşnea în mine ca un izvor, dar odată ce mă trezeam la realitatea crudă, mă simţeam lipsit de orice putere. Gândindu-mă că nu era niciun chip de a mă elibera de umbrele morţii am început din nou să adun somnifere, hotărât să pun capăt vieţii mele nefericite. Era destul că sufeream din cauza bolilor, nu puteam să mai îndur şi faptul că soţia mea nu se purta frumos cu mine, ci mai degrabă mă răna. Mi-am pierdut toată voinţa şi pofta de viaţă. Mă gândeam că, decât să o aduc pe soţia mea înapoi de la părinţii ei, mai bine mureram. Astfel, am luat douăzeci de somnifere pe care le tot adunasem.

În ziua în care am luat pastilele, soţia mea se afla la părinţii ei. Nu putea dormi şi era foarte agitată. Spunea că nu-i ieşea din minte gândul că ceva foarte rău se întâmpla în casa noastră. Devenind tot mai agitată a luat un taxi şi s-a grăbit spre casă, aflându-mă în pragul morţii. M-a dus repede la spital unde am fost îngrijit şi mi-am revenit. Cugetam: „Nu sunt în stare nici măcar să-mi pun capăt zilelor aşa cum vreau. Ar trebui să renunţ şi la sinucidere." După ce mi-am revenit în spital, gândindu-mă la cele două tentative de sinucidere eşuate, am simţit că o putere superioară intervenea mereu în viaţa mea. Aşa că m-am decis să nu mai încerc niciodată să-mi pun capăt zilelor.

## Carnea de pisică e recomandată în artrită reumatoidă

Câteodată, când mă simţeam un pic mai bine, mă plimbam prin împrejurimi cu ajutorul bastonului. Dar, în perioadele când starea mea se înrăutăţea, eram ţintuit la pat şi nu puteam să-mi încord nici măcar un muşchi. Cineva trebuia să mă cureţe după ce făceam pe mine. Soţia mea a auzit că pisicile erau bune în boli ca artrita reumatoidă, aşa că aducea pisici, nu numai din pieţele din regiunea Sungdong Ku, ci şi din alte părţi, cum ar fi piaţa Dongdaemoon sau Joongbu, şi mi le fierbea ca să le mănânc. Dar câteodată, când carnea nu era fiartă bine, mirosea atât de urât, încât îmi doream mai degrabă să mor decât să o mănânc.

Mama şi soţia mea îmi aduceau orice şi mai ales tot ce oamenii spuneau că ar fi indicat. Îmi pregăteau miriapode, pelin şi scoarţă de arbore de lac. Mă mai hrăneau cu vezică biliară de câini şi urşi. Am încercat chiar şi cu băutură făcută din şerpi. Şi astfel, lupta mea împotriva bolilor a continuat. Se spunea că nişte pastile germane conţineau un fel de otravă care vindeca lepra. Fiindcă aveam şi o boală de piele care îmi afecta întregul corp am luat aceste pastile în speranţa vindecării, însă rezultatul a fost dezastruos.

## Am băut fecale timp de 15 zile

Am încercat tot felul de medicamente, tratamente medicale, remedii tradiţionale, tratamente cu plante, chiar superstiţii şi exorcism, dar se părea că starea sănătăţii mele se înrăutăţea tot mai mult, fără nicio scăpare.

- Jaerock, un doctor foarte renumit a venit în oraş. Ce-ar fi să te consulte el?

- Da, de ce nu? Nu am nimic de pierdut. Am urmat sfatul prietenilor mei din Keumho Dong şi am mers la acel doctor. El mi-a luat pulsul şi m-a consultat. Mi-a spus:
- E un miracol că mai trăiţi. Pulsul vă este foarte slab. E o minune că mai sunteţi în viaţă. Există un singur mod de a vindeca această boală. Aţi făcut sport în mod regulat când aţi fost tânăr, nu-i aşa? Aţi fost lovit de multe ori în timpul acestor exerciţii fizice? Aveţi urme de lovituri, de vânătăi şi hematoame pe tot corpul. Aceasta e cauza problemelor dumneavoastră de sănătate.

- O, chiar aşa? Care este reţeta?

- În gara din provincie sunt toalete publice. Zeama de fecale de la capătul acestor toalete s-a decantat de mai bine de zece ani. Scoate-ţi această zeamă şi beţi din ea cam cât o halbă de bere de trei ori pe zi, timp de 15 zile. După aceea toate hematoamele vor dispărea şi veţi fi din nou sănătos.

Doctorul mi-a dat instrucţiuni detaliate referitoare la obţinerea sucului de fecale. Tot ce trebuia să fac era să leg ace de pin la gura unui vas în loc de filtru, pe urmă să atârn o piatră de vas, iar în final să las vasul în toaletă. Atunci sucul de fecale va umple vasul. I-am promis doctorului o sumă frumuşică de bani în cazul în care mă voi vindeca după ce voi bea acest suc. Eu şi soţia mea eram atât de fericiţi crezând că acesta este ultimul remediu existent şi ne-am îndreptat în grabă spre gara din provincie, ţopăind de bucurie. Mama mi-a ascultat explicaţiile referitoare la obţinerea acestui remediu şi astfel a petrecut toată noaptea strângând zeama de fecale într-un castron pe care mi l-a adus cu mare grijă.

Aşadar, timp de cincisprezece zile am băut zeama de fecale fără a omite vreo doză. Mirosul groaznic făcea remediul foarte greu de înghiţit chiar şi o singură dată, dar stimulat de dorinţa de a-mi vindeca toate bolile, îl beam cu paiul, apoi mă spălam pe dinţi şi luam o bomboană pe care mi-o dădea mama. Însă mirosul nu dispărea. La sfârşitul celor cincisprezece zile am aflat că nici acest remediu nu a dat rezultate.

- Mamă, dacă o să mor vreau să mă întorc în casa mea din Seul, să mor acolo.

Când inima noastră este credincioasă

Capitolul 2

# Dumnezeu există
# cu adevărat!

# Când ultima petală va cădea, va apune şi viaţa mea

## Cum m-a evanghelizat sora mea mijlocie

Atunci când ultima noastră speranţă, tratamentul cu zeamă de fecale, a fost în zadar, eu şi soţia mea ne-am întors la Seul şi mai deznădăjduiţi. Singura dorinţă care îmi mai rămăsese era să mor repede, aşa că m-am întins în pat şi am aşteptat să treacă timpul. În casa noastră de zgură, programul meu zilnic era să citesc romane ori să beau soju. În casa micuţă, cu o cameră, era un vas cu soju şi mai erau castroane cu medicamente şi cărţi împrumutate, împrăştiate peste tot.

În familia mea, a doua dintre surorile mele era singura credincioasă. Ea şi-a pierdut vederea la un ochi în urma unei febre intense în copilărie. S-a căsătorit cu un tânăr dintr-un sat învecinat şi a crescut trei fii şi două fiice. A dus o viaţă onestă. Într-o zi, cineva i-a propovăduit Evanghelia şi a început să meargă la biserică. Mama şi fraţii mei o credeau fanatică religioasă şi nu le plăcea că merge la biserică:

- Lucrezi din greu pământul şi apoi dai totul la biserică. Nici măcar nu lucrezi duminica numai să poţi merge la biserică. Nu vei scăpa niciodată de sărăcie. Cum crezi că ai să te îmbogăţeşti vreodată?

Chiar şi atunci când mama o critica, ea zâmbea şi îi spunea:

- Mamă, e aşa o bucurie să crezi în Isus. De ce nu vii şi tu la biserică?

Duminica, îşi termina treburile gospodăreşti dimineaţa devreme şi apoi mergea la biserică. Ştergea amvonul şi slujea în biserică. Dacă avea vreodată primul fruct sau altceva de preţ, îl lăsa în secret la casa pastorului şi pleca. Îi plăcea să îl servească pe slujitorul Domnului în acest fel.

Mergea cu sârguinţă la adunările de trezire spirituală şi căuta cu ardoare harul lui Dumnezeu. Şi-a dat până şi inelul de aur, care era considerat foarte preţios la timpul respectiv, ca jertfă.

- Doamne, dă-mi credinţă la fel de preţioasă ca şi aurul. Dă-mi credinţă ca aurul, care să nu se schimbe nici măcar odată cu trecerea timpului.

Încă din copilărie sora mea mijlocie era preferata mea. Când studiam în Seul, practic locuiam la ea oricând eram în vacanţă. Încerca să-mi insufle cuvântul Domnului ori de câte ori avea ocazia. Chiar şi după ce m-am îmbolnăvit i-a părut aşa de rău pentru mine. Mă îndemna în continuu să merg la biserică:

- Frate, dacă mergi la biserică Domnul te va vindeca. Vei fi iarăşi sănătos.

- Soră, nu fi ridicolă. Trăim într-o epocă în care oamenii călătoresc pe lună în nave spaţiale. Unde e Dumnezeu? Dacă există, arată-mi-l.

Sora mea m-a îndemnat să cred în Dumnezeu de mai multe ori, dar, fiindcă eram încăpățânat, insistam să cred că, dacă există cu adevărat, ar trebui să mi se arate.

## Când ultima petală va cădea, va apune și viața mea

Mă simțeam ca eroina dintr-un roman celebru. În carte, eroina trăia într-o disperare continuă, fără nicio speranță de viitor. Credea că într-o zi, când ultima petală a unei anumite plante cățărătoare va cădea din cauza rafalelor de vânt, atunci și viața ei se va sfârși. Tot așa trăiam și eu, într-o disperare continuă, fără nicio speranță pentru ziua de mâine.

În aprilie 1974, azalee trandafirii și clopoței galben-aurii au colorat dealurile și câmpurile din întreaga regiune. Parfumul lor se simțea peste tot. Dar viața mea se ofilea și fiecare respirație mă apropia parcă și mai mult de moarte.

„Toată creația freamătă de atâta viață în această perioadă a anului. Oare viața mea, care atârnă ca acea ultimă frunză, când se va sfârși?"

Nimănui nu-i făcea plăcere să mă vadă. Nu puteam să mănânc orez sau carne, dar puteam să beau alcool. Băutura era singurul prieten pe care îl aveam. În acea perioadă, când de abia mă târam de azi pe mâine, depindeam de alcool. Părinții, frații și surorile mele mă vizitau din ce în ce mai rar. Nu mai așteptam pe nimeni în vizită, dar într-o zi cineva a bătut la ușă. Era sora mea mijlocie, cea pe care o iubeam foarte mult.

- Soră, ce te-a adus la Seul? Hai înăuntru!

- Am ceva treabă în Seul.

Pentru că era cea mai aglomerată perioadă în agricultură, am fost bucuros, dar totuşi foarte surprins, să o văd.

## Mi-a cerut să o călăuzesc

- Frate, fă-mi o favoare. Trebuie să mă ajuţi cu ceva. Există un loc pe care am vrut să îl vizitez de foarte mult timp. Te rog să mă duci acolo.

- Cum? Ce vrei să spui? Ştii că nu pot umbla foarte bine.
- Ştiu. Ştiu. Dar îmi doresc aşa de mult să vizitez acest loc, încât te rog să mă ajuţi.

Am refuzat-o la început spunându-i că nu pot să o însoţesc din cauza stării mele de sănătate. Dar şi-a susţinut cauza cu atâta zel încât m-am simţit prost şi, până la urmă, nu am mai putut să o refuz.

Locul pe care voia să-l viziteze era cel al cruciadelor de vindecare conduse de prim diaconeasa Shin-ae Hyun. Aceasta era renumită prin darul ei divin de a tămădui. Graţie rugăciunilor stăruitoare ale surorii mele şi a încercărilor ei de a mă duce la biserică eu şi prim diaconeasa Hyun am devenit mai târziu cunoştinţe. Sora mea ştia că dacă m-ar fi îndemnat să accept vindecarea în biserică aş fi refuzat să mă duc. În timp ce se ruga, ea a primit înţelepciunea de la Dumnezeu de a mă duce la biserică cerându-mi să o călăuzesc.

# Înainte de a crede în Dumnezeu

Deoarece mi s-a predat darwinismul la şcoală, eram ateu. Puteam afirma cu îndrăzneală că nu există lucruri precum fantomele. Dar, de fapt, în interiorul meu, nu puteam nega existenţa lui Dumnezeu. Luând în considerare atât de multe lucruri, nu puteam alunga ideea existenţei vieţii de după moarte. Adânc în inima mea, chiar conştientizam existenţa lui Dumnezeu, Creatorul. Am reflectat: „Dacă Dumnezeu există cu adevărat, atunci probabil că există şi iadul, un iad ca şi în filmul pe care îl văzusem odată. Atunci oare cum va fi viaţa mea de apoi?"

Cum nu puteam nega în totalitate existenţa lui Dumnezeu, trebuia să accept şi existenţa vieţii de după moarte. Într-un colţişor al inimii mele îmi era frică şi de iad. Tocmai de aceea, chiar înainte de a crede în Dumnezeu, am încercat să duc o viaţă liniştită şi corectă.

Dar să revenim; din moment ce sora mea nu-mi cerea să merg la biserică pentru a mă vindeca, ci doar să o călăuzesc către un loc de întâlnire creştin, am cedat rugăminţii ei. Pe data de 17 aprilie 1974, s-a trezit de dimineaţă spunându-mi că trebuie să plece devreme ca să aibă loc în faţă. Era pentru prima dată când ieşeam din casă după o lungă perioadă de timp. A fost foarte dificil pentru mine să cobor de pe dealurile oraşului Keumho Dong, aşa că ne-a luat mult timp. Am luat autobuzul spre Seodaemoon şi am ajuns la biserica prim diaconesei Shin-ae Hyun.

# Toţi aceştia sunt nebuni?

Chiar dacă ambele timpane îmi erau perforate la momentul respectiv, puteam auzi sunete, însă foarte slab. Etajul al doilea era deja plin de oameni, aşa că am urcat la al treilea. Scările erau prevăzute cu o pantă uşoară pentru persoanele cu handicap. Dar, pentru că foloseam baston, îmi era greu să ţin pasul cu sora mea.

Probabil că era un moment de rugăciune în grup. Oamenii din jurul meu îşi ridicau mâinile şi strigau foarte tare. Nu mai vazusem ceva asemănător vreodată, aşa că nu ştiam ce să fac, doar mă uitam în jur. Atunci am observat că sora mea îngenunchiase şi se ruga şi ea cu mâinile tremurând în aer.

Toţi păreau nebuni, chiar şi sora mea. Mă simţeam oarecum stânjenit şi m-am înroşit. Îmi doream doar să ies de acolo. Dar veneau din ce în ce mai mulţi oameni şi se aşezau în spatele meu, aşa că n-am putut să ies. Voiam să scap de acolo în acel moment.

Dar ce puteam face? Nu puteam să-mi las pur şi simplu sora acolo şi să merg acasă singur! Cum nu văzusem niciodată pe cineva să se roage astfel – cu atât mai puţin un grup – m-am simţit tulburat uitându-mă la oamenii care îşi agitau mâinile şi strigau în timpul rugăciunii. Pentru că nu puteam să plec singur, am rămas. M-am gândit că aş putea şi eu să îngenunchez. M-am aşezat în genunchi şi am închis ochii. Brusc, am simţit cum îmi transpiră spatele şi sudoarea îmi curge pe spate în jos. Era o zi de primăvară, dar nu era prea cald. Eu eram genul foarte slab – aproape numai piele şi os – şi era absurd să transpir chiar aşa. Era ciudat şi mă gândeam: „Mă simt foarte stingherit şi tulburat că sunt aici. Poate de aceea transpir atât de tare!"

Numai după un timp am realizat faptul că, în momentul în care am îngenunchiat în acea zi, Domnul mi-a mistuit toate bolile cu Focul Sfântului Duh. Prim diaconeasa Shin-ae Hyun, îmbrăcată în alb, predica cu înflăcărare de la un amvon îndepărtat. Predicatorii vorbeau foarte tare, însă eu nu îi auzeam aproape deloc. Prindeam doar câteva cuvinte din când în când. „Ce bine ar fi dacă aş putea auzi clar ce spune femeia aceea!" m-am gândit.

S-a produs o schimbare în inima mea după ce am transpirat aşa de tare (de fapt fusesem atins de Sfântul Duh). Voiam să aud mesajul prim diaconesei Shin-ae Hyun.

- Frate, de ce nu primeşti rugăciunea ca şi ceilalţi oameni care au venit aici? mă întrebă sora mea.

După predică, faţa surorii mele s-a luminat când m-a îndemnat să mă apropii de diaconeasa care se ruga prin punerea mâinilor. La indicaţia surorii mele, m-am îndreptat – îngrămădit printre alţi oameni – spre locul unde stătea prim diaconeasa.

Sunetul continua să răsune prin difuzoare. Se auzeau acum mărturii ale celor ce fuseseră vindecaţi prin rugăciuni. Auzeam doar frânturi şi cineva a zis că a primit „Focul Sfântului Duh" şi s-a vindecat atunci când prim diaconeasa Shin-ae Hyun s-a atins de ea.

„Cu siguranţă au fost vindecaţi prin rugăciune. Dar încă nu pot să cred aceasta."

Prim diaconeasa Shin-ae Hyun lovea uşor cu mâna o dată pe cap şi o dată pe spate pe fiecare persoană şi apoi îi împingea în spatele ei. Aceasta era tot. M-a atins şi pe mine pe cap şi pe spate şi m-a împins ca şi pe ceilalţi oameni. M-am gândit: „Se comportă cu oamenii ca şi cu nişte bagaje! Cred că înşală oamenii." Probabil din cauza numărului mare de persoane nu se ruga pentru fiecare în parte, doar îi atingea şi îi împingea. M-am simţit jignit.

În clipa aceea mi-am amintit de un incident din şcoala primară. O femeie din zona Jung-eup era cunoscută pentru darul ei de a vindeca. Ştirea întâlnirii cu ea a fost publicată în ziar, aşa că s-au adunat mulţi oameni în Jung-eup. Nepotul meu a participat şi el la o întâlnire pentru că suferea de secreţii ale urechii. După vreo 15 zile s-a aflat că era o impostoare. A fost arestată. Unele ziare au publicat articole de primă pagină cu această ştire. Mă întrebam dacă această femeie înşela oamenii aşa cum făcuse cea din zona Jung-eup. Adâncit în gânduri, mi-am dat seama că ajunsesem deja la parter: „Curios lucru! Am ajuns până aici uşor, fără să mă doară nimic."

# Aud! Aud!

Sora mea era aşa de fericită, ca şi cum i s-ar fi împlinit dorinţa. Ne-am urcat în autobuz. Brusc, am auzit sunete foarte puternice, ca şi sunetul tunetului. M-am gândit: „Ce ciudat! De ce îmi ţiuie în urechi sunete atât de puternice?"

Sunetele asurzitoare s-au oprit când am coborât din autobuz în piaţa Keumho. Mi-am luat rămas-bun de la sora mea şi am intrat în snack-barul pe care soţia mea îl avea în piaţă. Pe rafturi se aflau diverse sortimente de mâncare, inclusiv carne. În bar, puteam auzi conversaţia clienţilor în timp ce mâncau şi beau. Eram aşa de fericit încât am lovit cu pumnul în masă.

**„Aud! Aud!"**

Surprinsă, soţia mea m-a întrebat:

- Ce? Auzi? Ce auzi şi cum de auzi acum?

- Aud foarte clar conversaţia clienţilor. Dragă, mi-e foame acum. Vreau să mănânc ceva. Îmi dai nişte orez cu carne?

- Cum? O să faci indigestie şi o să-ţi iasă bube peste tot!

- Sunt bine. Simt că le diger deja. Nu-ţi face griji, dă-mi doar ceva de mâncare!

Am terminat orezul şi carnea dintr-o îmbucătură. De obicei puteam să mănânc doar puţin orez; era o schimbare minunată. Simţeam că diger mâncarea foarte bine. De fapt, nu aveam nicio problemă.

## Un miracol de netăgăduit!

În ziua următoare, când m-am trezit dimineaţa, m-am dus la baie ca de obicei. Prima parte a programului meu de dimineaţă era să merg la baie, să înfăşor bumbac pe un băţ de chibrit şi să-mi curăţ secreţiile din urechi. Făceam aceasta pentru că nu voiam ca soţia mea să se îngrijoreze văzându-le. Am încercat să curăţ ca de obicei, dar nu era nimic. Era curat. Ba şi mai ciudat, de obicei când mă trezeam sufeream din cauza anemiei. Eram atât de anemic încât trebuia să-mi adun puterile pentru o clipă şi abia pe urmă să merg la baie. Dar în acea zi am mers la baie imediat ce m-am trezit. Şi aceasta nu era tot. Din cauza artritei grave aveam puroi pe dosul mâinilor, la coate, la genunchi, la glezne şi la alte încheieturi. În ziua aceea, însă, petele albe se schimbaseră în cruste negre.

## „Nu înțeleg. Ce ciudat!"

Dintr-odată, a început să-mi bată inima mai repede. Încă tulburat, m-am dus înapoi în cameră. Mi-am dat jos hainele și mi-am examinat corpul cu grijă. Când dormeam, nu puteam să-mi mișc gâtul cu ușurință și trebuia să dorm pe o parte din cauza inflamației limfatice. Dar nodulul de mărimea unui strugure, din glanda limfatică, îmi dispăruse complet. În plus, mi-am amintit ceva ce se întâmplase înainte, în timp ce eram încă bolnav. Era iarnă și noi aveam totdeauna apă fierbinte într-o oală în bucătărie. Ca de obicei dimineața, mă aplecasem să iau apă fierbinte. Oala era doar pe jumătate plină, iar ușița de aerisire a sobei era deschisă. Astfel, jarul primea oxigen și apa clocotea.

Când am luat apa cu o tigvă, aburul fierbinte mi-a acoperit fața. Încercând să mă feresc de abur, apa fierbinte s-a vărsat pe mine. M-am ars pe mâini și pe piept. Mi-au rămas cicatrici urâte de la această arsură și de obicei nu-mi dădeam jos cămașa.

Chiar și aceste cicatrici dispăruseră! Era un miracol de necrezut. Eram complet vindecat!

În acel moment, mi-am amintit ce se întâmplase în ziua precedentă. Urcasem și coborâsem scările fără dificultate. La întoarcere, în drum spre casă, auzisem un zgomot asurzitor. Auzisem vocile clienților din barul soției mele. Nu mai eram anemic, ca și până atunci. Nu mai aveam secreții purulente și nici dureri atunci când îmi îndoiam genunchii.

## „Chiar m-a vindecat Dumnezeu?"

Aflat în fața unei realități pe care eu însumi nu puteam să o cred, am fost foarte surprins. N-am luat niciun medicament şi n-am făcut nicio operaţie, nimic! Şi toate bolile se vindecaseră! Mai mult de zece tipuri de boli, pe care nu le putusem trata cu vreun medicament, s-au vindecat pe loc!

„Dumnezeu chiar există!"

Eram o persoană nechibzuită, dar cum puteam să mă mai îndoiesc? Am îngenunchiat şi mi-am ridicat mâinile spre cer:

- O, Doamne! Tu exişti cu adevărat! Cum ai putut să mă vindeci aşa, dintr-odată? Iartă-l, te rog, pe acest nebun. Am ignorat toţi preoţii atunci când mă îndemnau să cred în Tine. Dar Tu exişti cu adevărat şi m-ai vindecat complet!

Am încercat să mă îndoiesc, gândindu-mă că a fost o coincidenţă, dar nu reuşeam. Simţeam că zbor. Totuşi, nu puteam crede realitatea. Soţia mea, care era afară, m-a auzit rugându-mă şi a intrat în cameră foarte surprinsă.

-Scumpo, haide şi uită-te la corpul meu. Dumnezeu m-a vindecat!

Uluită, ea mi-a examinat complet trupul şi a ajuns la concluzia că Dumnezeu mă vindecase. Era atât de fericită, încât m-a îmbrăţişat şi a început să plângă zgomotos. Am plâns amândoi mai mult timp. Toate necazurile şi durerile dispăruseră şi ne-am umplut de bucurie şi mulţumire.

## Vindecătorul meu

În momentul în care am îngenunchiat la biserică, Dumnezeu

mi-a vindecat toate bolile cu Focul Sfântului Duh. Chiar înainte ca prim diaconeasa Shin-ae Hyun să se roage pentru mine, Dumnezeu mă vindecase prin Focul Sfântului Duh. Eram ateu şi nu aveam deloc credinţă în Dumnezeu. Nici măcar nu-i cerusem Domnului să mă vindece, atunci de ce m-a vindecat? Cred că Dumnezeu a răspuns rugăciunilor surorii mele care a postit şi s-a rugat mult pentru mântuirea mea. De asemenea, cred că Dumnezeu a ştiut că, odată ce am să conştientizez existenţa Sa, mă voi îndepărta de cele lumeşti, nu-L voi trăda, ci voi trăi după învăţătura Sa şi-L voi iubi până la sfârşit.

# Divorţul şi reîntoarcerea soţiei mele

## Fericire timp de trei luni

Ca şi în povestea „Păsării albastre a fericirii", simţeam ca şi cum o pasăre albastră a fericirii se cuibărise în familia mea. Cea mai semnificativă schimbare în familia mea a fost aceea că mergeam la o biserică din apropiere şi asistam la slujbele de duminică. Făceam aceasta pentru că fusesem vindecat prin harul lui Dumnezeu cel viu şi simţeam că trebuie să răsplătesc această binecuvântare.

Totuşi, ne-a rămas marea datorie financiară, precum şi alte probleme care nu s-au schimbat. Dar noi tot eram fericiţi şi bucuroşi. Eram doar recunoscător că fusesem eliberat de durerile bolilor. De aceea aveam speranţa şi visul că voi putea, în sfârşit, să muncesc din greu şi să-mi câştig traiul prin forţele proprii.

Am discutat cu soţia mea despre viitorul nostru. Din moment ce toate bolile dispăruseră, în câteva luni puteam să muncesc din nou. Atunci ne vom plăti datoria şi ne vom extinde magazinul. Vom munci din greu împreună, vom câştiga bani mulţi şi vom administra un mare restaurant. Pe atunci, cunoşteam un om priceput la confecţionarea costumelor de scafandru. Aşa că am lucrat ca ajutor, gândindu-mă că aş putea să-mi refac şi condiţia fizică. La început m-am simţit foarte obosit chiar dacă lucram puţin, dar curând mi-am recăpătat energia. Câştigam ceva bani, îmi plănuiam viitorul şi... am sărbătorit aniversarea zilei de naştere a tatălui meu. Trecuseră cam nouăzeci de zile de când fusesem vindecat.

### Fiul tău s-a îmbolnăvit din cauza mea?

Pe data de 10 iulie 1974, de ziua tatălui meu, toţi membrii familiei s-au adunat la casa părintească. Am mers acolo cu câteva zile înainte, iar soţia mea, având treabă la magazin, a venit cu o seară înainte de aniversare.

Deşi nu era o întoarcere triumfală, eu eram foarte fericit. Când mergeam în satul meu natal, pe când eram încă eram bolnav, stăteam aproape numai în camera mea, încercând să evit privirile oamenilor. Luam doar medicamentele şi mă întorceam la Seul. Mă temeam că vecinii mă vor considera o persoană cu handicap. Ce fericit eram acum că devenisem un om complet sănătos!

L-am mărturisit pe Dumnezeu, spunând:
- Îmi aşteptam doar moartea din cauza atâtor boli incurabile, dar m-am dus cu sora mea la altarul lui Shin-ae Hyun şi astfel am fost vindecat.
Am mărturisit că Dumnezeu este tămăduitorul care mi-a ieşit

în întâmpinare și m-a vindecat. Cunoșteam foarte puțin despre învățătura lui Dumnezeu din Biblie, dar am mărturisit că El există cu adevărat și am împărtășit bucuria cu părinții și frații mei.

De ziua tatălui meu, după prânz, soția mea făcea bagajele de întoarcere la Seul. Eu stăteam la un pahar cu frații mei înainte de plecare. Între timp, a început o zarvă afară. Am auzit ușa trântindu-se. M-am uitat afară și soția mea alerga cu bagajul zicând că va divorța. Sora și cumnata mea alergau să o ajungă din urmă. Așa s-a întâmplat totul.

- Fiica mea, fiul meu s-a îmbolnăvit imediat după ce s-a căsătorit cu tine și ați suferit mult. Dar vor veni zile bune dacă veți munci din greu de acum încolo.
Mama era așa de fericită că fiul ei cel mic, despre care credea că va muri în orice moment, și-a recăpătat sănătatea. Așa că a sfătuit-o pe nora ei în acest fel. Însă soția mea a înțeles că m-aș fi îmbolnăvit și aș fi suferit atât de mult din cauza ei și s-a albit la față.

- Vreți să spuneți că fiul dumneavoastră s-a îmbolnăvit din cauza mea? Bine. Voi părăsi această familie. Voi divorța. Da, așa am să fac!

- Soră, e o neînțelegere. Știi că mama nu a vrut să spună ce ai înțeles tu!

Soția mea s-a întors la Seul imediat. Din cauză că soția mea a părăsit casa în acest fel, atmosfera petrecerii s-a transformat în una de înmormântare. Mama era furioasă. Mi-a zis:

- Nu te-ai putut vindeca de atâta timp pentru că te-ai căsătorit cu o astfel de femeie. Jaerock, să uităm acest incident. Ne aşteaptă o cină plăcută. Să ne bucurăm de masă!

- Să uit? am întrebat eu. Cum ai putut să spui un asemenea lucru? Cum să las totul la o parte?

Fraţii şi surorile mele încercau să mă consoleze, dar vorbele lor doar înrăutăţeau situaţia. M-a înfuriat aşa de tare ce spuneau ei, încât m-am dus în bucătărie. Am înhăţat şi am băut dintr-odată o sticlă întreagă de soju.

Tatăl meu era şocat că am produs asemenea agitaţie. Chiar şi după ce a împlinit 70 de ani el vedea foarte bine şi stătea bine cu sănătatea. Putea citi cărţi şi ziare chinezeşti. Dar din cauza şocului pe care i l-au produs toate acestea şi-a pierdut vederea. Cât a mai trăit a fost orb. Comportamentul meu atipic în acea împrejurare a fost considerat foarte lipsit de respect de către tatăl meu. Această situaţie e una ce îmi provoacă o mare suferinţă acum şi pentru tot restul vieţii mele.

Din punctul ei de vedere, soţia mea simţea că timp de şapte ani a trebuit să treacă prin atâtea suferinţe şi atâtea greutăţi în viaţă având grijă de soţul ei bolnav şi câştigând bani pentru întreţinerea familiei. Credea că soacra ei o învinovăţea pe ea pentru toate cele întâmplate. Cu siguranţă se simţea foarte dezamăgită din cauza aceasta. Tristeţea pe care a simţit-o reamintindu-şi viaţa extenuantă şi disperată pe care a fost nevoită să o trăiască în ultimii şapte ani şi faptul că nu era nimeni cu care să poată vorbi deschis, trebuie să o fi copleşit, astfel încât a fost prea greu pentru ea să o reprime.

## După patru luni de suferință

În ziua următoare, m-am întors la Seul cu fiica mea mai mare, Miyoung. Am căutat-o pe soția mea, dar nu era nici acasă, nici la magazin. În ziua următoare s-a întors acasă, dar era o persoană complet schimbată.

Mi-a spus:

- O să divorțez. Trebuie să trecem prin procesul de divorț în orășelul nostru natal. Vino cu mine și semnează actele.

Am încercat să o fac să se răzgândească, dar în zadar. La cererea ei, am mers acasă și am semnat actele de divorț.

Fiindcă era un oraș mic, zvonul s-a răspândit foarte repede. Îmi părea rău pentru părinții mei și îmi era jenă să dau ochii cu vecinii. M-am întors repede la Seul, ca și cum aș fi evadat. Niciodată nu m-am gândit că soția mea chiar va divorța de mine. Încă o așteptam să se întoarcă acasă și, după mai multe zile, a venit cu ai săi.

Mi-au spus:

- Acum că ați divorțat, vrem înapoi darurile de nuntă. Vom recupera și depozitul de garanție pentru magazinul din piață.

Fiindcă ne-am mutat de șaptesprezece ori în perioada cât am fost bolnav, nu aveam niște bunuri comune propriu-zise. Totuși, soția mea și familia ei au împachetat tot ce adusese ea. Am simțit un dispreț uriaș pentru toți. În timp ce terminau de împachetat lucrurile, eu m-am dus în piața Keumho Dong să scot garanția pentru magazin.

Piața era plină de oameni. Pe atunci, Miyoung, în vârstă de 5 ani, a înțeles ce se întâmpla. Se ținea de fusta mamei sale:

- Mamă, nu pleca! Stai cu mine! Nu mă părăsi! O să mor dacă pleci! plângea Miyoung şi se ţinea după ea. Îi căzuseră pantofii. Dar soţia mea a împins-o cu răceală.

- Tată, ea nu mai este mama mea. Nu-i voi mai spune mamă de acum încolo. Să nu o laşi niciodată să se mai întoarcă acasă.

Din cauza durerii din sufletul ei, cuvintele au zburat ca nişte săgeţi reci ca gheaţa din gura micuţei mele.

Pe atunci, învăţam să lucrez în şantierele de construcţii urmărindu-mi cu atenţie prietenii. Nici pe perioada în care nu am stat cu soţia mea nu am pierdut slujbele religioase din zilele de duminică. Pentru că mă duceam duminica la biserică, nu mai fumam şi nu mai beam de sâmbătă seara, de teamă că aş putea avea o respiraţie urât mirositoare duminica la biserică. Numai după ce se terminau slujbele de dimineaţă şi de seară şi mă întorceam acasă, fumam şi beam, obiceiuri de la care mă abţinusem toată ziua.

Nici măcar nu ştiam să mă rog, dar îngenuncheam şi mă rugam cu voce tare:

- Doamne, tu le ştii pe toate, nu? Sunt sănătos şi pot să-mi câştig existenţa acum, dar iată ce s-a întâmplat. Te rog, trimite-mi soţia înapoi. Pot să o fac fericită fără să mai sufere vreodată. Te rog, fă-o să se întoarcă repede şi să fim iarăşi o familie fericită.

Luam micul dejun dimineaţa devreme, o lăsam pe Miyoung acasă la fratele meu mai mare şi mergeam la lucru. O luam pe Miyoung seara, când mă întorceam de la lucru. Fiecare zi era la fel. Mai târziu a trebuit să o trimit la bunica ei, la casa părintească. Dar, la câtva timp după ce am trimis-o la părinţii mei, m-a sunat mama. Miyoung avea răni ulceroase din cap până în picioare şi era atât de grav încât medicamentele nu dădeau rezultate. Atât de infectate erau rănile că sângerau mult şi ajunsese să aibă larve pe scalp. Au trimis-o la spital, dar se părea că nu avea şanse de supraviețuire.

Chiar dacă era inconştientă, o căuta şi o striga pe mama ei. Mi-au cerut să o las să-şi vadă mama încă o dată, înainte de a muri. Eu nu conştientizam faptul că legal eram divorțați şi m-am dus acasă la fratele mai mare al soției mele în Keumho Dong. Din fericire, soacra mea era acolo, aşa că i-am spus tot şi am cerut permisiunea să o văd pe soția mea. Dar răspunsul lor a fost rece:

- Dacă fiica voastră moare, ar fi mai bine să te recăsătoreşti. Las-o în pace.

Prin urmare, Miyoung nu a reuşit să-şi vadă mama, dar, ca prin minune, a supraviețuit.

## O întâlnire aranjată

M-am lăsat în voia fumatului şi a băuturii ca să uit de realitatea întunecată a vieții mele. Eram dezamăgit de soția mea care plecase de acasă din cauza unui cuvânt spus de mama. Dar îi uram pe membrii familiei sale şi mai mult pentru că au îndemnat-o să divorțeze. Ca să uit de cei pe care-i uram, trebuia să beau. Odată îmi investisem banii cu sora mea şi am pierdut tot din cauza ei, aşa că m-am dus la ea şi am cerut nişte bani ca să încep o afacere. Dar mi-am petrecut timpul într-un bar până ce s-au terminat acei bani. Nu aveam nici forța, nici voința de a-mi continua viața.

Familia mea încerca să găsească o cale să mă salveze. Sora mea a zis:

- Mamă, mai bine l-am face să se recăsătorească. Dacă îl lăsăm aşa, va deveni un om mort, ca înainte.

În sfârşit, m-a sunat mama. Mi-a spus că ştia o femeie potrivită pentru mine şi să merg neapărat acasă pentru a o întâlni.

Eu credeam că soţia mea se va întoarce şi că nu voi trăi niciodată cu o altă femeie. Mai credeam că dragostea pentru soţia mea nu se va schimba niciodată şi nu reuşeam nici măcar să-mi imaginez că aş putea trăi cu o altă femeie.

- Fiule, doar de data aceasta! E ultima mea speranţă, a insistat mama, şi nu am mai putut să refuz rugămintea ei de a mă întâlni doar o singură dată cu doamna respectivă. Aşa că am acceptat. M-am hotărât să schimb doar câteva amabilităţi cu ea şi să mă întorc. Însă voia Domnului era mult mai profundă!

Mă îndreptam spre locul de întâlnire cu doamna şi, iat-o, genul de femeie cu adevărat perfectă. Genul la care visasem întotdeauna. Îmi plăceau hainele de culoare albă şi ea purta o rochie albă din două piese. Părul îi era lung şi îi cădea pe umeri şi în jos pe spate. Stătea de parcă era desprinsă dintr-un tablou. Nu-mi puteam crede ochilor. Pentru că mama ei era foarte superstiţioasă, a crezut atunci când o prezicătoare i-a spus că, pentru a fi fericită, fiica ei trebuia să ia de soţ un bărbat care se căsătorea pentru a doua oară. De aceea a aranjat mama ei întâlnirea cu mine. Ne-am plăcut reciproc şi ambele familii se grăbeau să pregătească nunta.

Până în momentul acestei întâlniri, încă o aşteptam pe soţia mea să se întoarcă. Nu m-am uitat niciodată la o altă femeie. Dar mi-am schimbat perspectiva de a trăi numai cu soţia mea. Era un şoc pentru mine că m-am putut schimba în acest fel. Data a fost stabilită şi am făcut schimb de daruri. Atunci, dintr-o data a apărut soția mea. Auzise că mă recăsătoresc și voia să-mi cerceteze atitudinea și sentimentele. Când a aflat că inima mea se depărtase deja de ea și că hotărâsem într-adevăr să iau de soție o altă femeie, a fost surprinsă.

## Împăcarea

Pînă atunci, soția mea a crezut cu certitudine că, spre deosebire de alte persoane, eu nu-mi voi schimba niciodată dragostea față de ea. Se pare că a fost șocată să audă că mă însor cu o femeie frumoasă și necăsătorită. Și-a dat seama că sentimentele mele s-au schimbat. Totuși, a doua zi, dis-de-dimineață, a venit cu bagajul. Dormeam în casă și brusc am auzit o bufnitură pe podea. Soția mea se întorsese acasă cu bagajul. Oare nu era prea târziu? Deja promisesem să iau de soție o altă femeie, așa că i-am aruncat bagajul afară. S-a iscat agitație în timp ce noi mutam bagajul când afară, când înăuntru.

- Am resentimente mari față de membrii familiei tale și mi-e rușine față de familia mea. Mai mult, deja am stabilit data căsătoriei. Ce va spune familia aceea? i-am spus eu.
- Voi cere și voi primi iertare de la toată lumea din ambele familii. În viitor mă voi supune la orice vei spune.

- Chiar dacă eu te iert, părinții, frații și surorile mele nu te vor ierta niciodată!

Ea se încăpățână:
- Toți mă vor ierta. Voi muri în această familie.

Era uimitor de schimbată, ca o mieluşea. Toată dragostea mea pentru ea dispăruse deja, dar m-am gândit la cele două fete ale mele. Am considerat că ar fi mai bine pentru ele să fie crescute de către propria mamă. Aşadar, am fost de acord să o iert, în anumite condiţii. Trebuia să accepte să mi se supună necondiţionat şi să primească iertarea de la toată familia şi de la rudenii. Am cerut de asemenea ca familia ei să vină să-mi ceară scuze. În final, am fost de acord ca fosta mea soţie să se întoarcă acasă; ne-am împăcat din nou. Trecuseră o sută douăzeci de zile de când plecase de acasă.

I-am spus cu sinceritate povestea mea mamei domnişoarei cu care urma să mă căsătoresc şi am cerut înţelegere. În mod neaşteptat, mi-a înţeles situaţia foarte bine. Dar numai după mult timp am înţeles că toate acestea erau din providenţa divină.

## De ce a trebuit să divorţeze soţia mea?

În timp ce soţia mea îşi câştiga existenţa având grijă şi de soţul ei bolnav, nu avea nicio speranţă în viaţă. Între timp, inima ei blândă şi pură a dispărut, iar firea ei s-a înăsprit.

*Moartea şi viaţa sunt în puterea limbii; oricine o iubeşte, îi va mînca roadele (Proverbele lui Solomon 18:21).*

*Prin rodul gurii ai parte de bine, dar cei stricaţi au parte de sâlnicie. Cine-şi păzeşte gura, îşi păzeşte sufletul; cine-şi deschide buzele mari aleargă spre pieirea lui (Proverbele lui Solomon 13:2-3).*

Pentru că ştia că o iubeam din toată inima, chiar dacă plecase de acasă de câteva ori, s-a întors. Ne cunoşteam reciproc sinceritatea inimii. Nu şi-a părăsit soţul care nu mai avea nicio speranţă în viaţă. Dar spunea mereu că va divorţa de îndată ce mă voi însănătoşi. Pentru că vorbele ei negative s-au acumulat, au devenit capcana Satanei şi s-au adeverit la aniversarea tatălui meu. Dacă pronunţăm cuvinte negative, duşmanul diavol ne acuză în funcţie de ceea ce am zis, aşa că Dumnezeul dreptăţii trebuie să permită să se întâmple aceasta după regulile lumii spirituale. Soţia mea nu a putut să controleze modul în care a gândit şi a simţit şi astfel a divorţat. Cu toate acestea, Domnul ne-a călăuzit spre împăcare şi a lucrat pentru binele tuturor.

Capitolul 3

# Chemarea mea

# Începutul unei vieţi creştine adevărate

## În timpul unei adunări mi-am dat seama că eram un păcătos

Dumnezeu a schimbat firea soţiei mele care a devenit blândă ca un mieluşel. După reunificarea căsniciei, ne-am regăsit liniştea şi fericirea pentru prima dată, după atâta vreme. Odată întoarsă acasă, a încercat din toate puterile să fie de folos tuturor şi cu o inimă smerită s-a dedicat membrilor familiei. Dar fiica mea mai mare, Miyoung, pur şi simplu nu voia să-i spună „mamă" şi o trata cu răceală. Soţia mea a încercat mult timp să-i întoarcă mintea şi inima şi a vărsat multe lacrimi.

Pe data de 25 noiembrie 1974, la insistenţele proprietarului casei mele de atunci, am luat parte la o adunare de trezire spirituală ţinută la biserica Sungdong din Osku Dong. Eu şi soţia mea participam sârguincios la toate adunările din zori, din timpul zilei şi la cele de seară. Vorbea pastorul Byeong-ho

Park de la Sfânta Biserică Evanghelică Coreeană. Predica un mesaj cu titlul „Dăruieşte tot şi devino un cerşetor". Acesta a mărturisit că de câte ori a dat tot ceea ce trebuia să dea, a primit mare binecuvântare de la Dumnezeu. Atunci când a dat tot ce avea şi a construit o biserică, Dumnezeu, care le ştie pe toate, l-a binecuvântat din abundenţă. Împreună cu soţia mea am stat în primele rânduri şi am primit mare har. Din mesaje am înţeles că trebuie să citim Biblia, că Isus Hristos este Mântuitorul şi că trebuia să renunţ la fumat şi la băutură. Am aflat, de asemenea, cum să mă rog şi cum să dau zeciuiala şi darurile de mulţumire. Am învăţat lucrurile fundamentale ale vieţii de creştin.

Eram mândru de mine pentru că mereu am încercat să duc o viaţă cinstită. Unii oameni ziceau despre mine că sunt o persoană care „nici măcar nu are nevoie de legi". Totuşi, din prima zi în care mi-am dat seama ca sunt un păcătos, reflectând asupra mea prin cuvântul lui Dumnezeu, am început să mă căiesc cu lacrimi amare. Eram o persoană foarte timidă şi introvertită. Fusese de neconceput pentru mine să plâng încât să-mi curgă nasul, în prezenţa altor oameni. Dar iată că a fost posibil fiindcă Dumnezeu a lucrat cu putere în sufletul meu şi mi-a dat harul Său.

## Începutul unei vieţi creştine adevărate

În ultima zi a adunării de trezire spirituală am făcut o promisiune să ofer o donaţie pentru construcţia bisericii. La vremea aceea locuiam într-o casă pe care o închiriasem pentru 100 000 de woni cu plata prin depozit bancar (aproximativ 100 de dolari americani). Eram atât de recunoscător pentru binecuvântarea lui Dumnezeu, încât doream să-I ofer tot ce aveam, dar nu aveam nimic de oferit. M-am frământat în inima mea asupra acestui lucru şi până la urmă am decis să donez 300 000 de woni. Am discutat cu soţia mea şi avea şi ea în suflet dorinţa de a oferi 300 000 de woni. Ne-am decis să-i plătim în decurs de trei luni.

Termenul de plată se apropia, dar noi nu aveam încă banii. Aşa că a trebuit să facem un împrumut cu dobândă mare şi astfel am donat 300 000 de woni pentru construcţia bisericii. Pentru că era important să ne ţinem promisiunea faţă de Dumnezeu, a trebuit să respectăm data, chiar dacă plăteam o rată cu dobândă mare pentru împrumut. Din momentul în care eu şi soţia mea am participat la adunarea de evanghelizare, viaţa noastră creştină a început cu adevărat. Aprofundând cuvântul lui Dumnezeu, plăteam zeciuiala şi ofrandele de mulţumire. Am renunţat la băutură şi la fumat şi am început să participăm la adunările de rugăciune din zori. Întrucât lucram ca muncitor în construcţii, în zilele în care nu munceam, urcam pe povârnişul muntelui dimineaţa devreme şi mă rugam. Nu aveam destulă experienţă spirituală să înţeleg că e voia Domnului să strig în timpul rugăciunii şi să postesc. Eu doar mă supuneam imboldului din inima mea.

### Cheamă-Mă şi îţi voi răspunde!

În anul 1975, într-o dimineaţă devreme, m-am dus la muntele Chilbo în Suwon. Am aşezat o pătură pe o piatră şi acolo m-am rugat. Dintr-odată, am auzit o voce din cer. Era clară, dar în acelaşi timp puternică şi poruncitoare zicând:
- *Uită-te în Evanghelia după Luca, capitolul 22, versetul 44!*

Am deschis repede Biblia şi am citit:

- *Iar El, fiind în chin de moarte, mai stăruitor Se ruga. Şi sudoarea Lui s-a făcut ca picături de sânge care picurau pe pământ.*

Modul de rugăciune de care Dumnezeu este mulţumit este acela de a striga cu pasiune în timpul rugăciunii. M-am rugat să înţeleg de ce mi-a trimis Dumnezeu acest verset şi, într-un moment clar de inspiraţie, am găsit interpretarea.

Israelul e situat într-o zonă deşertică, astfel că temperatura scade drastic în timpul nopţii. De asemenea, Isus a fost crucificat în luna aprilie şi din cauza temperaturii scăzute era imposibil să transpire noaptea. Atunci cu cât zel şi cu câtă ardoare s-a rugat Isus încât sudoarea Lui s-a transformat în picături de sânge ce cădeau pe pământ? Rugăciunea Sa a fost atât de fierbinte şi de puternică încât efortul depus a cauzat spargerea capilarelor, iar sângele scurs a format picături ce cădeau pe pământ de pe suprafaţa pielii Sale. Dacă s-ar fi rugat în linişte, un asemenea lucru nu s-ar fi putut întâmpla niciodată.

## Secretul de a striga în timpul rugăciunii

Din acel moment, citind Biblia am găsit mai multe versete, atât în Vechiul cât şi în Noul Testament, care ne spun să strigăm în timpul rugăciunii. De asemenea, mi-am dat seama că acei strămoşi ai credinţei au primit răspunsuri strigându-şi rugăciunea. Este dorinţa Domnului să strigăm în timpul rugăciunii: *Cheamă-Mă, şi-ţi voi răspunde; şi îţi voi vesti lucruri mari, lucruri ascunse pe care nu le cunoşti* (Ieremia 33:3). Iona a nesocotit cuvântul lui Dumnezeu şi a fost înghiţit de un peşte mare, dar la Iona 2: 2, se menţionează că a fost salvat strigându-şi rugăciunea către Dumnezeu. În Evanghelia după Ioan 11:43-44 este consemnat că Isus I-a poruncit cu voce tare lui Lazăr cel mort să se apropie. Lazăr era mort de patru zile şi totuşi a ieşit viu, purtând încă fâşiile de pânză la mâini şi la picioare. Fie că ar fi strigat cu voce tare, fie că ar fi strigat cu glasul blând, nu ar fi trebuit să conteze, din moment ce Lazăr era mort. Dar fiindcă a fost voia lui Dumnezeu, Isus a strigat în rugăciunea Sa. În Geneza, 3:17 ni se spune: *Fiindcă ai ascultat de glasul nevestei tale ai mâncat din pomul despre care îţi poruncisem: "Să nu mănânci deloc din el", blestemat este acum pământul din pricina ta. Cu multă trudă să-ţi scoţi hrana din el în toate zilele vieţii tale.*

Înainte ca oamenii să mănânce din pomul cunoştinţei binelui şi a răului, ei au trăit în abundenţă în Grădina Raiului, cu lucrurile cu care i-a înzestrat Dumnezeu. Dar, fiindcă au nesocotit porunca Domnului mâncând din pom, păcatul a venit în lume. Comunicarea cu Dumnezeu s-a rupt astfel şi ei au fost nevoiţi să-şi câştige pâinea cu trudă şi sudoare. Putem câştiga ceea ce ne dorim numai prin truda şi sudoarea proprie. Deci, cu cât va trebui să trudim şi să asudăm mai mult în rugăciunile noastre către Dumnezeu, ca să primim ceva ce nu poate fi făcut prin iscusinţa omului?

## Semnificaţia spirituală a rugăciunii inimii

Unii dintre dumneavoastră poate se întreabă de ce trebuie să ne rugăm cu glas tare din moment ce Isus ne-a spus să mergem în odăiţa noastră şi să ne rugăm în secret. Oare nu ne aude Atotputernicul Dumnezeu dacă ne rugăm în linişte? În Evanghelia după Matei 6:6 Isus spune: *Ci tu, când te rogi, intră în odăiţa ta, încuie-ţi uşa şi roagă-te Tatălui tău, care este în ascuns; şi Tatăl tău, care vede în ascuns, îţi va răsplăti.* Dar nicăieri în Biblie nu este consemnat că Isus s-a rugat într-o odăiţă. Potrivit Evangheliei după Marcu 1:35, Isus nu s-a rugat într-o cămăruţă ci, dimineaţa devreme s-a dus să se roage într-un loc izolat. Luca (6:12) consemnează că El s-a rugat pe povârnişuri de munte.

Daniel a deschis fereastra şi s-a rugat cu faţa spre Ierusalim (Daniel 6:10), Petru s-a rugat pe acoperiş (Faptele Apostolilor 10:9), iar Pavel s-a rugat într-un „loc de rugăciune". Motivul pentru care aveau locuri speciale de rugăciune era ca să se poată ruga cu toată inima şi cu tot sufletul şi să strige în timpul rugăciunii. Rugăciunea în odăiţă semnifică faptul că trebuie să ne rugăm cu toată inima şi din cele mai intime resorturi ale fiinţei noastre. Odăiţa simbolizează spiritual inima omului. Dacă mergem în odăiţă şi închidem uşa, vom întrerupe orice conversaţii lumeşti şi contacte exterioare. În acelaşi fel, atunci când ne rugăm, mai întâi trebuie să ne detaşăm de orice gânduri, necazuri şi griji lumeşti şi să ne rugăm din toată inima şi concentrându-ne pe deplin.

## Dumnezeu cunoaşte slăbiciunea oamenilor

La început, tuturor ni se pare greu să strigăm în timpul rugăciunii, dar pe măsură ce vom continua să ne rugăm zilnic, curând vom primi de sus capacitatea de a ne ruga cu uşurinţă şi vom fi în stare să ne rugăm corect. De asemenea, fiindcă vom primi plinătatea Duhului Sfânt, vom căpăta şi darul de a vorbi în limbi. În schimb, dacă ne rugăm în liniște, este foarte posibil ca gândurile nefolositoare să ne distragă atenția, iar grijile și preocupările lumești vor da năvală. Pe urmă, ajungem să ne luptăm cu gânduri inutile și griji pentru soție, copii, probleme personale și financiare. În consecință, obosim repede și adormim. Dar, dacă ne strigăm rugăciunea din toată inima, nu există portiță pentru gânduri inutile, așa că oboseala ori somnul nu ne pot doborî. Vom avea astfel biruințe în viața noastră spirituală.

Dumnezeu cunoaște slăbiciunea umană și de aceea ne-a poruncit să strigăm în timpul rugăciunii, ca să reușim să obținem biruința concentrării în rugăciune. De când mi-am dat seama de această voie a lui Dumnezeu, am început să strig în timpul rugăciunii. Când m-am rugat toată noaptea la biserică am strigat foarte tare, însă pastorul meu nu voia să mă rog cu voce tare deoarece puteau să apară plângeri de la vecini. Când pastorul era în biserică, nu puteam să mă rog așa de tare cum aș fi dorit. De aceea mă duceam în locurile numite „Muntele Rugăciunii" de câte ori aveam timp. Îmi părea rău în adâncul inimii mele pentru că, dacă pastorul mi-ar fi permis să mă rog cu voce tare în biserică, atunci dușmanul diavol ar fi fost alungat prin rugăciune. Mai mult, acest foc al rugăciunii s-ar fi răspândit la un număr mai mare de frați, astfel încât biserica ar fi crescut foarte repede ca număr de membri. De vreme ce aveam un caracter introvertit, mă urcam pe vârfurile dealurilor și continuam să mă rog cu voce tare de dimineața devreme până seara.

# Dumnezeu m-a călăuzit spre o slujbă umilă

## Am ales domeniul construcţiilor ca să cinstesc ziua Domnului

În timpul lunilor în care soţia mea a fost plecată, dobânda împrumutului a crescut, agravându-se astfel şi dificulţăţile mele financiare. Am început să lucrez ca muncitor în construcţii la îndemnul unui maistru. Acesta mi-a sugerat să muncesc pe şantierul lui, fără să fac eforturi prea mari, până îmi voi recăpăta forţa trupului. Eu doream să-mi recapăt repede forţele după cei şapte ani de suferinţă. Am ales această variantă şi pentru că aşa puteam să ţin cu sfinţenie ziua Domnului. Deoarece nu munceam în fiecare zi, găseam timp să mă rog şi să postesc şi mergeam la lucru atunci când trebuia.

Dobânda creditului meu creştea, dar credeam cu tărie că Dumnezeu mă va binecuvânta numai dacă făceam voia Lui. Fraţii şi surorile mele au vrut să-mi ofere capital să încep o afacere, dar am refuzat. Îmi doream să o iau de la început urmând drumul cel drept. Fiindcă fusesem crescut în provincie, ca mezin al familiei, nu am făcut vreo muncă fizică prea grea. Ca muncitor în construcţii însă, mi se cerea multă rezistenţă la efort, încât uneori îmi dădeau lacrimile. Trebuia să car obiecte grele până la etajul al doilea, astfel că picioarele începeau să-mi tremure şi cădeam de multe ori. Cu toate acestea, m-am ridicat şi am continuat să muncesc. Între timp, m-am transformat într-o persoană care putea face orice şi mi-am recăpătat şi sănătatea.

Am aşezat cărămizi, am lucrat cu lopata, am împins la roabe. Iarna, când nu aveam de lucru, munceam ca manager, supraveghind livrarea brichetelor de cărbune. Am mai lucrat şi la reţeaua de alimentare cu apă. Am experimentat multe lucruri. Soţia mea a vândut sos sărat de scoici şi alge marine şi a cărat şi ea pietre pe un şantier de construcţii. A fost lucrarea Sfântului Duh să muncesc din greu, dar nu mi-am dat seama la momentul respectiv. Era greu din punct de vedere fizic, dar am experimentat greutăţile muncitorilor în construcţii, care trăiau într-un mediu dificil. Am ajuns să le cunosc inimile. Ori de câte ori aveam timp le împărtăşeam din experienţa mea de cunoaştere a lui Dumnezeu şi le predicam Evanghelia.

În vara anului 1975 mi s-a născut a treia fiică, Soojin. A fost concepută în perioada când experimentam harul lui Dumnezeu luând parte la multe întâlniri de trezire spirituală. Când s-a născut nu a plâns, aşa cum nici eu nu am plânsesem la naşterea mea. Întotdeauna avea faţa zâmbitoare. N-am auzit-o plângând niciodată până când a împlinit şase ani. Pentru o perioadă scurtă de timp, împreună cu soţia am cărat pietre pe un povârniş unde se construiau nişte clădiri. Soojin avea doar două luni şi nu aveam pe nimeni care să aibă grijă de ea. Aşa că o aşezam sub o umbrelă la un colţ al şantierului. O singură umbrelă nu putea să o protejeze bine de soare, dar ea nu plângea. Însă când am auzit că guvernul urma să ne demoleze casele pentru dezvoltarea regiunii, a trebuit să renunţăm la acea muncă.

Locuiam într-un sat pe coasta unui deal la graniţa dintre Keumho Dong şi Oksu Dong. Proprietarul casei ne-a anunţat că a primit un aviz din partea guvernului privind demolarea casei şi ne-a cerut să ne mutăm. Chiria lunară era atunci de 100 000 de woni (aproximativ 100 de dolari americani), iar el primea 150 000 de woni drept compensaţie. Mai primea şi dreptul de a achiziţiona un apartament din cele care urma să fie construite pe teren, iar dacă l-ar fi vândut putea obţine 400 000 de woni.

Mi-a spus că nu-mi poate da niciun ban, pentru că locuinţa lui avea să dispară complet. Am renunţat la ideea de a obţine banii înapoi, fiindcă nu voiam să mă cert cu el. Nu aveam vreun alt loc unde să merg. Singura soluţie părea să ne instalăm un cort în stradă. Dar soţia mea a reuşit cumva să împrumute 50 000 de woni. Cu acei bani am închiriat o cameră mică lângă biserică. Era o cămăruţă sărăcăcioasă care nu avea nici măcar lumină naturală.

### Postind şi căindu-mă pe deplin după ce m-am plâns împotriva lui Dumnezeu

La aproximativ o lună după ce ne-am mutat, a sosit o un alt aviz pentru demolare. Proprietarul mi-a cerut să ne mutăm şi mi-a returnat banii pe care i-am dat drept garanţie, dar nu era simplu să găsim o cameră la fel de ieftină ca aceasta. Am mers cu soția mea la Boolkwang Dong ca să găsim un loc ieftin, dar eforturile noastre au fost în zadar. Am sărit peste prânz și nu am luat nici cina. Când ne-am întors acasă, deja se înserase.

- Doamne, cum de nu-mi auzi rugăciunea? Nu mi-ai pregătit nici măcar o cameră unde să stau?

Într-o clipă am spus vorbe de nemulțumire împotriva lui Dumnezeu. Chiar atunci treceam pe lângă o agenție imobiliară și am verificat încă o dată.

- O persoană tocmai a anunțat că închiriază o cameră. Vă puteți muta imediat, chiar începând de mâine.

- Cât costă?

- O puteți lua cu 50 000 de woni.

Ne-am dus să o vedem. Era o cameră drăguță și încă una mai mică unde puteam deschide un magazin. Exista o cameră pregătită pentru noi în care ne puteam muta chiar în ziua următoare! După ce m-am întors acasă, m-am rugat plângând fără încetare.

- Doamne, de ce nu poate inima mea să fie puternică în credință? De ce am o inimă atât de rea? Nu m-ai lăsat să mă îmbolnăvesc sau să trec prin sărăcie, dar eu tot m-am plâns împotriva Ta, Doamne! Dacă nu aveam o cameră unde să stau, puteam dormi și pe stradă. Ar trebui să fiu atât de recunoscător că mi-ai vindecat bolile, de ce să fiu nemulțumit?

Mi-am mustrat cugetul și m-am pocăit cu lacrimi fiindcă am cârtit împotriva lui Dumnezeu. Am început un post de trei zile cu dorinţa de a nu mai fi nerecunoscător faţă de Dumnezeu în nicio situaţie.

## Fără compromisuri când e vorba de cinstirea Sabatului

Am ales să muncesc în construcţii ca să pot să mă rog şi să ţin Sabatul şi, de asemenea, ca să-mi întăresc corpul slăbit. Pe când locuiam într-o cămăruţă sărăcăcioasă m-a sunat una dintre surorile mele mai mari. Conducea un restaurant bun şi mai avea încă o clădire. Mi-a propus să administrez eu restaurantul şi dorea să o angajeze şi pe soţia mea. Aşa n-ar mai fi trebuit să ne facem griji pentru ziua de mâine, ba mai mult, am fi putut chiar să o ducem foarte bine.

- Frate, îţi voi da un loc unde să stai şi un salariu bun. N-ai vrea să preiei tu conducerea restaurantului? Dar, trebuie să lucrezi două duminici pe lună.

- Îmi pare rău, soră. Trebuie să mă duc la biserică duminica orice s-ar întâmpla. Nu pot să accept.

Vestea că am refuzat-o pe sora mea zicând că trebuie să mă duc la biserică duminica, a ajuns la mama şi la ceilalţi membri ai familiei. Mama a fost dezamăgită că am refuzat propunerea surorii mele, argumentând că trebuia să muncesc doar două duminici pe lună. Chiar şi fraţii şi surorile mele au spus că nu mă pot înţelege şi au clătinat din cap fiindcă am respins şansa de a-mi plăti toate datoriile şi de a mă redresa financiar.

# Cum pot trăi după cuvântul lui Dumnezeu?

## Cum pot să alung ispitele?

După ce s-a încheiat întâlnirea de trezire spirituală, am început să citesc Biblia cu mare atenție. Înainte de a începe, m-am spălat și mi-am pus haine curate. Am citit-o stând în picioare. Am început să citesc din Evanghelia după Matei. În timp ce citeam am găsit multe pasaje de genul: „feriți-vă de orice înfățișare a răului", „să nu mințiți", „să nu urâți", „iubiți pe vrăjmașii voștri" și așa mai departe.

După ce am dus o viață creștinească pentru o vreme, m-am autoanalizat referitor la cât de mult respectam cuvântul Bibliei. Dacă găseam un lucru pe care nu îl respectam din cuvântul Domnului, îl scriam într-un carnețel. Pentru aceste lucruri mă rugam lui Dumnezeu cerându-I să-mi dea puterea să le respect și încercam să le pun în practică.

Fiindcă încercam să trăiesc după cuvântul Domnului cu toată inima, Dumnezeu mi-a arătat îndurarea Sa, astfel încât să pot să alung repede ispitele de care trebuia să scap.

*Eu iubesc pe cei ce mă iubesc, şi cei ce mă caută cu tot dinadinsul mă găsesc* (Proverbe 8:17).

*Dacă Mă iubiţi, veţi păzi poruncile Mele* (Ioan 14:15).

*Căci dragostea de Dumnezeu stă în păzirea poruncilor Lui. Şi poruncile Lui nu sunt grele;* (1 Ioan 5:3).

Mai târziu, după ce am devenit pastor, am realizat că păcatele, în general, pot fi împărţite în două categorii. Una este reprezentată de „faptele firii pământeşti", săvârşite cu fapta, iar cealaltă de „îndemnurile firii pământeşti", săvârşite cu gândul. Dacă „îndemnurile firii pământeşti" se dezvoltă, acestea pot deveni „fapte", în acţiune.

## Încercarea de alungare a tuturor ispitelor

Pe când eram bolnav, câteodată jucam jocuri de cărţi coreene cu vecinii mei ca să mai treacă timpul. Chiar şi după ce L-am întâlnit pe Dumnezeu, nu ştiam că jocurile de noroc sunt un păcat, fiindcă nu cunoşteam cuvântul Domnului. Înainte de a deveni un credincios câştigam de cele mai multe ori, dar, de când L-am primit pe Dumnezeu în inima mea, am început să pierd şi pierdeam, oricât de mult îmi dădeam silinţa. Mi-am dat seama că Dumnezeu nu este mulţumit cu jocurile de noroc şi m-am gândit să renunţ. Totuşi, într-o zi nu am putut rezista tentaţiei şi am început să joc, pariind salariul primit pentru cincisprezece zile de muncă. Mi-am pierdut toţi banii, până la ultimul cent, jucând toată noaptea. Toţi cei care pierduserăm bani am mai jucat şi în dimineaţa următoare, încercând să ne recuperăm măcar miza de început. Tocmai atunci am auzit un sunet familiar afară. Un pastor de la biserică venise să viziteze familia gazdei.

L-am auzit, dar am continuat să joc în linişte. În final mi-am pierdut toţi banii. Sunetul cântărilor de slavă ce veneau dinspre familia proprietarului mi-au pătruns în inimă. Pastorul a plecat după ce a adus un mesaj. „Din moment ce a venit un pastor, ar fi trebuit să particip la rugăciune împreună cu familia gazdei. Cum o să mai merg la biserică de acum având aceasta pe conştiinţă?" De atunci am căzut în depresie. Mă plictiseam în timpul serviciilor religioase de închinare şi nu mă puteam ruga. Înainte eram fericit chiar şi atunci când lucram ca muncitor în construcţii, dar acum nu mai rosteam rugăciuni de mulţumire. Simţeam numai mâhnire în inima mea. Trecuseră două săptămâni şi eu eram în agonie.

Într-o noapte, am deschis geamul şi m-am uitat afară. Puteam vedea Tooksum şi malul râului Han. Nişte lumini electrice străluceau pe suprafaţa râului şi aceste lumini păreau nişte cruci roşii. „Ce se întâmplă?" m-am întrebat. M-am simţit tulburat şi m-am mai uitat o dată, iar luminile erau ca nişte cruci roşii aliniate într-un rând. „De ce arată luminile ca nişte cruci şi nu cum fuseseră înainte?" În acel moment Dumnezeul iubirii mi-a trimis iertarea Lui de sus şi mi-am amintit că trebuia să-L fi întâmpinat pe pastorul bisericii care venise în vizită. Inima mea era posedată însă de banii pe care îi pierdusem şi m-am ferit de pastor. Nu am participat la rugăciune. M-am căit şi am vărsat lacrimi.

- Doamne, nu voi mai atinge niciodată cărţile.

După ce m-am căit complet, Dumnezeu mi-a redat plenitudinea Duhului Sfânt pe care o pierdusem. Fiindcă zidul păcatului împotriva lui Dumnezeu a fost rupt, am simţit că zbor. A fost dificil pentru două săptămâni, dar am înţeles perfect cât de înspăimântător este să te apropii de cele lumeşti îndepărtându-te în acest fel de cele sfinte. De asemenea, am renunţat la jocul de cărţi.

## Rugăciunea de alungare a păcatelor săvârşite cu gândul

De „faptele firii pământeşti" ne putem descotorosi uşor dacă luăm o hotărâre fermă. Pur şi simplu trebuie să urmăm îndrumările Bibliei şi să ne ferim de lucrurile nepermise. Pentru mine au fost dificile două lucruri: ura şi gândurile desfrânate. Aceste lucruri îmi veneau în minte fără voia mea, aşa că nu mă puteam stăpâni să nu-mi fac griji în privinţa lor.

La momentul respectiv erau mulţi oameni pe care voiam să mă răzbun. Erau fraţii mei, care refuzaseră să-mi împrumute nişte bani să închiriez o cameră pe când eram bolnav, era soacra mea, care mă numise „ginerele ei handicapat" şi mai erau membrii familiei soţiei mele, care mă dispreţuiau pentru că nu puteam să câştig bani. Nutream o ură adâncă pentru toţi aceşti oameni. Singurul lucru la care mă puteam gândi era: „Când mă voi însănătoşi, voi câştiga o mulţime de bani şi le voi arăta tuturor ce bogat sunt!"

Nu părea un lucru uşor să-mi iubesc duşmanii când simţeam aşa de multă ură şi animozitate faţă de familia soţiei mele. Celălalt lucru îl reprezentau gândurile desfrânate. Isus a spus că dacă ne uităm la o femeie şi o poftim, am şi săvârşit preacurvie cu ea în inima noastră (Matei 5: 28). Eu nu am preacurvit în faptă, dar mintea mea era cu adevărat tulburată când mă uitam la poze cu actriţe frumoase.

Dacă alimentăm latura păcătoasă a minţii noastre uitându-ne la poze, filme, internet sau la femei pe stradă şi dedicăm din ce în ce mai mult timp acestor fapte, nu reprezintă aceast lucru adulter în faţa lui Dumnezeu? Eram încrezător că puteam respecta alte îndrumări ale Bibliei, dar eram îngrijorat din cauza acestor două.

La adunările de trezire spirituală, predicatorul a spus că putem primi răspunsuri la orice dacă ne rugăm cu credinţă. Credeam că nimic nu este imposibil dacă există credinţă şi am început să postesc şi să mă rog pentru a înlătura tentaţiile păcătoase din inima mea.

- Doamne, ajută-mă să scap de gândurile păcătoase ori de alte sentimente, indiferent ce fel de femei aş vedea.

Înainte de a-L primi pe Dumnezeu în inima mea, atârnam acasă poze ori calendare cu poze ale actriţelor. Dar de când am cunoscut cuvântul lui Dumnezeu, am renunţat la astfel de lucruri. Am postit şi m-am rugat până am reuşit să alung cu adevărat însăşi natura păcătoasă a gândurilor desfrânate. Am vrut să dau slavă lui Dumnezeu pentru binecuvântările Lui. Îmi doream ca Dumnezeu să mă facă prezbiter, ca să pot să îi ajut pe cei în nevoi din fondurile bisericii. Doream să particip la acţiunile misionare şi să-L preamăresc astfel pe Dumnezeu pentru binecuvântările cu care răspundea rugăciunilor mele.

După ce m-am mutat în casa care avea alături o cameră pentru magazin, am deschis o mică librărie cu cărţi şi reviste de benzi desenate. Soția mea ieșea să vândă produse cosmetice și eu singur aveam grijă de magazin. Frații mei au văzut situația mea financiară modestă și mi-au oferit ajutor ca să pot face altceva, dar am refuzat. „După ce Dumnezeu mă va curăți, cu siguranță îmi va da binecuvântarea Lui", mă gândeam. Dacă aș fi acceptat ajutorul fraților mei din cauza dificultăților mele financiare momentane, ce aș fi putut să le spun acestora în viitor când s-ar fi dovedit că Domnul îmi oferise binecuvântarea financiară?

A trebuit să refuz ajutorul lor pentru a trăi numai după voia lui Dumnezeu. Frații mei sigur ar fi zis:

- Ce ajutor de la Dumnezeu? Ai supraviețuit numai fiindcă noi te-am ajutat atunci când ai avut nevoie.

## Trei ani pentru a scăpa de gândurile desfrânate

Magazinul de cărți cu benzi desenate putea fi administrat fără mult capital. Am postit și m-am rugat trei zile ca să ne mutăm într-un magazin mai mare. După ce am terminat postul, m-am uitat la un magazin situat mai jos de teatrul Keumho Dong. Mi-a plăcut spațiul și am semnat contractul. Am deschis un nou magazin și, fiindcă erau multe baruri în apropiere, un număr mare de clienți fideli era reprezentat de femei care lucrau în baruri.

O anumită doamnă se așeza lângă mine ori de câte ori venea în magazin. În această situație eu mă ridicam imediat. Dacă vreo femeie se purta seducător, o evitam. Reacțiile lor variau. Inima mea nu se mai cutremura deloc.

- Mă tratezi cu superioritate pentru că lucrez într-un bar?

- Eşti făcut din piatră? Nu ai sentimente?

- Vino să mă vezi la lucru şi o să-ţi ofer ceva de băut.

Existau tentaţii de multe feluri, dar nu mi-am lăsat inima
să cadă pradă lor. Am refuzat toate avansurile şi am devenit
astfel puternic. Mai târziu, am putut simţi cum latura păcătoasă
a minţii desfrânate dispăruse complet. Rugăciunea mi-a dat
puterea şi forţa să înving tentaţiile prin faptele mele şi gândurile
desfrânate au fost strivite astfel. Era răspunsul pe care l-am
primit, în sfârşit, după trei ani de când începusem să mă rog
pentru a alunga această ispită a inimii mele.

# Singura mea dorință

## Biblia ar trebui să aibă un singur răspuns

Dorința mea arzătoare era să înțeleg cuvântul Bibliei complet și să-l respect întocmai. De aceea, de câte ori auzeam că se ține o adunare de trezire spirituală, mergeam acolo ca să primesc harul lui Dumnezeu.

Pentru că erau mai multe versete în Biblie pe care nu le puteam înțelege, participam la aceste întâlniri cu sârguință. În timpul mesajelor, eram foarte fericit că puteam înțelege cuvântul Domnului. De asemenea, fiindcă mereu se țineau întâlniri în centre de rugăciune, participam și la acestea.

Deoarece erau multe pasaje dificil de înțeles, i-am pus întrebări pastorului meu. Însă nu a putut să-mi dea răspunsuri clare pentru unele întrebări.

- Pastore, ce carte mi-ar putea oferi cel mai repede o înțelegere clară a dorinței lui Dumnezeu?

- Frate Lee, dacă eşti atât de dornic să înţelegi Biblia, poţi citi comentarii ale acesteia, care o explică şi o interpretează.

Eram aşa de fericit să aud aceasta. Aveam multe datorii la vremea respectivă şi era dificil să economisesc chiar şi un bănuţ, dar am reuşit cumva să fac rost de bani ca să îmi cumpăr o lucrare de comentare a textelor biblice. Am citit comentariile rugându-mă pe munte, dar unele părţi încă erau dificil de înţeles. Nu am reuşit cu adevărat să capăt o profunzime a înţelegerii Bibliei şi m-am simţit frustrat. Comentariile nu confirmau veridicitatea cuvântului lui Dumnezeu, ci considerau unele părţi ca fiind de fapt mituri. De asemenea, prin varietatea interpretărilor, mai degrabă cultivau îndoiala decât credinţa. Mai târziu am citit şi alte cărţi de comentarii, dar fiecare avea o interpretare diferită. Biblia ar trebui să aibă un singur răspuns, dar comentariile m-au făcut încă şi mai confuz.

## Doamne, te rog explică-mi textele biblice!

Era în anul 1976 când eram aşa nerăbdător să înţeleg voia lui Dumnezeu conţinută în mesajul Lui. Am auzit un lucru surprinzător de la un alt membru al bisericii care se întorcea de la o adunare de trezire spirituală ţinută în Daegu:

- Un pastor a postit de două ori câte 40 de zile şi un înger i s-a arătat şi i-a explicat Biblia timp de trei ani.

Când am auzit acest lucru, inima mea a început să ardă şi parcă un foc s-a revărsat asupra mea. Putea să sune absurd faptul că un înger a explicat cuvântul lui Dumnezeu, dar eu credeam. Mi-am pus în gând să cred şi să mă rog. De atunci am început să mă rog Domnului fără încetare.

- Doamne, cred toate cele 66 de cărţi ale Bibliei. Biblia este cuvântul lui Dumnezeu scris sub inspiraţia Sfântului Duh, aşa că dă-mi harul Tău şi explică-mi toate cele 66 de cărţi. Ori trimite-mi explicaţii printr-un înger, ori Doamne, vino la mine şi luminează-mă ca să înţeleg.

Dacă există părţi pe care nu le înţeleg în Scriptură, atunci nu voi reuşi să înţeleg voia lui Dumnezeu. Doar când voi fi înţeles adevăratul sens al Bibliei voi reuşi să trăiesc după voia Sa. Numai după ce înţelegem corect cuvântul lui Dumnezeu, putem să-l respectăm întocmai.

Deoarece eram atât de nerăbdător să înţeleg corect sensul cuvântului lui Dumnezeu, m-am rugat cu ardoare. Dumnezeu m-a ajutat să mă rog aşa de mult şi mi-a îndrumat inima către post. Când nu aveam de lucru pe şantierul de construcţii, urcam pe munte şi mă rugam. Prin rugăciunile mele Îi ceream lui Dumnezeu să-mi explice textele biblice şi am continuat astfel mai mulţi ani.

### Mâna delicată a Domnului

În decursul câtorva luni am învăţat să-mi administrez magazinul şi cu încrederea pe care o câştigasem simţeam că pot face orice. Cu magazinul pe care îl aveam la momentul respectiv de abia scoteam profit, dar nu mă aşteptam la mai mult. Deşi nu aveam mulţi bani, doream să-mi extind afacerea pentru că aveam încredere că pot face orice:

- Doamne, ajută-mă să mă mut într-un loc mai bun.

În a treia zi de când începusem să mă rog pentru aceasta, a venit o persoană la mine şi m-a întrebat dacă nu vreau să-i vând

magazinul. El era atunci proprietarul unui magazin mai mare.
I-am vândut magazinul pentru un depozit de 150 000 de woni
(150 de dolari) din care scăzând 50 000 de woni, costurile de
mobilare a magazinului, am rămas cu un profit de 100 000 de
woni. După ce eu şi soţia mea am postit timp de trei zile, am
vizitat un alt magazin în apropiere. Era un magazin care mergea
foarte bine şi era dat spre închiriere pentru 500 000 de woni,
incluzând taxele şi chiria. Am încheiat un contract cu cei 100 000
de woni pe care îi aveam, dar mai aveam de plătit încă 400 000 de
woni. Era o sumă mare pentru mine atunci. În acel moment mi-
am amintit de doi membri ai bisericii şi am rugat-o pe soţia mea
să împrumute nişte bani de la ei, dar au refuzat imediat. Soţia a
împrumutat 150 000 de woni de la vecinii noştri, dar n-am reuşit
să facem rost de ceilalţi 250 000 de woni. Am insistat, totuşi,
pe lângă proprietarul clădirii şi am căzut la înţelegere să plătim
dobândă pentru suma de 250 000 de woni.

Membrii bisericii nu au voie să-şi împrumute bani între
ei. Mai târziu, am reuşit să înţeleg mesajul lui Dumnezeu şi
motivul pentru care Acesta nu mi-a permis să împrumut bani
de la membrii bisericii mele. N-a fost dorinţa lui Dumnezeu
să se împrumute bani între membrii bisericii. Chiar şi fraţii de
sânge devin duşmani din cauza banilor. Dacă împrumutăm bani
în cadrul bisericii, duşmanul diavol poate lucra cu uşurinţă, şi
Dumnezeu nu doreşte aceasta. De aceea, în timpul preoţiei mele,
i-am învăţat pe credincioşi să nu-şi împrumute bani între ei. Din
contră, am putut vedea atunci când unii au nesocotit acest sfat
cum au ajuns în procese şi dificultăţi. Noi, ca fraţi în credinţă, nu
ar trebui să avem nicio altă datorie decât cea a dragostei unuia
pentru altul.

Cu profitul pe care îl obţineam de la acest magazin, ne puteam achita dobânda pentru împrumut, dar nu am fi reuşit niciodată să ne plătim tot împrumutul. Erau mulţi în centrul oraşului care administrau aceste magazine cu cărţi la scară mare, ca o mare companie. M-am rugat lui Dumnezeu să-mi împlinească visul de a avea un magazin şi mai mare.

## Îndrumaţi spre bunăstarea financiară

În piaţa Keumho Dong era atunci un magazin renumit. Se ştia că vânzările acelui magazin erau cele mai mari din zonă. Magazinul era dat spre închiriere, dar numai taxele ajungeau la un milion de woni (1000 de dolari) şi mai era şi chiria. Pe atunci, câştigul unui muncitor într-o zi era de numai 1500 de woni (15 dolari), deci era o sumă cu adevărat mare pentru mine. Proprietarul era dispus să negocieze până la 950 000 de woni, dar nu mai mult. Mai târziu, însă, am aflat că, deşi trecuseră douăzeci de zile de când vizitasem magazinul, nimeni nu mai păruse interesat de acesta. Ceva îmi spunea că aş putea încheia afacerea cu proprietarul, deoarece acesta dorea să vândă repede, din motive personale. Nu aveam decât 500 000 de woni. Practic era imposibil să facem afacerea cu aceşti bani. După ce m-am rugat cu ardoare toată noaptea, am mers la el să ne înţelegem. I-am cerut să-mi dea magazinul pentru 500 000 de woni, pentru că numai atât aveam. S-a gândit la ceva un moment şi apoi mi-a spus că vom face afacerea pentru 550 000 de woni.

La sfârşit, am semnat contractul pentru 500 000 de woni. Am fost de acord să plătesc depozitul de garanţie odată cu chiria lunară. Aşa că ne-am mutat la magazinul din piaţa Keumho Dong. De îndată ce am deschis magazinul, am avut o mulţime de clienţi. Mulţi oameni ziceau că şi-au dorit magazinul foarte mult, dar nu au ştiut că a fost dat spre închiriere. Unii mi-au propus să le cedez magazinul în schimbul sumei de 1,2 milioane de woni. Când cineva a oferit suma de 1,3 milioane de woni, am discutat cu soţia mea, deoarece ne puteam cumpăra chiar şi o casă cu banii aceia. Totuşi, nu ni s-a părut corect să cedăm magazinul imediat după ce prin voia lui Dumnezeu am fost îndrumaţi spre acel loc.

Aşadar, am decis că vom plăti datoria cu profitul pe care îl vom obţine cu ajutorul magazinului. În iulie 1977 am deschis magazinul şi am început afacerea. Nu deschideam duminica şi nu permiteam accesul studenţilor care fumau şi consumau băuturi alcoolice. Pentru că familia mea interpreta cântări tot timpul în casă, oamenii puteau să audă cântecele de slavă în magazin. Veneau mai mulţi clienţi decât pe vremea fostului proprietar. Ţineam magazinul deschis ziua, iar noaptea ne rugam. Aceasta era rutina noastră zilnică.

# Învăţătura de a discerne vocea Duhului Sfânt

## La Casa de Rugăciune Osanri

Precum căprioara însetată de apa izvorului, aşa râvneam şi eu să înţeleg cuvântul lui Dumnezeu, chiar şi mai mult. În 1977 am participat la o adunare la Casa de Rugăciune Osanri. În acel loc am auzit vocea lui Dumnezeu pentru a doua oară. Ascultam mesajul predicat de pastor, când acesta a zis:

- Din moment ce Dumnezeu ne-a dat înţelepciunea să facem medicamente, este voia Lui să mergem la spital şi să luăm aceste medicamente.

N-am putut accepta această idee cu un „Amin". Era foarte diferită de experienţa mea cu atotputernicul Dumnezeu, care poate face orice. După serviciul religios, m-am dus într-o cameră de rugăciune şi am strigat cu ardoare: „Doamne, este dorinţa Ta să luăm medicamente sau nu?"

Nu ştiu cât timp trecuse. Dintr-odată am auzit vocea lui Dumnezeu spunându-mi:

- *Citeşte capitolul 16 din A doua carte a Cronicilor.*

Am deschis Biblia şi am văzut că era despre regele Asa al Israelului. În primii lui ani de domnie s-a bazat numai pe Dumnezeu. În consecinţă, a câştigat toate bătăliile şi a avut o perioadă de pace. Spre sfârşitul domniei, însă, nu şi-a mai pus nădejdea în Dumnezeu, ci în alte armate. A pierdut în lupte şi chiar a întemniţat un profet care îi atrăgea atenţia asupra greşelilor sale. Apoi, Asa a suferit de o boală a picioarelor. Boala lui era gravă, dar nici în suferinţă el nu L-a căutat pe Dumnezeu, ci a apelat la doctori şi a murit doi ani mai târziu. Prin acest capitol, m-am asigurat că Domnul cere de la copiii Săi credinţă fermă, să se bazeze numai pe El şi să nu-şi pună încrederea şi speranţa în cele lumeşti.

## Învăţătura de a discerne vocea Duhului Sfânt

Este necesar să distingem vocea Domnului de cea a Duhului Sfânt. Eu personal am auzit vocea Domnului doar de câteva ori, în împrejurări foarte speciale. Vocea Duhului Sfânt poate fi auzită din ce în ce mai clar pe măsură ce îl primim pe Isus Hristos în inima noastră, pe măsură ce primim Sfântul Duh şi ne rugăm fiebinte ca să fim feriţi de păcate, de rău şi de gândurile lumeşti.

Eu am început să aud vocea Sfântului Duh de pe vremea când devenisem un proaspăt credincios. Odată, pe când participam la serviciul religios în biserică, Dumnezeu mi-a permis să primesc îndrumare spre a auzi vocea Duhului Sfânt. În timpul serviciului divin de duminică, am simţit un impuls puternic în inimă în timp ce ascultam atent mesajul. Eram îndemnat să dau 30 000 de woni unui anume pastor din biserică. Mi-am pus în gând: „Doamne, voi aduce 30 000 de woni și îi voi da pastorului!"

M-am decis asupra acestui lucru în biserică. Dar, după ce s-a încheiat serviciul divin, îndreptându-mă spre poarta bisericii, alte gânduri mi-au trecut prin minte. În realitate, 30 000 de woni era o sumă importantă pentru mine. M-am gândit că dacă aș avea acești bani, i-aș da pastorului. Dar de unde puteam să fac rost de ei? Familia lui părea să o ducă mult mai bine decât a mea. Deveneam tot mai sigur că fusese un gând rătăcit în timpul serviciului religios și m-am hotărât să-l dau uitării.

În ziua următoare, însă, soacra pastorului, care era prim diaconeasa bisericii, a venit în magazinul meu din piața Keumho Dong:

- Fiica mea a născut astă noapte. Când ne-am dus la spital, am avut nevoie urgent de 30 000 de woni. Mi-a fost foarte greu să adun banii. De abia am reușit să-i adun și să mă duc la spital. A avut o naștere foarte grea.

Am fost șocat să o aud:

- Prim diaconeasă, de fapt, în timpul serviciului religios de duminică, Duhul Sfânt m-a insuflat, dar nu am ascultat. Am crezut că sunt gândurile mele și le-am dat uitării. Dar despre aceasta era vorba!

M-am căit imediat și mi-am propus ca data următoare să mă supun. Mi-am dat seama că am auzit vocea Duhului Sfânt, dar nu m-am supus acesteia. Dacă aș fi ascultat mesajul, aș fi adunat cu ușurință 30 000 de woni pe care Dumnezeu deja îi pregătise și familia pastorului nu ar fi trebuit să sufere toată noaptea din cauza lipsei banilor. Aș fi primit belșug de binecuvântare de la Domnul pentru ascultarea mea. Am regretat că nu m-am supus din cauza gândurilor mele. De atunci, trecând prin mai multe situații de acest fel, am ajuns să discern între vocea Duhului Sfânt și propriile-mi gânduri.

## Lecția ascultării

De asemenea, am mai învățat dintr-o întâmplare că supunerea față de dorința lui Dumnezeu este foarte importantă. Slujeam în biserică cu sârguință când, într-o zi, m-a chemat pastorul meu. Mi-a spus:

- Nu avem destui profesori pentru școala de duminică. N-ai vrea să predai copiilor?

Am răspuns negativ:

- Pastore, îmi pare rău. Nu am încredere în capacitățile mele de a fi profesor. Nu am deloc experiență legată de școala de duminică. Voi face acest lucru după ce voi căpăta un pic de încredere.

Știam că ar fi trebuit să mă supun pastorului, dar mă simțeam atât de incompetent încât i-am refuzat propunerea. Nu mi-am imaginat niciodată că un lucru așa de mic va deveni un obstacol atât de mare între mine și Dumnezeu. M-am rugat cu pasiune:

- Doamne, dă-mi darul de a vorbi în limbi.

Pe vremea aceea, când auzeam pe unii oameni rugându-se fluent în alte limbi, îi invidiam. Am continuat să mă rog pentru a primi darul de a vorbi în limbi, dar nu-l primeam. Într-o zi, am auzit că aș putea dobândi cu ușurință acest har la muntele de rugăciune Han Ol San. Am mers acolo și am luat parte la o adunare, dar niciun rezultat. În mesajul său, însă, pastorul Chun Suk Lee a spus glumind:

- Chiar şi câinele meu vorbeşte în alte limbi, aşă că cei care n-au primit darul acesta nu sunt mai buni decât câinele meu.

După ce s-a încheiat adunarea, am simţit că nu sunt mai bun decât un câine şi am lovit cu piciorul o piatră care îmi stătea în cale. Am sărit şi peste prânz şi am urcat de-a lungul văii. Am stat sub un copac şi m-am rugat lui Dumnezeu să-mi dea darul de a vorbi în limbi. Brusc, mi-a trecut ceva prin minte, ca o licărire. Chiar dacă nu aveam încredere, ar fi trebuit să accept atunci când pastorul meu m-a rugat să predau la şcoala de duminică. Dacă m-aş fi supus, Dumnezeu m-ar fi ajutat pentru ascultarea mea. Dar mă împotrivisem.

- Te rog să mă ierţi, Doamne, pentru că nu m-am supus pastorului meu. Nu voi mai fi nesupus de acum încolo.

De îndată ce mi-am dat seama de acest lucru, am început să mă căiesc profound în inima mea. Apoi, dintr-odată, am început să vorbesc în limbi. Era ceea ce-mi dorisem atât de mult!

- Îţi mulţumesc, Doamne!

Înţelesesem, în sfârşit, că ascultarea este mai folositoare decât sacrificiul şi cât de mulţumit este Dumnezeu atunci când ne supunem voii Sale. După această experienţă, m-am hotărât să mă supun voii lui Dumnezeu necondiţionat, fără să mă gândesc la realitatea situaţiei. Şi tocmai pentru mine, care înţelesesem profund importanţa ascultării, exista o realitate căreia urma să-mi fie foarte greu să mă supun.

Capitolul 4

# Chemarea
# Domnului

# Doamne, cum poți alege o persoană ca mine?

Într-o zi de mai în anul 1978, în timp ce mă rugam, am auzit vocea lui Dumnezeu ca un tunet, zicând:

*- Slujitorul meu, te-am ales încă dinainte de începutul veacurilor. Te-am pregătit timp de trei ani, iar acum trebuie să aprofundezi mesajul Bibliei încă trei ani. Te voi folosi în lucrarea mea. Vei străbate munții, râurile și mările pentru a predica Evanghelia, iar Eu voi fi cu tine și te voi face slujitorul Meu pentru a arăta tuturor națiilor, prin semne și minuni, că Eu sunt Dumnezeu cel viu.*

Vocea Lui a continuat clară și puternică:

*- Te-am ales dinainte de începutul veacurilor și încă din pântecele mamei tale te-am păzit cu ochii mei înflăcărați și te-am îndrumat până în acest moment. Soția ta poate avea grijă*

*de magazin, iar tu vei începe călătoria spre a deveni slujitorul Meu. Vei câştiga mai mult decât atunci când aţi lucrat amândoi împreună. Banii din seiful tău nu se vor termina niciodată, iar cămara ta nu se va goli, ci va fi plină tot timpul. Îi vei ajuta pe cei în nevoi. Dumnezeu te-a coborât la cea mai umilă îndeletnicire, tot Dumnezeu te-a îndrumat până acum şi te va îndruma de acum încolo. Vei înţelege de ce te-am pus într-o poziţie umilă. Cu puterea Mea, te voi ridica la cel mai înalt nivel. Tu M-ai iubit mai întâi pe mine şi apoi pe părinţi, pe copii şi chiar pe soţie. M-ai iubit numai pe Mine. De aceea, îţi voi înapoia cu o măsură bună, îndesată, clătinată, care se va vărsa pe deasupra şi de o mie de ori mai mult.*

Am ascultat acele cuvinte sub plinătatea şi inspiraţia Sfântului Duh şi le-am primit cu un „Amin". Dar după ce am cugetat încă o dată la acele cuvinte, mi s-a părut ceva cu adevărat minunat. Visul meu de până atunci era să devin prezbiter şi să-i ajut pe cei care sufereau în boli şi sărăcie la fel cum suferisem şi eu. Aşadar, până atunci mă rugasem pentru ceva greşit? Aveam atâtea datorii de plătit şi încă era dificil pentru noi să ne câştigăm traiul de zi cu zi. Nu aveam nici măcar capacitatea de memorare necesară. Cum puteam să studiez teologia la seminar în acele condiţii? Ce s-ar fi întâmplat cu familia mea? Aveam probleme şi griji care mă frământau continuu. În situaţia în care mă aflam nu puteam să mă supun, dar mesajul fusese prea important pentru a fi nesocotit. Tot ce am putut să fac a fost să mă rog:

- Dacă aceasta este voia Ta, atunci fă să aud vocea Ta încă o dată!

Am discutat şi cu soţia mea şi i-am încredinţat complet administrarea magazinului. „Este oare posibil să mă fi înşelat şi să

nu fi auzit vocea lui Dumnezeu? Ce ar putea să nu meargă bine?"
Am început să mă întreb dacă într-adevăr mi-a vorbit Domnul.
Am reluat rugăciunile către Dumnezeu:

- Doamne, m-am rugat să devin prezbiter, dar Tu îmi spui să
devin slujitorul Tău! Sunt atât de introvertit încât nici nu pot să-
mi imaginez că aş putea predica în faţa altor oameni. Sunt deja
destul de bătrân. Nici măcar nu am o memorie bună şi sunt slab
în încercări.

Dar dacă Dumnezeu încă mai dorea să devin slujitorul Lui, în
ciuda acestor limitări, I-am cerut doar atât:

- Te rog, vorbeşte-mi încă o dată!

Am mers apoi în centre de rugăciune ca să aud din nou vocea
Domnului. M-am rugat timp de o săptămână, dar n-am primit
niciun răspuns. Am umblat pe la mai mulţi preoţi care aveau
reputaţia de buni profeţi, dar nu era niciun răspuns profetic
pentru mine. Am rătăcit dintr-un centru de rugăciune în altul
în munţi şi am trăit zile chinuitoare încercând să aflu dacă a fost
într-adevăr voia lui Dumnezeu să devin slujitorul Lui, mai ales
ca pastor. După trei luni, aproape că am renunţat şi m-am întors
acasă disperat. Într-o sâmbătă, pastorul meu a venit să mă viziteze
la magazin. Era rândul meu să spun rugăciunea reprezentativă,
dar nu aveam încredere că pot face acest lucru şi i-am spus direct:

- Pastore, n-am primit răspuns la rugăciunile mele de mai
multe luni. Nu pot să spun rugăciunea mâine la biserică.

Mi-a răspuns doar atât:

- Diacone, chiar şi aşa, tot va trebui să o spui.

## Auzind vocea lui Dumnezeu

Pastorul meu mi-a spus că trebuie să spun rugăciunea reprezentativă la serviciul divin, dar n-am putut să accept din toată inima. După ce am terminat treaba la magazin în ziua respectivă, am închis şi am plecat acasă. Pentru că ploua foarte tare, am decis împreună cu soţia să nu mai mergem la biserică, ci să ne rugăm acasă. La miezul nopţii, am aşezat o pătură pe podeaua goală şi am început să ne rugăm şi să-L preamărim pe Dumnezeu. Mă rugam cu ochii închişi, când, dintr-odată, într-o viziune, plafonul păru că se deschide şi luminile începură să curgă din cer.

Parcă dispăruse acoperişul şi totul era deschis. Apoi, exact cum e scris în Apocalipsă, am auzit vocea demnă, ca un vuiet de ape mari şi, totuşi, foarte clară şi calmă:

*- Să spui rugăciunea reprezentativă mâine!*

Era un răspuns, deşi era complet diferit de rugăciunile mele legate de cum urma să devin un slujitor al Domnului. De această dată, vocea a fost caldă, mângâietoare şi autoritară în acelaşi timp şi nu permitea nesupunere. Totuşi, era plină de dragoste şi blândeţe.

Încă aud vocea foarte clar, dar nu pot explica senzaţia în cuvinte. Doar ascultând vocea, toată disperarea mi s-a topit precum zăpada. Toate gândurile lumeşti au dispărut şi m-am umplut de Duhul Sfânt. Eram aşa de plin de Duhul Sfânt încât mă simţeam uşor ca un fulg, de parcă puteam să zbor. Mi se părea că aş putea chiar să trec prin acoperiş dacă aş fi dorit. Veselia, mulţumirea şi fericirea mi-au izvorât din străfundul inimii. Mi-a trecut atunci prin minte că precis aşa ne vom simţi când Domnul va veni din nou pe pământ! Când am deschis ochii, luminile dispăruseră şi tavanul era aşa cum fusese întotdeauna.

Soţia mea, care stătea lângă mine, nu a auzit vocea, dar s-a umplut şi ea de Duhul Sfânt şi era conştientă de faptul că Dumnezeu îmi vorbeşte în luminile strălucitoare. I-am mulţumit lui Dumnezeu toată noaptea şi L-am preamărit în rugăciuni.

## Sub inspiraţia Duhului Sfânt

În dimineaţa următoare devreme, m-am dus la biserică şi am verificat programul serviciului divin. Rugăciunea mea era totuşi în program. După experienţa nopţii trecute, încă simţeam că zbor, chiar dacă eram aşezat. Incredibil cât de minunat putea fi! Din momentul în care am început să mă rog la microfon, buzele parcă nu mai erau ale mele. Duhul Sfânt mi-a umplut complet inima şi gândurile. Aflându-mă sub inspiraţia Duhului Sfânt, chiar am tremurat în timpul rugăciunii. Rugăciunea mi-a venit în minte ca o avalanşă pe care chiar dacă aş fi vrut, n-aş fi putut-o opri.

Chiar şi eu eram surprins de severitatea rugăciunii, pentru că îi certa pe membrii bisericii:

- Ruşine vouă, celor care furaţi din zeciuiala lui Dumnezeu! Inimi împietrite care nu daţi mulţumire Domnului! Vă lăudaţi că aţi crede în Dumnezeu, dar credinţa voastră este deşartă!

Aproape că mi-am pierdut controlul în rugăciunea mea de peste zece minute. Pe vremea aceea, dacă cineva se ruga mai mult de zece minute, apăreau nemulţumiri fiindcă rugăciunea a fost prea lungă. După ce am terminat rugăciunea, m-am întors la locul meu, dar nu m-am putut uita în ochii pastorului. Nu ştiam ce să fac. Nu mă puteam gândi decât la faptul că a fost deplasat ca un diacon să certe întreaga congregație a bisericii.

Imediat după serviciul religios, însă, pastorul a venit la mine și mi-a spus că rugăciunea mea l-a impresionat. Deși de obicei nu făcea asemenea comentarii, eu tot m-am simțit stânjenit și am încercat să plec repede și discret. Dar, mai mulți oameni s-au apropiat de mine și au început să mă laude:

- Domnule diacon, ați fost pe deplin inspirat de Duhul Sfânt. Rugăciunea dumneavoastră ne-a impresionat.

## Doar prin ascultare

M-am convins, în sfârșit, că Dumnezeu într-adevăr mă alesese drept slujitorul Lui. Am acceptat acest lucru:

- Doamne, din moment ce Tu m-ai ales drept slujitorul Tău, voi merge pe acest drum. Dar las în grija Ta toate lucrurile care mă preocupă: școala teologică, capacitatea mea de memorare și toate celelalte frământări.

La vârsta de 36 de ani, eram convins că Dumnezeu mă chemase să fiu slujitorul Său, de aceea am închiriat imediat o cameră și am început să trăiesc de unul singur. Se afla la cinci minute depărtare de casa mea. Am postit și am citit Biblia cu atenție, rugându-mă Domnului să mă înzestreze cu o memorie eficientă și trainică. Doream să-mi crucific latura trupească împreună cu pasiunile și dorințele ei. Mi-am propus, ca slujitor al Domnului, să urmez numai voia Lui. Nu mi-a fost simplu să mă izolez de familia mea, dar toate se întâmplau sub îndrumarea Duhului Sfânt. M-am consultat cu pastorul meu de la biserica Oksu Dong pe care o frecventam atunci. Am decis să dau examen la Seminarul Teologic Sung-Kyul şi am început să mă pregătesc pentru admitere.

Momentul examenului a venit şi l-am trecut cu bine. Am scris răspunsurile pentru subiectele care se refereau strict la Biblie. Pentru celelalte subiecte, însă, nu am vrut să dau răspunsuri neclare, aşa că mi-am scris doar numele şi am predate foile goale. La interviu, decanul seminarului m-a întrebat de ce am predat foile nescrise cu excepţia examenului referitor la Biblie. I-am explicat procesul prin care îmi pierdusem calităţile memoriei.

- Cum poţi deveni pastor fără să ai o bună memorie? m-a întrebat el.

- Dumnezeu m-a îndrumat pe acestă cale, i-am răspuns.

- Ei bine, la examenul referitor la Biblie ai acumulat punctajul maxim, 100 de puncte! a exclamat el.

Eram singurul care acumulase punctajul maxim la examenul referitor la Biblie. Cu acest punctaj am trecut examenul şi am intrat la seminar. Am reuşit să trec de examenul de admitere în ciuda îngrijorărilor mele.

# Culegem ceea ce semănăm

## Viața de seminar

Slujitorii lui Dumnezeu trebuie să trăiască complet diferit față de restul oamenilor. Colegii mei de seminar, însă, trăiau după tendințele vremii. După ore, se adunau în cafenele și discutau subiecte mondene. În vacanțe, în loc să se roage și să citească Biblia, erau interesați cum să se distreze. Îi sfătuiam mereu să nu irosească timpul astfel, ci să se concentreze la rugăciuni, dar nu mă asculta nimeni. Bineînțeles, m-am izolat de restul grupului de colegi.

În anul 1979, am intrat la seminar la vârsta de 37 de ani. Încă din primul an, m-am rugat Domnului să-mi dezvăluie numele bisericii pe care o voi deschide. Sora mea s-a oferit să mă ajute să deschid o biserică. Ne-am uitat la mai multe spații, dar nimic nu s-a concretizat.

## Mulțumim pe Dumnezeu strângând comori în împărăția cerească

Credeam că Dumnezeu îmi va îngădui să culeg roadele semănăturii mele și îmi va răsplăti după faptele mele, așa că întotdeauna am încercat să strâng comori pentru împărăția cerească. Chiar și atunci când lucram ca muncitor în construcții, dacă primeam harul lui Dumnezeu în timpul întâlnirilor de trezire spirituală, aduceam ofrande de mulțumire din toată inima. Dacă nu aveam bani, promiteam să dau pentru Dumnezeu într-o anumită perioadă de timp. Bineînțeles că mi-am ținut întotdeauna promisiunea. Dacă nu reușeam să adun banii în timpul promis, făceam împrumut ca să fiu sigur că ceea ce a fost promis lui Dumnezeu este respectat.

Când veneam în fața lui Dumnezeu, niciodată nu aveam mâna goală. De câte ori aveam bani, dădeam mai mult decât zeciuiala. Adesea dădeam două sau trei zecimi din venitul meu. Niciodată nu mi s-a părut că irosesc atunci când dădeam pentru biserică și nici nu-mi doream să fiu chibzuit în darurile către Dumnezeu.

Într-o zi, am fost vizitat de pastorul meu. Neștiind despre dificultățile noastre financiare și despre faptul că aveam datorii atât de mari, acesta ne-a explicat că biserica avea greutăți și ne-a întrebat dacă nu am putea să donăm o sumă mai importantă pentru construcția bisericii. Am acceptat cu un: „Amin. Așa vom face." Eram bucuroși să răspundem afirmativ propunerii pastorului. Deși aveam datorii, am făcut, totuși, o altă promisiune de donație la cerința pastorului, așa că trebuia să facem un nou împrumut. Încercam să adunăm astfel pentru rai. La vremea potrivită, Dumnezeu ne-a binecuvântat pe măsură.

## Urmând dorinţa Domnului chiar şi în afacerile mici

Persoana care livra în mod regulat cărţi pentru magazinul nostru a rămas mută de uimire văzând că ţineam închis în fiecare duminică. Ne-a prezis că vom falimenta astfel. Deşi era o afacere mică, Dumnezeu era mulţumit de magazinul nostru şi ne binecuvânta din abundenţă pentru că ţineam sfântul Sabat aşa cum trebuia şi dădeam zeciuiala şi donaţiile cuvenite.

Magazinul era întotdeauna plin de dimineaţa până seara târziu. Mulţi oameni veneau să înveţe de la noi fiindcă veştile se răspândiseră până în zonele învecinate ale oraşului. Însă deveneau şi mai curioşi fiindcă ţineam închis duminica şi condiţiile nu erau bune. Nu ţineam materiale pentru adulţi şi interziceam strict fumatul. În acest fel puteam oferi un mediu bun şi sănătos. De aceea, mulţi dintre studenţii buni veneau la magazinul nostru.

„Care era secretul succesului afacerii noastre?"

Secretul era binecuvântarea lui Dumnezeu pentru că ţineam închis duminica şi mergeam la biserică. Le răspundeam astfel tuturor care ne puneau această întrebare, dar pentru cei care nu credeau în Dumnezeu era greu de înţeles. În timpul administrării magazinului am evanghelizat mai mulţi clienţi. Când am deschis biserica, aceştia m-au urmat şi au devenit membri de bază ai misiunii tinerilor adulţi.

La mai multe luni de la deschiderea magazinului am reuşit să ne plătim toate datoriile, care de fapt reprezentau o sumă mult prea mare ca să o putem plăti într-un timp atât de scurt. Aceasta se întâmpla chiar înainte de a mă înscrie la seminar. Ne-am plătit toate datoriile şi acum puteam face liniştiţi donaţii bisericii pe care o frecventam. Am încercat să ajutăm familiile care se aflau în nevoi. Când organizam vreun picnic la seminar, pregăteam un număr mai mare de pachete cu mâncare pentru profesor şi pentru unii studenţi. Duminica, noi pregăteam masa pentru membrii corului. I-am ajutat în secret pe studenţii la seminar care aveau o situaţie financiară dificilă. Locuiam doar într-o casă închiriată, dar la sărbători şi evenimente speciale soţia mea avea grijă de oraş în general. Dacă vreo familie era prea săracă pentru a-şi pregăti măcar mâncare pentru sărbători, o rugam pe ea să le dea prăjitură de orez şi mâncare, chiar dacă nu erau credincioşi. Nu făceam aceste lucruri pentru că eram foarte bogaţi, le făceam numai din credinţă. După ce ne comportam în acest fel, în ziua următoare, Dumnezeu, care ne lasă să adunăm roadele semănăturii noastre, ne aducea încasări mai mari decât în orice altă zi obişnuită.

## Dumnezeu m-a trezit când nu mai puteam de oboseală

După ce L-am primit pe Domnul în viaţa mea, nu m-am compromis în niciun fel cu cele lumeşti. Am încercat să urmez strict poruncile lui Dumnezeu, în măsura în care înţelegeam cuvântul Lui. Pe parcursul celor patru ani de seminar am ţinut mereu rugăciuni de veghe şi am postit adesea. În timpul vacanţelor îmi luam câteva lucruri cu mine şi mergeam în munţi să mă rog. Mi-am petrecut cea mai mare parte a vacanţelor la case de rugăciune în munţi. Cu alte ocazii, deseori aduceam prinos lui Dumnezeu, nopţi de veghe şi rugăciune. Mă rugam de la miezul nopţii până la ora patru dimineaţa şi n-am întârziat niciodată pe parcursul acestei perioade, nici măcar un minut.

Când terminam rugăciunea, mă întorceam în camera mea singur şi adormeam pe la cinci, iar la şapte mă trezeam. Fiica mea, Miyoung, care era pe atunci elevă în şcoala primară, îmi aducea micul dejun la ora 7. 20. Apoi îmi luam merindea pentru prânz şi mergeam la şcoală. După ce se terminau orele şi mă întorceam acasă, aveam de făcut teme. Câteodată trebuia să am grijă şi de magazin. Aveam multe lucruri de făcut şi fiindcă trăiam după acest program în mod continuu, am obosit. Mă culcam pe la ora 5.00, iar la 7.00 îmi era foarte greu să mă trezesc. Apoi, Domnul a început să mă trezească la ora 7.00.

- Tată! Am auzit-o pe fiica mea strigându-mă de afară cu micul dejun.
- Tu eşti, Miyoung? Auzisem în mod clar vocea fiicei mele şi de aceea am deschis uşa, dar nu era nimeni afară. M-am uitat în jur după ea, dar nu era nicăieri. M-am spălat pe faţă şi după douăzeci de minute a apărut Miyoung. În ziua următoare mi s-a întâmplat exact la fel. Atunci mi-am dat seama că Dumnezeu mă trezea printr-un înger.

După o vreme, însă, am devenit mai puţin sensibil la acest lucru. În cele din urmă, n-am mai reuşit să mă trezesc chiar dacă auzeam vocea strigându-mă. Atunci Domnul a folosit o altă metodă. Am auzit zgomotul paşilor mai multor persoane la uşa mea, dar când am deschis n-am văzut pe nimeni. Era fix ora şapte.

În a nouăzecea zi a postului meu de o sută de zile am primit vestea că socrul meu a murit. M-am dus cu soţia mea la casa părinţilor ei în Mokpo. Ne-am rugat acolo împreună de la miezul nopţii până la ora patru dimineaţa. După înmormântare, ne-am întors acasă şi am încheiat nopţile de veghe şi rugăciune, dar nu eram împăcat. Simţeam că nu Îl pot mulţumi pe Dumnezeu cu adevărat. Aşa că am început un alt post de o sută de nopţi de veghe şi rugăciune şi l-am încheiat şi pe acesta. Astfel, mă rugasem pe o perioadă de două sute de nopţi.

## Aruncați acei bani în toaletă

Familia mea știa foarte bine că nu aș accepta nimic din ceea ce era împotriva poruncilor lui Dumnezeu. Totuși, într-o duminică, soția și fiicele mele au vrut să cumpere ceva de mâncare după serviciul duminical. Soția încerca să-mi citească expresia feței atunci când mi-a spus:

- Copiii doresc niște snack-uri. Vrem să cumpărăm ceva de mâncare.

- Fetelor, chiar vreți ceva de mâncare? le-am întrebat.

- Da! au răspuns ele nerăbdătoare.
Cele trei fiice ale mele au crezut că o să fac o excepție în acea zi, deși știau regulile zilei de duminică. Le-am rugat să-mi aducă banii din sertar. Ele au adus banii ca să cumpere snack-uri.

Atunci le-am spus:
- Toate trei veți merge la toaletă și veți arunca acolo banii. Au aruncat vreo câteva sute de woni și s-au întors.

- Știți de ce v-am pus să faceți acest lucru?

- Da, știm, au răspuns toate trei.

- Duminica este ziua Sabatului, am continuat eu. Dumnezeu nu permite cumpărarea și vinderea de bunuri. Vreți să încălcați porunca Domnului? Dacă nu vă puteți învinge cele mai simple pofte de a mânca ceva, atunci se va întâmpla și a doua și a treia oară. Dumnezeu nu va fi mulțumit de acest lucru. Deja ați necinstit Sabatul când ați cerut să cumpărați snack-uri. E ca și cum ați fi comis deja fapta în inimile voastre. De aceea v-am spus să aruncați banii. Mai târziu, cele trei fiice ale mele au mărturisit că acest incident li s-a întipărit adânc în inimă și a devenit foarte prețios pentru întărirea credinței lor.

## Oamenii se înghesuiau pentru consiliere

Deoarece magazinul era la colțul unui străzi aglomerate, chiar și pastorii și membrii bisericii ne vizitau frecvent, nu doar clienții obișnuiți. Când frecventam seminarul, câteva diaconese și-au făcut programare la mine pentru o ședință de consiliere. Mi-au spus că niște credincioși administrează un fond de împrumuturi bănești la biserică. Le-am sfătuit să nu participe, spunându-le:

- Isus a spus că Templul lui Dumnezeu este o casă de rugăciune și i-a alungat pe comercianții care vindeau lucruri în Templu. Nu se cuvine să se desfășoare în biserică activități care urmăresc beneficii financiare. Dumnezeu ne spune să nu avem alte datorii decât cea a dragostei, așa că nu se cuvine să facem schimburi de bani în biserică. Dacă într-o relație sunt implicați bani, Satana începe să lucreze și biserica va avea probleme.

Nu după mult timp, acel sistem de creditare a cauzat multe probleme și a adus biserica într-o situație delicată. După ce am deschis biserica, am interzis orice fel de comerț, indiferent de scopul situației. Întotdeauna i-am sfătuit pe membrii bisericii să nu facă schimburi financiare între ei. Zvonul sfaturilor mele privind oamenii pe care i-am consiliat s-a răspândit și m-am trezit cu o mulțime de persoane care doreau consiliere. O credincioasă a venit cu batic pe cap fiindcă nu avea păr. Dar, la câteva luni după ce m-am rugat pentru ea, părul i-a crescut și și-a dat jos baticul.

Odată, era un credincios care mergea câteodată la prezicători și nu ținea Sabatul cum trebuie. La un moment dat, a avut un accident rutier și a venit la mine. Mi-a cerut să mă rog pentru el pentru că avea dureri mari în urma accidentului. După ce m-am rugat intens pentru el, a mărturisit că durerea i-a trecut și s-a vindecat.

Respectând Sabatul cum trebuie, recunoaștem autoritatea spirituală a lui Dumnezeu. Prin urmare, Dumnezeu ne va păzi de orice fel de accident toată săptămâna. Dar, dacă nu ții Sabatul cum se cuvine, Dumnezeul dreptății nu te poate proteja. Mai ales pentru că frecventa prezicătorii, acel om săvârșea adulter spiritual în fața lui Dumnezeu. Dumnezeu urăște acest lucru.

Am încercat să plantez sămânța credinței în oamenii care m-au vizitat, prin cuvântul lui Dumnezeu. Un anumit pastor s-a oprit pe la mine în drumul său spre o casă de rugăciune din munți, unde mergea pentru a primi răspuns la o problemă. După ce m-a vizitat, s-a întors acasă cu bucurie că a primit răspuns și problema i s-a rezolvat. Consiliam așa de mulți oameni încât uneori nu aveam timp nici măcar să merg la cursuri. Când eram acasă, cei care doreau consiliere și căutau să primească binecuvântarea mea se înghesuiau înăuntru sau în jurul casei. De aceea trebuia să-mi iau lucrurile și să merg în munți pe timpul vacanțelor. În calitate de student la seminar, uneori era necesar să evit oamenii ca să mă pot concentra asupra cuvântului lui Dumnezeu și asupra rugăciunilor.

# Post îndelungat sub inspiraţia Sfântului Duh

## Putem înlătura chiar şi păcatele din mintea noastră

În august 1979, pe timpul vacanţei de vară în primul meu an la seminarul teologic, am participat împreună cu pastorul bisericii mele la tabăra de vară a pastorilor de la Şcoala Agricolă Canaan. Dintr-o fântână, apa ţâşnea spre albastrul senin al cerului. Am surprins discuţia unor pastori. Am fost mirat să-i aud vorbind despre multe lucruri lumeşti. La vremea aceea credeam că toţi pastorii sunt sfinţi precum Isus. Am fost foarte surprins şi dezamăgit să aud discuţii de genul:

- Chiar dacă suntem pastori, nu putem, în realitate, să facem nimic cu latura păcătoasă a minţii desfrânate şi cu gândurile care provin din aceasta. În opinia şi credinţa mea, aceasta nu constituie un păcat.

- Sunt de acord, a răspuns altul. Păcatul este comis atunci când este pus în faptă. Un simplu gând nu poate fi considerat păcat.

Eram cumva uluit, fiindcă eu deja scăpasem de această latură păcătoasă a minții mele înainte să intru la seminarul teologic, prin post şi rugăciune. Deoarece rădăcina primară a păcatului a fost scoasă, duşmanul diavol nu a putut să mă mai atragă cu astfel de gânduri. Ne-ar mai fi poruncit Dumnezeu să nu comitem adulter dacă n-am fi fost în stare să respectăm această interdicție? Cum au putut să spună astfel de lucruri dacă ştiau că păcatele pot fi alungate prin rugăciune şi post? Isus a spus că oricine se uită cu poftă la o femeie a şi comis adulter cu aceasta în inima lui. A mai spus şi că nimic nu este imposibil pentru cel ce crede, deci putem alunga păcatele luptând împotriva lor până la sânge.

Atunci când a fost întrebat de studenți referitor la acest subiect, până şi profesorul de la colegiul teologic a răspuns că oamenii nu pot lupta împotriva gândurilor, deci gândul în sine nu este un păcat. M-am hotărât să-i învăț pe credincioşi că putem alunga păcatele dacă primim har şi putere de la Dumnezeu.

- Mulţumesc, Doamne! Dacă aş fi auzit cu mai mult timp în urmă că nu putem alunga tentaţiile adultere din inima noastră, aş fi renunţat la această încercare şi aş fi continuat să comit păcatul adulterului în mintea mea. Dar m-ai lăsat să încerc şi să mă rog pentru a trăi după poruncile Tale şi m-ai ajutat să scap de gândurile desfrânate prin rugăciune şi post. Doamne, îţi sunt recunoscător!

## Am realizat că postul era voia lui Dumnezeu

Chiar şi după ce am intrat la seminarul teologic am ţinut mai multe posturi cu rugăciune, unele de 3 zile, altele de 7, 15 sau 21 de zile. La începutul vieţii mele de creştin nici măcar nu înţelegeam de ce trebuia să postesc, dar m-am lăsat îndrumat de Sfântul Duh şi am postit. Când am ajuns diacon, am învăţat importanţa şi beneficiile postului. Ori de câte ori găseam un neadevăr în mine posteam 3, 5 sau 7 zile pentru a scăpa de acel păcat. De exemplu, am descoperit în firea mea obiceiul de a spune minciuni şi am început imediat un post de 3 zile. Deoarece era foarte dificil să postesc în acest fel, am reuşit repede să scap de păcatul minciunii şi de alte păcate ale caracterului meu.

Este important ca după un post să ţinem un regim alimentar de recuperare. După ce am ţinut o perioadă de post, trebuie să consumăm mâncare uşoară. Putem mânca de exemplu fiertură de ovăz ori o supă slabă de orez sau ovăz. Acest regim trebuie ţinut aceeaşi perioadă ca şi cea de post. Prin urmare, eu nu am avut foarte multe zile în care am putut să mănânc hrană solidă. Era o succesiune continuă de post şi regim. La prima întâlnire de trezire spirituală la care am participat am aflat despre postul însoţit de rugăciune, dar nu ştiam nimic despre regimul de recuperare. Nu înţelegeam cu adevărat de ce trebuia să postesc, dar sub îndrumarea Duhului Sfânt m-am hotărât să ţin un post de 7 zile şi am mers pe muntele Chung-gye cu o pătură şi cu Biblia.

La mică distanţă de centrul de rugăciune, se aflau nişte locuri private numite „camere de rugăciune", pentru rugăciuni individuale. Locul era umed, iar pe jos se aflau nişte podele găurite din lemn, astfel că insectele se căţărau peste tot. Am strigat în rugăciune şi până la urmă am reuşit să duc la bun sfârşit postul de 7 zile. Coborând de pe munte, picioarele îmi tremurau, dar eram fericit că am terminat postul. Când am ajuns în staţia de autobuz, am văzut un negustor ambulant care vindea chipsuri şi gogoşi. Mi-am cumpărat nişte gogoşi şi m-am întors acasă.

### „Dragă, dă-mi ceva de mâncare, te rog!"

Soţia mi-a pregătit masa şi, după ce m-am rugat să diger cu bine, am mâncat două castroane cu orez. Putea să fie foarte greu pentru stomac, dar am digerat bine. După un timp, am auzit de casa de rugăciune Osanri din Paju, Kyeong-gi Do. M-am dus şi eu acolo ca să postesc şi să mă rog. În timpul unui post de trei zile am participat la o adunare unde am auzit că este necesar de ţinut ceea ce se cheamă „un regim alimentar de recuperare". Pastorul a recomandat să se consume alimente slabe în calorii şi uşoare ca de exemplu fiertură de ovăz sau supă slabă şi legume. Dar eu aveam o altă părere despre acest lucru.

Întorcându-mă acasă după acest post, am mâncat ca de obicei orez, după ce m-am rugat să diger bine. Dar, dintr-odată mi s-a umflat faţa şi au apărut şi alte probleme fizice prin tot corpul. Am îngenunchiat imediat şi m-am rugat. Vocea Duhului Sfânt mi-a răspuns:

- Atunci când nu ştiai despre regimul alimentar de după post am avut grijă de tine văzându-ţi credinţa, dar acum ai aflat despre acest lucru şi numai din cauza aroganţei tale nu te-ai supus. M-am căit din suflet fiindcă nu m-am supus învăţăturii primite şi am început un alt post tocmai din acel moment.

## Beneficiile postului însoţit de rugăciune

Postul cu rugăciune este o componentă foarte importantă pentru a primi răspunsuri la rugăciunile noastre şi are multe beneficii. În primul rând, este foarte dificil să posteşti şi apoi să ţii regim alimentar pentru o perioadă fără să-ţi forţezi corpul să se supună. Atunci când postim ne cenzurăm simţurile şi primim forţa de a ne controla. Spiritele noastre devin mai active şi astfel creştem din punct de vedere spiritual. De asemenea, şi din punct de vedere fizic este sănătos, fiindcă stomacul ia o pauză. Mintea devine şi ea mai clară, deci este sănătos atât din punct de vedere mental, cât şi fizic. Pe măsură ce spiritul devine mai activ, ne vom umple de plinătatea Duhului Sfânt şi vom primi forţă de la Dumnezeu. Prin rugăciuni fierbinţi vom primi răspunsuri la diverse probleme şi vom fi feriţi chiar şi de încercări viitoare. Dumnezeu lucrează spre binele tuturor.

Posteam foarte des şi nu m-am răzgândit niciodată atunci când mi-am propus să ţin un post cu rugăciune. Ne putem încredinţa lui Dumnezeu atunci când respectăm ceea ce am promis în faţa Lui. Atunci când primim răspunsuri prin rugăciune şi post câştigăm atât garanţia credinţei cât şi curaj şi forţă în vieţile noastre. Este scurtătura spre experienţe reale în viaţa creştinească şi calea cea dreaptă, spre o viaţă biruitoare în credinţă.

De aceea, postul cu rugăciune este voia lui Dumnezeu şi este unul dintre cele mai eficiente metode de a atinge împărăţia şi dreptatea lui Dumnezeu.

# Cum să ţinem postul însoţit de rugăciune?

Se consideră post însoţit de rugăciune atunci când te rogi fără să mănânci nimic, decât să bei apă. Mai concret, înseamnă a te ruga cu acea hotărâre: „Dacă mor, să mor!". Aşadar, nu este bine să începem un post mai lung de zece zile fără să ne pregătim cu respectul cuvenit şi trebuie să urmăm cuvântul lui Dumnezeu sub îndrumarea Duhului Sfânt.

În Isaia 58:6 ni se spune: *Iată postul plăcut Mie: dezleagă lanţurile răutăţii, deznoadă legăturile robiei, dă drumul celor asupriţi, şi rupe orice fel de jug.* Lanţurile răutăţii se referă aici la toate problemele care apar atunci când ne îndepărtăm de cuvântul lui Dumnezeu. Dar dacă ţinem un post bineplăcut lui Dumnezeu, problemele noastre se vor rezolva. Unii oameni, însă, ţin un post de 40 de zile după cum cred ei şi se confruntă cu probleme pentru că nu sunt protejaţi de Dumnezeu. Aşadar, ce fel de post este plăcut în faţa lui Dumnezeu?

## În primul rând, trebuie să postim cu o inimă hotărâtă

Odată ce ne-am decis câte zile vom posti, nu ne mai putem răzgândi pe parcurs. Nu putem renunța în mijlocul postului numai pentru că ne este greu. Dacă totuși trebuie să ne oprim, din motive inevitabile, atunci trebuie să reluăm tot postul și să-l ducem la bun sfârșit atâtea zile câte am promis în fața Domnului. Dacă faci o promisiune în fața lui Dumnezeu și apoi te răzgândești din tot felul de motive, cum mai poate Dumnezeu să aibă încredere în tine și să te iubească? Orice hotărâm în fața lui Dumnezeu, trebuie să respectăm. Făcând acest lucru învățăm să îndurăm greutățile și câștigăm încrederea lui Dumnezeu. De asemenea, în acest fel respectăm și voia Domnului.

## În al doilea rând, trebuie să strigăm în timpul rugăciunii atunci când postim

Unii oameni nu se roagă cum se cuvine și au tendința de a dormi mai mult în timpul postului. Simplul fapt de a nu mânca, nu are nicio semnificație. Numai dacă strigăm în timpul rugăciunii Dumnezeu ne va încununa cu harul Său și ne va da forța de a ne continua postul. În același timp, ne va da binecuvântare și răspuns la rugăciunile noastre.

Cum de obicei mâncăm de trei ori pe zi, tot așa trebuie să ne și rugăm de cel puțin trei ori pe zi în timpul postului nostru. În acest fel ne putem încărca cu mană spirituală și cu apa vie de sus, spre a ne umple de Duhul Sfânt pentru alungarea celui rău. În cazul unui post de lungă durată, trebuie să ne rugăm de cel puțin cinci ori pe zi pentru a primi pâinea spirituală de la Dumnezeu. Ba mai mult, postul nostru nu trebuie să fie numai la exterior.

Când ne tânguim şi ne rugăm din adâncul inimii, Dumnezeu ne dă har şi putere (Ioel 2:12-13).

## În al treilea rând, nu putem accepta distracţiile

La Isaia, 58:3 aflăm că: *La ce ne foloseşte să postim - zic ei - dacă Tu nu vezi? La ce să ne chinuim sufletul, dacă Tu nu ţii seama de lucrul acesta? - Pentru că, zice Domnul, în ziua postului vostru, vă lăsaţi în voia pornirilor voastre, şi asupriţi pe simbriaşii voştri.* Dacă ne uităm la televizor, ne enervăm sau îi clevetim pe alţii pe timpul postului nostru, Dumnezeu nu poate primi acest post cu bucurie, prin urmare, nu vom primi niciun răspuns. De aceea, trebuie să ne abţinem de la distracţii, de la conversaţii fără sens şi de la orice lucru necinstit. Numai cu o astfel inimă este mulţumit Dumnezeu.

## În al patrulea rând, atunci când ne rugăm, trebuie să ne rugăm mai întâi pentru împărăţia lui Dumnezeu şi pentru dreptatea Lui

Dacă ne rugăm cu lăcomie pentru poftele noastre, Dumnezeu nu ne aude rugăciunea şi, prin urmare, nu vom primi răspuns la aceasta. Acest post mai degrabă ne va dăuna trupului, aşa că ar trebui să avem mare grijă. Nu se cuvine să ne rugăm pentru faimă, autoritate sau cunoaştere, ci numai pentru a ne sfinţi şi a deveni vase potrivite pentru lucrarea lui Dumnezeu. Trebuie să ne rugăm pentru salvarea mai multor suflete, pentru a dobândi mai multă putere de la Dumnezeu şi pentru a primi darurile Duhului Sfânt. Dumnezeu va accepta cu bucurie aceste rugăciuni în care ne rugăm pentru împărăția şi dreptatea Lui, precum şi pentru pastorii bisericilor.

## În al cincilea rând, trebuie să ne rugăm cu dragoste spirituală

*Împarte-ți pâinea cu cel flămând şi adu în casa ta pe nenorociții fără adăpost; dacă vezi pe un om gol, acoperă-l şi nu întoarce spatele semenului tău,* ne spune Isaia 58:7. Din dragoste pentru copiii Săi, Dumnezeu se va îngrijora atunci când aceştia se vor abţine de la mâncare, ca să se roage Lui. Cât de iubit de Dumnezeu va fi cel care posteşte cu bunătate şi din dragoste pentru semenii săi! Astfel Domnul va accepta postul cu mai multă bucurie şi va răspunde mai repede rugăciunii.

## În al şaselea rând, după un post trebuie să ţinem un regim alimentar de recuperare

După ce am terminat postul, trebuie să ţinem regim alimentar o perioadă la fel de lungă ca şi cea în care am postit, pentru a se considera un post complet. Atunci când ţinem acest regim aşa cum se cuvine, putem câştiga stăpânire de sine. Nu ne va dăuna trupului, ci îl va face mai sănătos, iar spiritul va avea o putere mai mare de pătrundere.

Unii afirmă că nu trebuie să ţină regim pentru că au un stomac sănătos, dar este o idee foarte greşită. Atunci când ţinem un regim adecvat, Dumnezeu face ca cei care au stomacul mai sensibil să devină mai puternici şi vindecă bolile minore pe parcursul acestei perioade.

Chiar dacă am dus postul la capăt cu bine, dacă nu ținem un regim adecvat după post, vom pierde energie în așa măsură încât acest lucru ne poate afecta trupul și putem avea unele probleme. În plus, pe durata regimului nu trebuie să lucrăm din greu. De asemenea, chiar după terminarea postului se poate să avem de trecut un test, așa că este bine să ne rugăm pentru acest lucru în timpul postului.

## Regimul alimentar de recuperare adecvat

Dacă mâncăm prea mult pe durata regimului, fața ni se poate umfla și nu este sănătos nici pentru stomac, așadar trebuie să fim foarte atenți. De obicei avem trei mese pe zi, dar atunci când ținem regim cu fiertură moale de orez putem consuma câte o cană de patru ori pe zi.

Trebuie să evităm carnea, ouăle, pâinea, băuturile carbogazoase și alimentele concentrate care sunt uleioase, picante, sărate sau acre. De asemenea, nu se recomandă alimentele cu aditivi ca glutamatul de sodiu și cele picante. Este indicat consumul de legume.

După un post de trei zile putem mânca fiertură de orez, dar după un post mai îndelungat, stomacul devine ca și cel al unui nou-născut. Prin urmare, timp de două zile ar trebui să consumăm o supă de orez foarte diluată, aproape ca apa, de aproximativ patru ori pe zi. Am putea bea și sucul stors dintr-un măr, tot de patru ori pe zi, fără a mânca și pulpa.

După 3-4 zile, putem consuma o supă de orez puțin mai deasă. Mai târziu, se poate adăuga în fiertură și făină de orez sau dovleac copt și, de asemenea, se crește cantitatea consumată. Este recomandat să evităm carnea și orice aditivi alimentari. Dacă dorim carne, putem servi un pic de peşte, dar trebuie să fie foarte puţin sărat.

Sunt bune şi supele cu unele legume. Este foarte bine dacă îndepărtăm coaja de pe seminţele de susan şi le adăugăm în fiertura de orez. Ne vom recăpăta energia mai repede şi vom simţi că suntem mai sănătoşi respectând acest regim de recuperare.

## Rugăciunea pentru a primi călăuzirea Duhului Sfânt

Eu am fost un introvertit. Dacă cineva stătea lângă mine, eu nu puteam să mă rog cu voce tare. De aceea, mereu mă rugam singur toată noaptea. Cam la 30 de minute după ce începeam să mă rog, primeam plinătatea şi inspiraţia Duhului Sfânt de a comunica adânc la nivel spiritual cu Dumnezeu. Uneori simţeam o insuflare atât de puternică încât începeam să cânt în alte limbi, iar alteori, insuflat de Duhul Sfânt, chiar dansam, cântând Aleluia.

Mă rugam în special pentru pastorul bisericii mele, pentru alţi pastori, pentru fraţii în vârstă, pentru renaşterea bisericii şi a altor suflete, pentru alte biserici, pentru ţară şi neam. Spre sfârşitul rugăciunii, mă rugam scurt pentru familia mea şi pentru afacere. Când aveam timp mergeam la centrele de rugăciune şi participam la rugăciunea de dimineaţă. Mai târziu mergeam sus pe munte. Mi se părea o pierdere de vreme să aştept până după prânz, aşa că luam întotdeauna o pătură cu mine dimineaţa devreme şi săream peste masa de prânz.

Seara, cinam la centrul de rugăciune şi participam la adunările ce se ţineau acolo. Atunci când simţeam în inima mea nevoia puternică să postesc, continuam postul şi seara.

*Şi tot astfel şi Duhul ne ajută în slăbiciunea noastră: căci nu ştim cum trebuie să ne rugăm. Dar însuşi Duhul mijloceşte pentru noi cu suspine negrăite. Şi Cel ce cercetează inimile, ştie care este năzuinţa Duhului; pentru că El mijloceşte pentru sfinţi după voia lui Dumnezeu (Romani 8:26-27).*

Atunci nici măcar nu ştiam despre Duhul Sfânt, doar mă supuneam îndrumării Sale şi mă rugam. Dumnezeu ne cercetează inima. Deoarece Sfântul Duh se ruga în mine, eu mă rugam sub inspiraţia Acestuia.

# Mâna Domnului pregătind deschiderea bisericii

### Depăşind încercările credinţei

Dumnezeu ne-a încercat astfel încât familia mea să crească în credinţă. Fiica mea cea mică, Soojin, avea 6 ani. Era în anul 1980. Mergea pe stradă împreună cu sora ei, iar nişte băieţi de liceu se jucau cu mingea. Unul dintre băieţi s-a întors brusc încercând să prindă mingea şi a dat peste Soojin. Aceasta a căzut şi lovindu-se cu capul de ciment a făcut o comoţie. Părinţii băiatului au venit şi au dus-o pe Soojin la spital.

Când a auzit vestea, soţia mea s-a dus la spital. Medicii au recomandat să fie transportată la un spital de urgenţă. Creierul îi fusese afectat într-o măsură destul de mare şi putea să aibă probleme pe viitor cu capacităţile intelectuale din această cauză. Chiar dacă era operată, eventualitatea unui handicap psihic era de aşteptat.

Eu eram la magazin când am auzit că Soojin delira. Fiindcă aveam credință că putea fi vindecată prin rugăciune, am dus-o acasă în loc să o duc la un spital de urgență.

Mama băiatului nu știa ce să facă. Muncea ca menajeră și era într-o situație financiară dificilă, ca și noi.

După ce am liniștit-o, am început să mă rog pentru Soojin care delira și gemea. M-am rugat împreună cu soția mea toată noaptea, dar Soojin nu și-a revenit nici a doua zi. Miercuri, mă pregăteam să plec la seminar când am auzit vocea clară a lui Soojin:

– Tată, astăzi nu trebuie să mergem la biserică?

Își revenise în simțiri.

– Doamne, Îți mulțumesc! Mi-ai ascultat rugăciunea și Soojin și-a recăpătat cunoștința.

Când m-am întors de la cursuri, Soojin plecase la biserică să participe la rugăciunile de miercuri.

## Accidentul fiicei mele mijlocii

În anul 1981, fiica mea mijlocie Mikyung a fost implicată într-un accident de mașină. Mikyung coborâse din autobuz și trecea strada. Soferul camionului nu a văzut-o și a lovit-o. A fost aruncată la pământ. S-au adunat oameni în jurul ei, iar șoferul camionului a dus-o la un spital.

Când soția mea ajuns la spital, fața fetiței era atât de umflată de parcă ar fi avut două bărbii. Toate îi erau rupte în gură. Era îngrozitor. Doctorii au spus că trebuie spitalizată, dar soția a adus-o acasă. Mikyung era acoperită de sânge și nu-și putea deschide ochii. Fața îi era desfigurată de atâtea lovituri și leziuni.

Nu putea mânca nimic. De abia reuşea să bea lapte sau să înghită un pic de supă cu ajutorul unui pai. Când i-am deschis puţin gura şi am reuşit să mă uit înăuntru, a fost oribil. M-am rugat intens pentru ea prin punerea mâinilor. Chiar şi cu aceste răni, Mikyung s-a dus la şcoală. Profesoara ei a fost şocată şi i-a spus să meargă la un spital. Am postit împreună cu soţia mea şi ne-am rugat intens toată noaptea. Mikyung s-a dus în continuare la şcoală şi după o zi faţa i-a devenit albastră de la vânătăi, iar după cinci zile cicatricile i-au dispărut şi s-a recuperat complet. Faţa i-a revenit la normal, s-a dezumflat şi s-a vindecat complet şi în interiorul gurii.

În timpul vacanţei de vară a aceluiaşi an, am primit o scrisoare de la profesoara lui Mikyung. Aceasta ne spunea că a conştientizat existenţa lui Dumnezeu şi puterea Lui imensă fiindcă a văzut cât de repede s-a vindecat Mikyung fără niciun fel de tratament medical. Şi-a încheiat scrisoarea spunându-ne că de acum înainte va frecventa biserica.


## Fiica cea mare vindecată după ce soţia s-a căit

În anul 1981, fiica mea cea mai mare, Miyoung era la şcoala primară. Pe timpul vacanţei mele de vară am participat la un post cu rugăciune la Casa de rugăciune Osanri şi apoi m-am întors acasă. Am găsit-o pe Miyoung acoperită de furunculi pe tot corpul. Era o erupţie atât de severă, încât pielea îi arăta ca şi coaja unui pin, iar pe sub crăpăturile pielii, din rănile infectate se scurgeau secreţii. Era o privelişte oribilă. Miyoung trebuia să stea într-un colţ al camerei pentru că începea să sângereze dacă se mişca puţin.

Soţia mea avea credinţa că Dumnezeu o va vindeca, aşa că nu a apelat la niciun medicament şi nici nu a dus-o la spital. M-am rugat pentru Miyoung, dar nu s-a vindecat. A doua zi m-am rugat din nou, dar nu s-a simţit nicio îmbunătăţire.

*Nu, mâna Domnului nu este prea scurtă ca să mântuiască, nici urechea Lui prea tare ca să audă, ci nelegiuirile voastre pun un zid de despărţire între voi şi Dumnezeul vostru; păcatele voastre vă ascund Faţa Lui şi-L împiedică să v-asculte! (Isaia 59:1-2).*

M-am analizat sufleteşte ca să găsesc vreun păcat pentru care ar trebui să mă căiesc, dar nu mi-a venit nimic în minte. Eram sigur că Miyoung nu făcuse greşeli pentru că întotdeauna a fost o fată bună. Soţia a spus că fusese leneşă la adunarea de rugăciune din zori pentru că era foarte ocupată şi s-a căit pentru acest lucru în faţa lui Dumnezeu. După ce s-a căit, m-am rugat pentru Miyoung şi de această dată Dumnezeu a răspuns rugăciunii. Pielea, care fusese de culoare galbenă din cauza infecţiei de sub acea erupţie urâtă, s-a albit într-o noapte, iar cicatricile au dispărut. S-a refăcut complet până la terminarea vacanţei.

Atunci când ne-am lăsat complet în voia Domnului, Acesta ne-a ferit de orice situaţie dificilă. La fel cum l-a încercat Dumnezeu pe Iov cu lepră, făcându-l un om mai bun, tot aşa ne-am dat seama că ne-a testat şi pe noi pentru a ne întări credinţa şi am dat slavă lui Dumnezeu pentru dragostea Lui. Înainte de deschiderea bisericii, Dumnezeu ne-a trimis încercări prin fiecare din fiicele noastre pentru a ne întări credinţa.

## Ce să fac?

Am realizat prezenţa lui Dumnezeu în toate şi am încercat întotdeauna să aflu voia Lui şi să mă supun cu bucurie. Citind Biblia am fost foarte impresionat de faptul că David s-a lăsat întru totul în voia Domnului.

> *După aceea, David a întrebat pe Domnul: „Să mă sui în vreuna din cetăţile lui Iuda?" Domnul i-a răspuns: „Suie-te". David a zis: „Unde să mă sui?" Şi Domnul a răspuns: „La Hebron" (2 Samuel 2:1).*

> *David a întrebat pe Domnul: „Să mă sui împotriva Filistenilor? Îi vei da în mâinile mele?" Şi Domnul a zis lui David: „Suie-te, căci voi da pe Filisteni în mâinile tale" (2 Samuel 5:19).*

David a căutat voia lui Dumnezeu în toate, chiar şi în lucrurile mărunte. La fel ca un copil care îşi întreabă părinţii asupra a ceea ce urmează să facă, tot aşa şi David L-a întrebat pe Dumnezeu şi a fost îndrumat de Acesta. Atunci când David I-a căutat voia, Dumnezeu a răspuns întotdeauna ca un tată iubitor. Şi eu am căutat să aflu voia lui Dumnezeu în orice problemă şi Dumnezeu mi-a răspuns clar prin vocea Duhului Sfânt.

## Un post de 40 de zile

În anul 1981, în vacanţa de iarnă din al doilea an de seminar, Dumnezeu m-a îndemnat să ţin un post de 40 de zile. Mi-am împachetat Biblia, o carte de imnuri şi cîteva cărţi de predici ca să mă duc la un centru de rugăciune. Pe când mă pregăteam să plec, brusc am auzit vocea foarte puternică a Duhului Sfânt:

*- Să nu iei cu tine şi să nu citeşti alte cărţi în cele 40 de zile decât Biblia şi cartea de imnuri.*

Am scos repede din bagaj toate cărţile cu excepţia Bibliei şi a cărţii de imnuri şi am mers la Casa de Rugăciune Osanri. Deoarece era vacanţă, erau mii de credincioşi acolo. Era cea mai friguroasă iarnă din ultimii şaizeci de ani. Am participat la toate serviciile religioase ale centrului şi mi-am făcut un program de rugăciune de trei ori pe zi (în zori, după-masa şi la orele 23.00). Când am intrat în camera de rugăciune şi am îngenuncheat am simţit că îngheţ, dar am strigat în timpul rugăciunii fără să lipsesc de la rugăciune nici măcar într-o zi.

Camera de rugăciune era plină cu chiciură şi arăta în întregime ca un cub mare de gheaţă. M-am străduit să strig în timpul rugăciunii pentru vreo 30-40 de minute şi astfel Dumnezeu m-a binecuvântat şi am rezistat să mă mai rog timp de câteva ore. Din moment ce eram un proaspăt creştin, am ţinut multe posturi de 5, 7, 15 şi chiar 21 de zile. Posteam frecvent şi frecventam şi seminarul. Mi-am dat seama că şi un post de 40 de zile va fi uşor numai dacă voi primi ajutorul lui Dumnezeu. M-am rugat pentru împărăţia şi dreptatea lui Dumnezeu, dar şi pentru a înţelege cuvântul Domnului. Fusesem ales ca slujitor al lui Dumnezeu, dar nu puteam face nimic prin propriile forţe, aşa că m-am rugat cu ardoare să primesc putere de la Dumnezeu să lucrez pentru El. M-am rugat şi pentru deschiderea unei biserici, iar Dumnezeu mi-a promis o biserică prin care să se înfăptuiască misiunea mondială:

*- Sunt multe suflete care suferă în boală şi sărăcie. Biserica ta*
*îi va ajuta pe cei aflaţi în nevoi, va vindeca sufletele oamenilor,*
*va fi cea care va împărtăşi aceste veşti lumii întregi şi va înfăptui*
*misiunea universală. Biserica ta se va ridica şi va străluci. Te-am*
*ales şi te voi îndruma de la început până la sfârşit. Îţi voi spune*
*ce să faci odată cu deschiderea bisericii.*

Deoarece şi eu suferisem din cauza bolilor şi a durerii pentru
mult timp, îi înţelegeam pe cei aflaţi în boală. Ca să cultiv
credinţa în cei necredincioşi, să vindec infirmităţile şi bolile
atâtor oameni şi ca să slăbesc lanţurile atâtor nedreptăţi care
îi leagă pe oameni în această lume plină de păcate, trebuia să
primesc puteri mari şi nelimitate de la Dumnezeu. De aceea
m-am rugat:

- Doamne, dă-mi harul de a vindeca oamenii care se ating
de umbra mea sau de marginea hainelor mele şi de a-l alunga pe
duşmanul diavol chiar şi numai cu cuvântul.

Rugându-mă cu atâta ardoare, am primit de la Dumnezeu
promisiunea că îmi va da autoritatea de a alunga puterile
duşmanului diavol. Visul meu era de primi mai multă putere de
la Dumnezeu pentru a răspândi vestea cea bună şi de a cultiva
credinţa în cei care nu-L cunoşteau pe Dumnezeu şi sufereau în
boli, în sărăcie şi în griji lumeşti. De asemenea, doream o biserică
care să crească şi să predice Evanghelia în toate colţurile lumii. Ca
să pot pune în practică planul de a participa la misiunea universală,
trebuia să primesc puteri nelimitate de la Dumnezeu, aşa că
m-am rugat să primesc acea putere pe care o primiseră slujitorii
lui Dumnezeu recunoscuţi şi iubiţi de Acesta: Moise, Iosua, Ilie,
Elisei, Petru şi Pavel spre a face miracole, semne şi minuni.

De asemenea, ca şi slujitor al lui Dumnezeu am cerut nu numai puterea de a depăşi tentaţiile acestei lumi, dar şi cele 12 daruri ale Duhului Sfânt. Dar, din a şasea zi, Dumnezeu nu m-a mai susţinut. Deoarece nu primeam ajutor, duşmanul diavol m-a tulburat. După a şaptea şi a opta zi am simţit ameţeli şi crampe în mâini şi picioare. Aveam senzaţia că înnebunesc şi nu puteam dormi noaptea. Îmi era frică să nu o iau razna, aşa că încercam să-mi ţin firea. Într-un vis, cineva m-a forţat să mănânc nişte orez. După ce m-am trezit, m-am căit că am avut aşa un vis.

M-am gândit să renunţ la post ca nu cumva să-L necinstesc pe Dumnezeu, dar dacă mă opream în acel moment, atunci ar fi trebuit să-l iau de la capăt altădată. Aşadar, mă luptam cu durerea în fiecare zi.

După nouă zile, aceste simtome s-au oprit. La mijlocul postului nu mai aveam puterea nici să citesc Biblia, aşa că am împrumutat nişte cărţi de predici de la un pastor. Am citit câteva capitole, dar n-am mai avut forţa să continui. M-am dus într-o cameră de rugăciune, dar nu am fost în stare să strig în rugăciune. Trebuia să mă forţez ca să mă pot ruga. M-am rugat:

- Doamne, dă-mi puterea de a-mi striga rugăciunea.

Nu mai ştiu cât timp trecuse, dar pe când mă luptam încă, am auzit o voce care m-a lovit în inimă:

- *Ţi-am spus să nu iei cu tine şi să nu citeşti altă carte decât Biblia şi cartea de imnuri. De ce ai citit o carte scrisă de un om?*

Mi-am recăpătat cunoştinţa auzind vocea şi am răspuns:

- Doamne, am crezut că este bine, dar am fost nesupus. Iartă-mă, te rog!

Era dificil de citit Biblia şi m-am gândit că aş fi în stare să citesc o altă carte. Mi-am dat seama că am fost nesupus şi m-am căit din inimă. Apoi, am primit puteri noi şi am reuşit din nou să

mă rog.

În a douăzeci şi opta zi de post eram numai piele şi os. Slăbisem considerabil. În a treizecea zi, intestinele mi s-au uscat şi mi s-au lipit unele de altele încât nici apa nu se mai asimila şi mă mă simţeam foarte balonat, ca şi cum aş fi avut indigestie. Dacă beam un pic de apă, o vomitam. Atunci când vomitam, eliminam şi sânge înnegrit, coagulat. M-am gândit că e din cauza unor vene din stomac care cedaseră, iar sângele închegat se elimina atunci când vomitam.

În a treizeci şi doua zi, fiica mea cea mare care era elevă în şcoala primară a venit să mă vadă. Împărţeam camera cu mai mulţi oameni şi m-am gândit că o să fie deranjaţi să mă vadă vomitând, aşadar m-am întors acasă cu fiica mea. Mi-am continuat postul în camera închiriată lângă casă. Era o luptă intensă împotriva voinţei mele. Dar în penultima zi de post, la orele 23.00, ca printr-un miracol, toate durerile mi-au dispărut şi Dumnezeu mi-a dat putere de sus. Mă simţeam ca o persoană complet recuperată. Am făcut o baie şi mi-am schimbat hainele. La miezul nopţii m-am închinat lui Dumnezeu mulţumindu-I şi am terminat postul.

### Ca un vultur care îşi instruieşte puiul

Mai târziu, am fost curios de ce nu m-a susţinut Dumnezeu în timpul postului meu de 40 de zile. Până atunci, totdeauna postisem cu uşurinţă pentru că Dumnezeu mă ajutase şi mă susţinuse. Prin urmare, L-am întrebat pe Dumnezeu în rugăciune de ce a trebuit să postesc numai prin efortul propriu cu aşa de multă durere. Dumnezeu mi-a răspuns aşa:

*- Nu Mi-am întors faţa de la tine, ci te-am instruit în mod intenţionat. Dacă ai compara postul pe care l-ai terminat cu uşurinţă cu ajutorul Meu şi postul pe care l-ai terminat prin forţa şi rezistenţa proprie, diferenţa dintre capacităţile pe care le-ai câştigat este cu mult mai mare.*

Doar atunci când am terminat un post numai prin forţele proprii şi prin determinare am reuşit să câştig mai multă forţă şi rezistenţă şi am fost în stare să trec peste orice dificultate. Auzind acele cuvinte mi-am amintit de Deuteronom 32:11-12:

*Ca vulturul care îşi scutură cuibul, zboară deasupra puilor, îşi întinde aripile, îi ia şi-i poartă pe penele lui: Aşa a călăuzit Domnul singur pe poporul Său şi nu era niciun dumnezeu străin cu El.*

Vulturii îşi aşază cuiburile pe vârful stâncilor înalte. Atunci când puiul creşte până la un anumit nivel, mama îl împinge afară din cuib. În timp ce cad, în mod instinctiv puii îşi mişcă aripile ca să supravieţuiască. Prin această metodă, tinerii vulturi devin puternici astfel încât rezistă în lupta pentru supravieţuire, zburând sus pe cer. Nu m-am putut abţine să nu vărs lacrimi pentru dragostea lui Dumnezeu care m-a instruit cu asprime, la fel cum vulturul, cu asprime, îşi educă puiul.

Capitolul 5

# Începuturile
# bisericii

# Studiind cuvântul Domnului timp de trei ani

### „Eu te-am înnobilat"

Am reflectat la sensul acestor „trei ani". În 9 iulie 1974, de ziua tatălui meu, a avut loc acel incident care a dus la divorţ. Iar în 10 iulie 1977 am deschis un magazin în piaţa Keumho Dong, într-un moment de stabilitate financiară. Au trecut exact trei ani de atunci, fără nicio zi diferenţă. Din moment ce seminarul teologic durează patru ani, la început nu am înţeles de ce Dumnezeu mi-a spus că mă va binecuvânta cu alte „semne şi minuni" după ce voi fi învăţat Cuvântul Său timp de trei ani. Dar curând am înţeles sensul acestor cuvinte. În februarie 1982, la solicitarea pastorului Bisericii Ilman din Masan am vorbit la o adunare de trezire spirituală care a avut loc acolo. Am terminat penultimul an de seminar în luna februarie a anului 1982, deci exact la trei ani după ce am intrat la colegiu. Un prezbiter al bisericii m-a rugat:

- Pastore, vă rog să veniţi la biserica noastră şi să predicaţi la adunare.

- Nu sunt încă pastor. Sunt doar student la seminar, cum aş putea predica la adunare? Rugaţi pe altcineva.

- Nu se poate. M-am rugat pentru această adunare de câtva timp şi Dumnezeu va scos în calea mea. Este voia lui Dumnezeu ca dumneavoastră să vorbiţi la această adunare.

- Atunci mă voi ruga şi vă voi da un răspuns.

Deoarece era prima adunare la care predicam şi eram încă student nu eram prea sigur pe mine. Am postit trei zile la Casa de rugăciune Osanri şi astfel am câştigat încredere în mine însumi. Reîntors acasă, am îngenunchiat şi m-am rugat pentru pregătirea predicilor de la adunările de evanghelizare. În clipa aceea, într-un moment de inspiraţie divină, Dumnezeu mi-a transmis unsprezece mesaje cu tot cu pasajele din biblie şi titlul acestora, inclusiv mesaje pentru adunările de dimineaţă. Această inspiraţie divină mi-a amintit şi de o carte pe care o citisem înainte.

- Citeşte această carte înainte, dă-o ca exemplu.

Eram atât de impresionat. Am realizat încă o dată că pentru Dumnezeu nimic nu este imposibil. Am încheiat toate pregătirile pentru introducerea şi concluzia fiecărei predici. Am predicat şi am condus adunările cu ajutorul lui Dumnezeu. Toţi fraţii mi-au mulţumit spunând că au primit mult har în timpul adunărilor. Mulţi au mărturisit că au simţit Cuvântul vieţii, pe care nu l-au auzit până atunci. Acest Cuvânt le-a schimbat sufletul şi multe din problemele lor s-au risipit.

După această adunare am fost invitat la multe biserici pentru a predica la adunările de trezire spirituală. De fiecare dată după predică, Duhul Sfânt, precum un vânt puternic şi învolburat, se arăta prin semne şi minuni. Când Dumnezeu m-a chemat ca slujitor al Său mi-a spus:

- *Trei ani, studiază Cuvântul timp de trei ani.*

### Pentru a sluji cu succes

În ultimul an de seminar, colegii mei se pregăteau pentru a administra o biserică. Erau preocupaţi încercând să câştige ceva experienţă şi informaţii în ce priveşte deschiderea unei biserici frecventând conferinţele despre creşterea bisericii şi făcând studii de caz referitoare la treziri spirituale din biserică. Colegii mei mă povăţuiau:

- Pastore, cum poţi să slujeşti cu tărie biserica dacă doar posteşti şi te rogi în munţi? De ce nu ni te alături ca să înveţi mai multe?

Bineînţeles că era folositor să afli informaţii şi să câştigi experienţa necesară pentru a deschide o biserică, însă eu aveam alte idei. Nu doream să învăţ metodele oamenilor ci metodele lui Dumnezeu în ce priveşte creşterea bisericii, metode menţionate şi în Biblie. Citind Biblia, am văzut că părinţii creştinismului - Sf. Petru şi Sf. Pavel – îndemnau mereu la rugăciune. Am înţeles cuvântul lui Dumnezeu reflectând pe marginea Bibliei şi predicând Evanghelia cu ardoare.

De la Faptele apostolilor 8:26 în continuare, Filip a mers în pustietate călăuzit de Duhul Sfânt şi a întâlnit un eunuc etiopian mare dregător al Candachiei, regina Etiopiei. Era îngrijitorul tuturor visteriilor acesteia. Eunucul citea pe proorocul Isaia din

Scriptură şi dorea să înţeleagă cuvântul lui Dumnezeu. Astfel Filip i-a propovaduit despre Isus şi l-a botezat. La fel şi apostolul Pavel a vrut să „vestească Cuvântul" în Asia, însă Duhul Sfânt nu l-a lasat să meargă acolo, ci l-a călăuzit spre Macedonia. (Faptele apostolilor 16: 6-10)

Ceea ce se descoperea prin meditaţia asupra cuvântului era faptul că Dumnezeu însuşi călăuzeşte şi conduce pe slujitorii Săi. Mi-am dat seama că cel mai important lucru pentru o slujire binecuvântată era comunicarea cu Dumnezeu şi urmarea voinţei Lui. De aceea, mă rugam ori de câte ori aveam puţin timp şi încercam să înţeleg cuvântul Domnului la nivel spiritual.

## Îngrijind sufletele cu dragoste

În martie 1982, după încheierea celor 40 de zile de post şi a perioadei de recuperare fizică, a început noul an academic. În acel an, grupurile de casă au fost reorganizate la biserica pe care o frecventam. Soţia mea a devenit şefa de ceremonie, iar diaconeasa Aeja Ahn conducătoarea grupului bisericesc. Grupul nostru avea cinci membri. Prin aprilie aveam deja 25 de membri.

Soţia mea evangheliza oamenii cu sârguinţă şi se ocupa de membrii grupului. De asemenea şi-a făcut un program de rugăciune zilnică acasă, împreună cu diaconeasa Aeja Ahn. Prin această adunare de rugăciune multe probleme din familii s-au rezolvat şi tot mai mulţi membri erau evanghelizaţi, astfel avea loc o mare lucrare de trezire spirituală. Mai mult, fiindcă soţia mea era o bucătăreasă bună, la fiecare adunare gătea mâncăruri delicioase pentru membrii grupului de rugăciune.

Duminică dimineaţa le trimiteam pe cele trei fete ale noastre la fiecare casă cu mesajul: „Astăzi este ziua Domnului şi trebuie să mergeţi la biserică, deci vă aşteptăm în casa noastră la ora 10.00." Dacă nu veneau până pe la ora zece, fetele mele treceau din nou pe la casele lor şi băteau la uşă îndemnându-i să meargă la biserică. Câteodată nu puteau să le refuze pe fete şi veneau. Astfel că duminica erau cam vreo 30 de membri care frecventau grupul meu de casă. Soţia mea se ocupa de ei cu multă dragoste şi astfel se pregătea ca soţie de viitor pastor.

# Cu şapte dolari

## S-a întâmplat ceva extraordinar

De îndată ce am intrat în ultimul an de seminar, pe data de 1 martie, magazinul meu care până atunci era mereu plin de clienţi a rămas gol, fără niciun client. La început, m-am cercetat puţin ca să-mi dau seama dacă am păcătuit cu ceva, iar pe urmă m-am gândit că totul va fi reveni la normal în ziua următoare. Dar a doua zi a fost la fel. Ne-am rugat lui Dumnezeu, dar nu am primit vreun răspuns. De vreme ce nu aveam niciun venit, chiria lunară a magazinului se reţinea din depozitul de garanţie. Mai târziu urma să aflăm că era providenţa divină. Am închis magazinul cu gândul de a deschide o biserică în data de 25 iulie, dar pe atunci tot depozitul de garanţie era epuizat. După ce am plătit şi restul taxelor, am rămas doar cu şapte dolari. Dumezeu a prefăcut în nimic tot ce câştigasem noi în această lume şi ne-a ajutat să deschidem biserica numai cu şapte dolari.

## Veneau oameni bolnavi

- Cum de mama lui Miyoung este mereu fericită? se întrebau cei din jur.

Cum mai demult îmi aşteptam moartea, soţia mea şi-a început viaţa de creştin mărturisind cum am fost vindecat de toate bolile. Acum era mereu veselă şi plină de viaţă. Chiar dacă nu aveam ce mânca tot eram recunoscători. Dacă spăla vasele sau făcea orice altceva, mereu înălţa Domnului cântece de slavă. Dacă se întâlnea cu vreun cunoscut îi mărturisea cum l-a întâlnit pe Dumnezeu cel viu şi propovăduia Evanghelia. Şi-a petrecut fiecare zi în plinătatea Duhului Sfânt.

Înainte de deschiderea bisericii, zvonurile despre familia mea s-au răspândit şi tot mai mulţi oameni veneau ca să mă rog pentru ei. În aprilie 1982, m-a vizitat o credincioasă. Era atât de slabă, doar piele şi os. Spunea că nu poate să meargă repede din cauza unei boli congenitale de inimă.

- Domnule pastor, la trei zile după ce am născut, trupul meu s-a umflat şi starea mea de sănătate s-a înrăutăţit. Nu pot nici măcar să-mi ţin copilaşul în braţe.

- Roagă-te cu credinţă. Dumnezeu te va tămădui.

M-am rugat pentru ea şi s-a vindecat de boala de inimă. În prezent e prim diaconeasa Seong Ja Kim, membră devotată a grupului de rugăciune al bisericii noastre. În zilele următoare a venit la magazin o femeie între două vârste. Mi-a spus că a aflat despre familia mea şi astfel a ajuns la mine. Fiica sa împlinise 20 de ani şi şi avea şoldul dislocat. Picioarele nu aveau aceeaşi lungime şi din această cauză nu putea să se deplaseze normal.

Durerea pe care o simţea era atât de puternică încât i s-a administrat morfină. Era dependentă de morfină, iar drogul nu-şi mai făcea efectul. Nici calmantele foarte tari nu îi puteau ameliora durerea. Femeia mi-a cerut să mă rog pentru fiica sa. Am ţinut un serviciu de închinare la ea acasă. Duhul Sfânt m-a inspirat să mă rog pentru acea familie timp de 21 de zile.

Pe atunci, încă mai mergeam la cursurile seminarului şi eram ocupat şi cu rugăciunile din timpul nopţii, dar tot am propovăduit cuvântul Domnului şi m-am rugat pentru acea familie timp de 21 de zile. Pe urmă, fiica sa a început încet încet să aibă credinţă şi a renunţat la toate medicamentele pe care le luase până atunci. A început să-şi pună nădejdea în Dumnezeu. În cea de-a douăzecea zi de rugăciune toate durerile i-au dispărut. Iar în ziua următoare a mărturisit după cum urmează:

- Domnule pastor, această casă e foarte de veche şi avem mulţi şobolani în pod şi prin tavan. Mereu fac zgomote. Şobolanii chiar intră prin camere şi fac zarvă în timpul nopţii. Nu pot să mă odihesc din cauza lor. Dar noaptea trecută am avut un vis şi când m-am trezit dimineaţă am rămas uimită!

Erau atâţia şobolani că tot puneau otravă şi alte capcane să scape de ei, dar degeaba. Ea era mereu nervoasă, agitată şi neliniştită mai ales din cauza durerilor, dar nici nu putea dormi noaptea din cauza şobolanilor. În noaptea aceea a visat că mă rugam pentru ea şi când Domnul mi-a ascultat rugăciunea şobolani de toate mărimile au ieşit din casă unul după altul, iar în final, un şobolan mare care părea regele lor, a ieşit şi el. Atunci toate durerile i-au dispărut ca prin minune şi, chiar şi în realitate, toţi şobolanii din pod dispăruseră. Această soră era atât de uimită de lucrarea Domnului, încât nu a putut să-şi ascundă emoţia. După câteva zile, mama acestei fete a venit din nou la mine şi mi-a spus:

- Domnule pastor, fiica mea e pe moarte! Vă rog să veniţi repede să vă rugaţi pentru ea!

În toiul nopţii am ajuns la ea acasă. Fiica ei se zvârcolea pe podea de durere. A ţinut un post de trei zile, iar după post ar fi trebuit să urmeze un regim alimentar uşor, însă ea a mâncat pui prăjit chiar după post. A făcut o indigestie puternică. Când îmi puneam mâinile pe creştetul ei şi mă rugam, prin inspiraţia Duhului Sfânt puteam să văd limpede un os în stomacul ei şi vedeam cum acesta se micşora. Cum am încheiat rugăciunea, a vomitat tot ce mâncase. A inspirit o dată adânc şi şi-a revenit.

### Curăţind vasul

Am postit foarte des, mi-am dat toată silinţa să alung „orice înfăţişare a răului" şi să ţin toate poruncile Domnului. Am ajuns să fiu purtătorul celor nouă roade ale Duhului Sfânt şi am descoperit că prin mine se arătau puterea şi darurile Sale. Cam în această perioadă, după ce mă rugasem lui Dumnezeu timp de şapte ani ca să-mi descopere voinţa Sa, El mi-a trimis o profetesă. În aprilie 1982, o femeie care fusese evanghelizată de soţia mea a venit la mine şi mi-a spus:

- Domnule pastor, în toiul nopţii cineva m-a strigat pe nume de trei ori, aşa că am deschis ochii. Abia am reuşit să-i deschid din cauza luminii puternice. Mi s-a arătat Dumnezeu şi mi-a spus: „Te-am ales să te fac cunoscută printre neamuri şi să-mi fi martor în întreaga lume." Nu-mi dau seama ce înseamnă aceasta.

Pe atunci, nu cunoştea nici măcar ce însemna Geneza sau Matei, şi totuşi stomacul i s-a vindecat prin rugăciuni. Când aveam adunările de rugăciune în scopul deschiderii bisericii, cuvântul lui Dumnezeu a vorbit prin dânsa şi am fost foarte surprins să aflu aceleaşi cuvinte pe care mi le-a descoperit şi mie când m-a chemat ca slujitor al Său, spunându-mi:

*- Nu ai cerut tu cele douăsprezece daruri ale Duhului Sfânt? Toate ţi le-am dat ţie, deci fă o rugăciune de mulţumire.*

Mai mult, prin profeţie, Dumnezeu mi-a vorbit despre lucruri pe care doar eu le ştiam. Ceva ce nu-i spusesem nici soţiei mele. Astfel, mi-am dat seama că Dumnezeu îmi oferise harul profeţiei. Dumnezeu m-a încredinţat cu adevărat că mi s-a dat cuvântul Său. Până atunci, cerusem cele douăsprezece daruri, inclusiv cele nouă roade ale Duhului Sfânt, scrise în Întâia epistolă către Corinteni, capitolul 12 şi, de asemenea, darul viziunii, darul revelaţiei divine şi darul dragostei.

### Ce este prorocirea?

Biblia ne arată diverse feluri în care se poate auzi vocea Domnului. Este o voce a lui Dumnezeu însuşi şi este şi vocea Duhului Sfânt. De asemenea, câteodată, Dumnezeu ne vorbeşte print-un înger cu înfăţişare umană sau prin prorocire.

*Mîna Domnului a venit peste mine, şi m-a luat în Duhul Domnului, şi m-a pus în mijlocul unei văi pline de oase. El mi-a zis: „Fiul omului, vor putea oare oasele acestea să învie?" Eu am răspuns: „Doamne, Dumnezeule, tu ştii lucrul acesta!" El mi-a zis: „Prooroceşte despre*

*oasele acestea şi spune-le: Oase uscate, ascultaţi cuvîntul*
*Domnului!" Aşa vorbeşte Domnul Dumnezeu către oasele*
*acestea: „Iată că voi face să intre în voi un duh, şi veţi*
*învia! Vă voi da vine, voi face să crească pe voi carne, vă*
*voi acoperi cu piele, voi pune un duh în voi şi veţi învia.*
*Şi veţi şti că Eu sunt Domnul." Am proorocit cum mi se*
*poruncise. Şi pe când prooroceam, s-a făcut un vuiet, şi*
*iată că s-a făcut o mişcare, şi oasele s-au apropiat unele de*
*altele (Ezechiel 37:1-7).*

    *Căci mărturia lui Isus este duhul proorociei (Apocalipsa*
*lui Ioan 19:10).*

Prorocire înseamnă a vorbi în numele cuiva. Printre profeţi
sunt cei care vorbesc în numele oamenilor, în numele lui
Dumnezeu.

În Ezechiel capitolul 37 putem vedea că Duhul Domnului era
cu Ezechiel, iar Dumnezeu vorbea prin gura lui Ezechiel. Fiindcă
Dumnezeu vorbea prin gura omului, enunţurile erau la modul
imperativ. Prorocirea nu se face de către om ci de către Duhul
lui Dumnezeu, adică prin Duhul Sfânt. Duhul Sfânt lucrează
în comuniune cu omul pentru a transmite voinţa Domnului.
Prin urmare este cuvântul Adevărului mărturisit şi confirmat de
Dumnezeu. Care este atunci duhul prorocirii?

Dacă vorbim adevărul prin Duhul Sfânt îl mărturisim pe
Isus, care este însuşi Adevărul. Iar dacă Isus este mărturisit de
omul care vorbeşte adevărul prin Duhul Sfânt, atunci acel om
este profet. Acesta este duhul prorocirii. La fel cum Ezechiel a
ascultat cuvântul Domnului şi a profeţit, dacă o persoană poate
proroci cuvântul lui Dumnezeu atunci primim multe revelaţii

divine.

Ne dăm seama că Isus doreşte ca noi să avem revelaţii, după cum este scris în Evanghelia după Matei 11:27, *Nimeni nu cunoaşte deplin pe Fiul, afară de Tatăl; tot astfel nimeni nu cunoaşte deplin pe Tatăl, afară de Fiul, şi acela căruia vrea fiul să i-L descopere.* La fel, apostolul Pavel spunea în A doua epistolă către Corinteni 12:1, *E nevoie să mă laud, măcar că nu este de folos. Voi veni totuşi la vedeniile şi descoperirile Domnului.*

Dacă primim revelaţia divină ca şi apostolul Pavel, putem să-l înţelegem pe Dumnezeu foarte clar şi să aflăm viitorul. Doar când vom afla lucrurile ce vor să vină vom fi pregătiţi pentru împărăţia Domnului, care va veni cum vine hoţul noaptea.

# Primind răspunsul pentru deschiderea bisericii

## Vor să vă exmatriculeze

Cum mă pregăteam pentru deschiderea unei biserici, am desfășurat mai multe adunări de evanghelizare. Am ținut o adunare de vindecare în casa diaconesei Aeja Ahn, iar casa a fost împânzită de lume. Cea de-a doua adunare de rugăciune a avut loc în magazinul meu. O persoană care avea mâna ruptă și purta ghips s-a vindecat și și-a dat jos ghipsul. O femeie care nu putea face copii mi-a cerut să mă rog pentru ea. După câtva timp, am aflat că a rămas însărcinată. A treia adunare s-a desfășurat pe munte. Erau mai mult de 40 de persoane prezente. Printre ele se aflau studenți de la seminar și pastori.

Era și o femeie care a fost operată la coloană și a cărei boală a recidivat. Era conștientă că se află într-o stare foarte gravă, dar totuși voia să participe la adunare. Unul dintre credincioși abia a reușit să o susțină ca să urce muntele și m-am rugat pentru ea în timpul orei de rugăciune. A fost complet vindecată, acolo, pe munte, şi a coborât muntele fără niciun ajutor!

A patra adunare de rugăciune a avut loc tot pe un munte şi au participat mulţi studenţi ai seminarului în auditoriu. Cuvântul Domnului s-a pogorât asupra noastră:

- *După această adunare, vei trece printr-o încercare. Nu te teme, încrede-te în Mine şi roagă-te. Te voi răsplăti cu binecuvântări.*

Curând aveam să trec printr-o încercare. În iunie 1982, după ultimele examene m-am reîntors acasă. Unul din profesori a venit până la mine acasă. Ştiam că nu e ceva normal. A început sa-mi spună:

- M-am rugat pe munte de multe ori, deci cunosc şi eu câte ceva despre lumea spirituală. Aveţi profunzime spirituală şi ştiu că aţi fost binecuvântat cu multe daruri. Fiindcă sunteţi pe cale de a deschide o biserică, duşmanul diavol se ridică împotriva dumneavoastră. Domnule pastor, cred că mai bine aţi renunţa la intenţia de a deschide o biserică. Astăzi, am avut o întâlnire a profesorilor şi vor să vă exmatriculeze. Ştiu că nu ar trebui să se întâmple aşa ceva, dar...

## Duşmanul diavol împotriva deschiderii bisericii

Ascultând explicaţiile sale detaliate, nu numai profesorul meu îndrumător, ci şi pastorul bisericii la care mergeau au început să se îndoiască în privinţa mea. Am fost întrebat:

- Domnule pastor, în timpul rugăciunilor de pe munte aţi

afirmat că sunteţi Hristos? Aţi fost însoţit acolo de o femeie pe care aţi lăsat-o să se atingă de roba altor pastori?

- Nu am spus niciodată că aş fi Hristos şi nici nu am lăsat vreo femeie să se atingă de ceilalţi pastori.

Fiindcă au avut loc multe lucrări de vindecare, de câte ori mă rugam pentru cei prezenţi la adunare, unul dintre colegii mei, invidios pe mine, scria câte un raport cu acuzaţii false către profesorul meu îndrumător, inclusiv afirmaţii precum aceasta: „Pastorul Jaerock Lee face rugăciuni care duc la dezbinări şi învrăjbiri. El afirmă ce este Hristos."

Zvonurile acestea fictive s-au răspândit într-un timp foarte scurt. Mai mult, profesorii care mi-au predat timp de patru ani s-au hotărât să mă exmatriculeze la auzul acestor zvonuri, fără nici măcar să mă întrebe dacă e adevărat sau nu. Cu toate acestea, nu am vorbit oamenilor care se vindecaseră şi nu le-am cerut ca să-mi susţină nevinovăţia. Mi-am dat seama că mă aflam într-o situaţie delicată, dar când mă rugam Domnului, El îmi spunea să aduc mulţumiri, să mă înveselesc şi să mă rog cu dragoste pentru duşmanii mei.

Noul semestru a început în septembrie. Când mergeam la şcoală îmi auzeam colegii dezbătând cazul meu. Mi-au spus că acel coleg care m-a acuzat pe nedrept a hotărât să nu se mai înscrie la şcoală în acel semestru fiindcă avea remuşcări. Aşa că l-am vizitat şi am încercat să-l conving să se înscrie, deoarece nu aveam niciun resentiment faţă de el. Dumnezeu a lucrat în aşa fel încât toate problemele s-au rezolvat de la sine. Chiar şi cel care m-a acuzat pe nedrept a fost adus la lumină. După ce am deschis biserica şi am ţinut serviciul de consacrare, au venit mulţi profesori, chiar şi cei care m-au înţeles greşit atunci, şi am sărbătorit împreună. După absolvire am ținut o petrecere de mulțumire pentru profesori, la biserica mea.

## Răspunsul Domnului: „Manmin - Biserica întregii creații"

Fiindcă am intrat la seminar la o vârstă destul de înaintată, doream să înființez biserica repede. Şi fiindcă nu eram foarte tânăr, m-am rugat ca Dumnezeu să-mi dezvăluie numele bisericii încă din primul meu an de seminar, dar nu am primit vreun răspuns. Chiar înainte de deschiderea bisericii a venit și răspunsul:

- *Numește-o Biserica Manmin. Când va veni vremea și vei merge în pelerinaj, vei înțelege de ce am numit-o astfel.*

Mai târziu, în 1989, am mers într-un pelerinaj în Țara Sfântă. În Grădina Ghețemani, Isus s-a rugat până când sudoarea Lui s-a făcut ca niște picături de sânge care picurau pe pământ pentru a împlini jertfa crucii și pentru a mântui toate neamurile pământului. În acest loc, plin de emoție, am văzut Biserica Tuturor Națiunilor. Dumnezeu l-a trimis pe Isus Hristos ca jertfă de îndreptare pentru a mântui toate neamurile și toate popoarele. Dumnezeu vrea să-și împlinească planul Său în continuare și misiunea în lume prin Sfânta Evanghelie, iar nouă ne-a dat acest nume, „Manmin", care înseamnă „întreaga creație".

La început am numit-o Biserica Manmin, dar fiindcă ulterior am deschis mai multe filiale ale bisericii, am redenumit-o Biserica Centrală Manmin.

## De ce alegi calea anevoioasă?

- Domnule pastor, de ce vrei să deschizi o biserică? Ştii ce greu este să începi acest lucru? Vei fi nevoit să mănânci numai fiertură de orez mulţi ani de acum încolo. Nu vrei să-ţi vezi copiii educaţi? Ştii cât de greu e să-ţi aduni credincioşi în ziua de azi? Şiţi cât de neascultători sunt credincioşii în vremurile acestea? Haideţi să slujim împreună în această biserică. Pastore, odată ce îţi vei deschide biserica vei vărsa multe lacrimi. Aşa mă sfătuia pastorul bisericii pe care o frecventam.

Când eram pe punctul de a deschide biserica, mulţi oameni au încercat să mă oprească. Se ştia că multe biserici se confruntau cu acest gen de probleme. Unii pastori înfiinţau biserici luând bani împrumut pentru construcţie şi utilităţi. Când construcţia nu avansa după aşteptări, aveau de suferit din cauza datoriei. Mulţi dintre ei rătăceau de ici-colo disperaţi şi deznădăjduiţi. Însă fiindcă aveam credinţă în atotputernicul Dumnezeu, nu aveam strângeri de inimă. Nu puteam să-i contrazic pe faţă pe cei care îmi dădeau astfel de sfaturi, ca să nu-i pun într-o situaţie stânjenitoare. Îmi răspundeam mie însumi: „Odată ce voi înfiinţa biserica ea va prospera şi nu vor fi niciun fel de probleme. Voi ajuta la mântuirea multor suflete şi astfel numărul membrilor va creşte repede. Atunci îl vom lăuda pe Dumnezeu."

Mi-am pus nădejdea în cuvântul lui Dumnezeu care spune în Epistola lui Pavel către Filipeni 4:13, *Pot totul în Hristos, care mă întăreşte,* şi în Evanghelia după Matei 9:29 unde spune să ni se împlinească nouă toate după credinţa noastră, sau tot la Matei 13: 8, fiind încredinţat că dacă semănăm, Dumnezeu ne promite că ne va răsplăti de treizeci, şaizeci sau o sută de ori mai mult decât am semănat. Dacă ne uităm la slujitorii iubiţi de Dumnezeu, fiindcă Domnul era cu ei, Moise şi apostolul

Pavel păreau dumnezei în ochii oamenilor (Exodul 7:1; Faptele apostolilor 14:11).

Dacă Dumnezeu este cu noi nimic nu este imposibil. Eram convins de acest lucru. Ca slujitor al Său, credeam cu ardoare că dacă mă concentram pe Cuvânt, mă rugam şi făceam voia Sa, atunci Dumnezeu îmi va răspunde având grijă de toate problemele financiare, de locul sau de slujitorii bisericii. Fiindcă eram încredinţat că puteam face orice în numele Domnului, care mi-a dat putere, am avut o viziune. M-am rugat mult pentru viziunea şi visul pe care le-am avut şi le-am mărturisit chiar cu buzele mele.

## Ascultând călăuzirea Duhului Sfânt

În mai 1982, Dumnezeu mi-a spus că voi înfiinţa o biserică când soarele va fi dogoritor şi m-a călăuzit spre cartierul Shindaebang a sectorului Dongjak din Seul, un loc de care nu auzisem niciodată până atunci. Fiindcă nu cunoşteam zona, i-am întrebat pe mulţi cum să ajung acolo. Însă cum zona nu era prea dezvoltată pe atunci, nu erau multe clădiri şi nici trafic intens. Era acolo un teren de aproximativ 83 de metri pătraţi. Chiria lunară era 150 000 de woni (150 de dolari) şi proprietarul cerea 3 milioane de woni (3000 de dolari) ca depozit de garanţie. M-am întâlnit cu proprietarul ca să semnez contractul şi mi-a scăzut chiria la 120 000 de woni.

## Dumnezeu ne-a pregătit banii pentru deschiderea bisericii

Dumnezeu ne-a ajutat să obţinem banii pentru deschiderea bisericii prin diaconeasa Aeja Ahn. Ea obişnuia să se roage cam cinci ore pe zi. Fiul ei suferise un accident de maşină şi a primit o despăgubire în valoare de 3 milioane de woni. Ea şi-a dat cuvântul că va oferi aceşti bani lui Dumnezeu ca şi donaţie pentru construcţia unei biserici. Dar fiindcă soţul ei, care era ateu, cheltuise banii în alte scopuri, ea avea o nemulţumire în sufletul său. Era convinsă că totuşi trebuia să doneze acei 3 milioane de woni pentru construcţia unei biserici. Între timp, după ce ne-a cunoscut familia, ea ni s-a alăturat în dorinţa de a înfiinţa biserica.

Deoarece fabrica de mobilă a soţului său nu mergea prea bine, casa îi era ipotecată. Dacă nu plăteau datoria, casa ar fi fost vândută la un preţ foarte mic. Aşa că au pus-o în vânzare la preţul de 20 de milioane de woni (20 000 de dolari), dar nu s-a ivit niciun client. Au scăzut preţul casei la 15 milioane de woni şi tot nu a fost nimeni interesat să o cumpere. Între timp, cuvântul Domnului i s-a descoperit diaconesei Aeja Ahn la adunarea de la Muntele Samgak.

*- Ţine un post de 3 zile şi pune din nou casa în vânzare. Creşte preţul ei la fel de mult ca şi credinţa ta şi vei vedea. Foloseşte cei 3 milioane de woni care-ţi rămân pentru deschiderea bisericii.*

Şi-au pus casa din nou în vânzare, dar nu era nimeni interesat să o cumpere de atâţia ani. Credeau că dacă vor creşte preţul, agenţii imobiliari vor râde de ei. Diaconeasa Aeja Ahn a chibzuit îndelung şi, în final, a adăugat 3 milioane de woni. Acum era la preţul de 18 milioane de woni. Agentul imobiliar a înmărmurit.

Dar, când a ieşit din biroul agentului cineva a însoţit-o şi s-a uitat la casă. A spus că şi-a găsit casa care-i place şi a semnat contractul. Diaconesei i-a părut rău deoarece ar fi putut vinde casa cu 20 de milioane de woni dacă ar fi avut mai multă credință. Dumnezeu a ajutat-o să-şi vândă casa pe care nu reuşise să o vândă de multă vreme. Astfel, putea plăti atât datoria familiei sale cât şi cele 3 milioane de woni ca donație pentru construcția bisericii.

## Căindu-mă din tot sufletul pentru că mi-am pus nădejdea în oameni

Mă pregăteam pentru deschiderea bisericii şi oarecum mă aşteptam la vreo 40 de membri pentru început. Mă gândeam că vor frecventa biserica de la deschidere pentru că eram încredințat că mă cunosc bine şi mă iubesc. Însă realitatea a fost cu totul alta. Pe data de 25 iulie 1982 am ținut serviciul religios de inaugurare. În mod neaşteptat, nicio persoană dintre cele la care mă aşteptam să vină nu a fost prezentă la deschidere. Când am văzut că până şi surorile care au promis, nu au venit, mi-am dat seama că Dumnezeu le-a oprit. Dumnezeu nu voia ca eu să mă bazez pe frații sau surorile mele. M-am rugat:

- Doamne, îți mulțumesc că m-ai făcut să realizez faptul că am intenția de a mă încrede în cei din jurul meu. Te rog să mă ierți pentru că am încercat să-mi pun nădejdea în oameni. Acum am înțeles voia Ta. Nu mă voi mai încrede în oameni, ci doar în Tine Doamne şi toate le voi împlini prin rugăciune.

După serviciul de inaugurare mi-am dat seama că încă simțeam nevoia să mă bazez pe oameni şi m-am căit amarnic în fața Domnului. M-am rugat Domnului să înmulțească membrii bisericii şi astfel, în fiecare săptămână templul era plin de credincioşii trimişi de Dumnezeu.

# Începând de la zero

## Nouă adulţi şi patru copii

Când am ţinut serviciul de inaugurare, biserica nu era încă terminată. Nu avea ferestre nici amvon, iar pe podea nu era covor. Era ca un loc pustiu. Am împărţit spaţiul în două cu o cortină. O parte era locuinţa familiei mele, iar cealaltă jumătate era folosita pentru templu şi camera de rugăciune. Cu tot cu familia mea, la serviciul de inaugurare au participat nouă adulţi şi patru copii. Au fost foarte puţini participanţi în afara familiei mele. Am ţinut o predică al cărei titlu era „Credinţa e comoara cea mai de preţ". Istoria Bisericii Centrele Manmin a început de la zero. Fiindcă abia deschisesem nu aveam niciun bănuţ, în schimb aveam o grămadă de cheltuieli. Dar nu am cerut împrumut de la nimeni. Mă rugam doar lui Dumnezeu. Eram pregătit chiar şi să postesc, dacă Dumnezeu nu m-ar fi ascultat. Dar când nu aveam nici ce mânca Dumnezeu nu ne uita şi parcă primeam hrană prin câte un trimis de-al Său. Toată vara, am avut şi lubeniţă care-mi plăcea foarte mult.

## Rugându-ne împreună 5 - 6 ore pe zi

După serviciul de inaugurare, donaţia săptămânală era de aproximativ 30 sau 40 de mii de woni, dar cu aceşti bani nu puteam acoperi nici chiria lunară a bisericii. Patru sau cinci fraţi s-au adunat şi s-au rugat 5-6 ore pe zi, transpirând din cauza arşiţei. Fiindcă biserica nu avea membri, nu aveam de cine să am grijă şi nici cui să fac vizite. Cum ne rugam în camerele de rugăciune eram uzi de transpiraţie. La Ieremia capitolul 33:3 este scris: *Cheamă-Mă, şi-ţi voi răspunde; şi îţi voi vesti lucruri mari, lucruri ascunse pe care nu le cunoşti.* Când strigam rugându-ne, Dumnezeu ne trimitea credincioşi şi toate cele necesare pentru biserică.

## „Doamne, dă-ne un microfon"

După ce ne rugam timp de o săptămână cumva toate se rezolvau şi am obţinut chiar şi un microfon. Săptămâna următoare, ne-am rugat pentru un telefon şi l-am primit. Fiindcă biserica nu prea avea credincioşi pe atunci, Dumnezeu a lucrat prin rugăciunea de vineri care ţinea toată noaptea. Membrii altor biserici care veneau la adunarea noastră de vineri noaptea au primit multe binecuvântări şi unul după altul au oferit diverse lucruri de care era nevoie în biserică. Astfel, am primit draperii, un amvon, un pian, ventilatoare şi chiar un clopot cu cruce. La două luni după deschidere deja aveam toate cele necesare în biserică.

În Faptele apostolilor este scris că slujitorii lui Dumnezeu trebuie să se concentreze pe cuvânt şi pe rugăciune. Deci, am lăsat grijile administrative şi toate celelalte în sarcina membrilor bisericii şi m-am concentrat pe cuvântul lui Dumnezeu şi pe rugăciune. Fiindcă nu ştiam atât de mult din cuvântul Domnului pe atunci, ceea ce înţelegeam referitor la voia Lui predicam la adunarea de vineri noaptea şi la serviciile duminicale fiind insuflat de Duhul Sfânt.

Deşi nu eram foarte priceput la discursuri, credincioşii se umpleau de duh şi credinţă din predici deoarece mesajele erau sincere şi încărcate de spiritualitate. Cuvintele erau urmate de fapte şi lucrări. Deoarece credincioşii puneau în practică mesajele predicilor, credinţa lor a sporit şi au început să primească răspunsuri la rugăciunile lor. De la deschidere Dumnezeu ne-a trimis credincioşi în fiecare săptămână şi aceştia se umpleau de duh prin predici. Văzând minunile Lui, care se petreceau vinerea în timpul serviciului de închinare ce ţinea toată noaptea, au primit binecuvântări şi credinţa lor a sporit.

## Găsind răspunsul în Biblie

Întrucât primele biserici au fost întemeiate de apostolii care l-au avut ca învăţător chiar pe Isus, aceştia făceau voia Domnului, iar Dumnezeu era mulţumit de ei şi a sporit numărul celor mântuiţi. Bisericile timpurii au devenit scopul meu şi modelul de urmat până la cea de-a doua venire a Domnului. Biserica pe care şi-o doreşte Dumnezeu nu este doar una mare ca şi construcţie sau cu mulţi membri, ci este una care seamănă foarte mult cu bisericile timpurii. Dacă urmăm exemplul bisericilor timpurii, care s-au conformat voii lui Dumnezeu, El ne binecuvântează cu o trezire spirituală permanentă în biserică.

*Fiecare era plin de frică, şi prin apostoli se făceau multe minuni şi semne. Toţi cei ce credeau erau împreună la un loc şi aveau toate de obşte. Îşi vindeau ogoarele şi averile, şi banii îi împărţeau între toţi, după nevoile fiecăruia. Toţi împreună erau nelipsiţi de la Templu în fiecare zi, frângeau pâinea acasă şi luau hrana cu bucurie şi curăţie de inimă. Ei lăudau pe Dumnezeu şi erau plăcuţi înaintea întregului norod. Şi Domnul adăuga în fiecare zi la numărul lor pe cei ce erau mântuiţi (Faptele apostolilor 2:43-47).*

Luând ca exemplu bisericile timpurii care au încercat să adune oamenii în templu în fiecare zi, aveam adunări de rugăciune zilnice şi propovăduiam cuvântul hrănindu-ne cu pâinea vieţii, şi anume, cuvântul lui Dumnezeu (Ioan 6:48) şi trăind conform acestuia. Dumnezeu ni se arăta prin semne şi minuni, iar pentru că noi membri se înscriau în fiecare săptămână, numărul credincioşilor creştea foarte repede.

## Punându-mi nădejdea doar în Cuvânt

După deschiderea bisericii am fost nevoiţi să economisim fiecare bănuţ. Dar cunoscând secretul binecuvântărilor după este scris în Evanghelia după Luca 6:38: *Daţi, şi vi se va da; ba încă, vi se va turna în sân o măsură bună, îndesată, clătinată, care se va vărsa pe deasupra. Căci cu ce măsură veţi măsura, cu aceea vi se va măsura,* am încercat să-i ajut pe cei nevoiaşi sprijinindu-mă doar pe cuvânt.

Pe atunci, erau zece studenţi la seminar care frecventau

biserica noastră şi trebuia să-i ajutăm. Nu era uşor să plătim chiria pentru templu, care se ridica la 120 000 de woni (120 de dolari). După câteva săptămâni de la deschidere am primit nişte donaţii şi cu certitudinea că Dumnezeu ne va binecuvânta am luat o parte din sumă şi am trimis-o noilor biserici din aceeaşi denominaţie. După serviciul religios de instalare fiecare membru a făcut un legământ să doneze un milion de woni (1000 de dolari) pentru construcţia seminarului din congregaţie. Dându-ne toată silinţa, am devenit membrii unei biserici care ajutau pe cei din jur bazându-ne pe cuvântul biblic, deoarece când am deschis biserica am luat exemplul bisericii timpurii din Biblie descrise în Faptele apostolilor.

# „Dacă nu vedeţi semne şi minuni, cu niciun chip nu credeţi"

## Serviciul religios de consacrare

Când m-am rugat pentru serviciul de consacrare, Dumnezeu mi-a trimis acest cuvânt:

*- Oferă serviciul de consacrare când toate roadele încep să se coacă, înainte de primul îngheţ.*

Astfel, în data de 10 octombrie 1982 am ţinut serviciul de consacrare şi biserica avea deja mai mult de o sută de membri. De la înfiinţarea bisericii, Dumnezeu ne trimisese tot mai mulţi membri, şi templul devenea neîncăpător. La serviciul religios de vineri noaptea participau mai mult de o sută de membri într-un spaţiu de aproximativ 50 de metri pătraţi, prin urmare, erau oameni care stateau în camerele de rugăciune sau pe casa scării. Astfel, după serviciul religios de consacrare am închiriat şi subsolul casei de rugăciune.

Când mă rugam pentru celebrarea Crăciunului, Dumnezeu

Serviciul de inaugurare

îmi trimitea foarte mulţi oameni talentaţi ca să pregătim sceneta biblică, şi astfel ne bucuram cu toţii de un eveniment de success. Dumnezeu ne-a trimis o persoană care se pricepea la aranjamente florale şi o actriţă care era şi o bună dansatoare. M-a învăţat câteva mişcări de dans şi câteva gesturi pentru şcoala duminicală. Credincioşii bisericii noastre ştiau deja să se organizeze pentru evenimente fără vreun ajutor. Pe atunci spuneam mai mult de zece predici pe săptămână pentru diverse servicii religioase, incluzând şi serile de rugăciune şi de închinare. Încă mai frecventam şcoala confesională, de vreme ce era înainte de absolvirea seminarului. De asemenea, ţineam în continuare rugăciunile din timpul nopţii, iar la ora patru dimineaţa conduceam şi rugăciunea din zorii zilei. Cum zvonurile lucrărilor de vindecare se răspândeau, foarte mulți bolnavi veneau din toată țara și mă rugam pentru fiecare dintre ei de multe ori pe zi.

## O schimbare în familie

Domnul Youngsuk Kim, înainte de a-l primi pe Isus în inima sa, era alcoolic. Când tusea nu i se mai oprea mergea la spital. A fost diagnosticat cu tuberculoză pulmonară. Trebuia să facă o operație urmată de odihnă prelungită, dar nu-și putea permite operația.

Soția sa suferea de inflamarea vezicii biliare după naștere. Era atât de deprimată încât a încercat să se sinucidă, dar, din fericire a supraviețuit. În octombrie 1982, Youngsuk Kim a auzit zvonurile despre biserica noastră și s-a înscris ca membru. A făcut legământ să țină un post de zece zile dimineața și să participe la rugăciunea din zorii zilei. A avut febră foarte mare și tușea puternic. Dar văzând că mulți bolnavi s-au însănătoșit a dobândit credința că și el putea fi vindecat. M-am rugat des pentru el. În cea de-a zecea zi, febra i-a scăzut și tusea a încetat. Avea certitudinea vindecării și a primit următorul diagnostic. Doctorii spuneau că nu mai are tuberculoză. Era complet vindecat prin focul Duhului Sfânt. De atunci și soția sa a venit la biserică și curând s-a vindecat și ea de inflamația vezicii biliare. Și fiica lor s-a însănătoșit, iar Youngsuk Kim a început să studieze teologia dând slavă lui Dumnezeu pentru binecuvântările pe care le-a primit. Acum el slujește ca și pastor.

## Serviciul religios de vineri noaptea cu semne biblice miraculoase

Serviciul de vineri noaptea aduna oameni din toate colţurile ţării. A devenit un fel de serviciu religios interdenominaţional. Biserica neîncăpătoare era împânzită de atâta lume. Căldura Duhului Sfânt era atât de puternică încât tavanul era acoperit cu picături de apă. Când participanţii lăudau pe Dumnezeu şi se rugau cu ardoare, serviciul care începea la orele 23.00 continua până la ora 6.00 dimineaţa. Cum erau martori la atâtea cazuri de vindecare, la fiecare serviciul religios de vineri noaptea veneau tot mai mulţi oameni.

Cei care primiseră sentinţa cu moartea de la spitale se vindecau de îndată ce veneau la biserică, iar cei care erau în cârje începeau să umble şi să sară. Orbii vedeau, muţii vorbeau, iar femeile care nu puteau face copii rămâneau însărcinate. Un om cu mâna ruptă a reuşit să-şi mişte mâna fără probleme după ce m-am rugat pentru el.

### Vindecarea unui pacient bolnav de leucemie

Odată a venit la mine o femeie foarte palidă la faţă. Mi-a spus că doctorul i-a mai dat de trăit doar cincisprezece zile. Povestea ei continuă astfel. S-a botezat încă de când am iniţiat şcoala duminicală. După câtva timp a primit o cerere în căsătorie de la un bărbat care nu era creştin. Dânsa i-a răspuns că nu se căsătoreşte decât cu un creştin şi astfel bărbatul s-a înscris la biserică şi a frecventat serviciul religios o perioadă.

Ea a crezut că soţul ei va duce o viaţă de creştin, dar după câteva luni soacra ei a constrâns-o să creadă în Buddha spunându-i:

- Familia noastră îl venerează pe Buddha de multe generați, deci și tu trebuie să treci la buddhism.

Întrucât nu a ascultat acest sfat, soacra și soțul nu au lăsat-o să mai meargă la biserică. El o bătea și o persecuta. Dacă apărea vreo problemă în familie dădeau vina pe ea.

Au dat-o afară din casă de mai multe ori, și ea le-a îndurat pe toate. Însă fiindcă soțul ei avea deja o amantă, nu a mai putut suporta și nu s-a mai dus la biserică. Știa că ar trebui să meargă la biserică, dar era foarte deprimată și s-a îmbolnăvit de leucemie. Deși s-a supus constrângerii, soțul ei tot umbla cu altă femeie și continua să o bată. Cu toate că suferea de leucemie ei se purtau urât cu ea și nici nu o duceau la spital.

După ce doctorii i-au spus că se află în stadiul final – sentința cu moartea –, a auzit zvonuri despre biserică și a venit ca să mă rog pentru ea, cu o ultimă speranță în Dumnezeu. Și Dumnezeu a vindecat-o. După câtva timp, a venit la mine schimbată la față și mi-a mulțumit, iar apoi s-a întors la ea acasă.

## Două semne diferite

Isus a vindecat bolnavii și a înviat morții; a arătat lumii diverse minuni în timpul misiunii Sale în lume. El a spus: *Dacă nu vedeți semne și minuni, cu niciun chip nu credeți* (Ioan 4:48). Minune este și schimbarea vremii dintr-odată, la cuvântul Domnului. Pe vremea lui Iosua a fost o bătălie la Gabaon, iar soarele s-a oprit în mijlocul cerului (Iosua 10:13). Pe vremea lui Isaia, umbra soarelui s-a dat cu zece grade înapoi (2 Împărați 20:11), iar cei trei magi au mers la Betleem după „steaua de la răsărit" (Matei 2).

Semnele sunt lucrările lui Dumnezeu care lasă urme veridice și mărturie. În lucrarea semnelor de multe ori Dumnezeu Tatăl are rolul principal. Astfel, avem și semnele din vremea Vechiului Testament sau cel menționat în Apocalipsă 15:1. În Evanghelia după Marcu 13:22 este scris: *Căci se vor scula hristoși mincinoși și proroci mincinoși. Ei vor face semne și minuni, ca să înșele, dacă ar fi cu putință, și pe cei aleși.* Aici se subliniază „dacă ar fi cu putință" pentru a stabili că acest fapt nu este posibil în realitate. Adică, profeții mincinoși nu au puterea de a face semne, dar vor încerca să înșele lumea, chiar și pe cei aleși. Exemple ale semnelor lui Dumnezeu sunt și cele zece plăgi ale Egiptului (Deuteronom 6:22) și flacăra jertfei care se suia spre cer (Judecători 13:19-20).

Sunt și alte feluri de semne atunci când Dumnezeu și Duhul Sfânt lucrează împreună. Cele mai multe se găsesc în Noul Testament. Exemplele acestor semne sunt minunile săvârșite de Isus care a prefăcut apa în vin, a tămăduit bolnavii și a înviat morții, a redat orbilor vederea și muților graiul. Sunt semne care nu pot fi făcute de om (Ioan 6:2). Isus, de câte ori rostea cuvântul Domnului, făcea câte o minune ca cei ce ascultau să se convingă de Adevărul cuvântului divin. Bineînțeles că e mult mai fericit cel ce crede fără a vedea aceste minuni, însă nu este ușor să ai credință adevărată fără a vedea fapte și minuni. Cum păcatul câștigă tot mai mult teren, inimile oamenilor se împietresc și e tot mai greu ca ei să aibă credința adevărată. În ziua de astăzi, pentru a propovădui Evanghelia și a salva suflete, este mai folositor și eficient ca toate vorbele să fie urmate de semne și minuni.

## „Iată semnele care vor însoţi pe cei ce vor crede"

Unii creştini nu cred, ci mai degrabă li se pare ciudat când li se spune că semnele şi minunile din Biblie încă se mai întâmplă şi în zilele noastre. Alţii au îndoieli şi se gândesc:

- M-am rugat cu credinţă, atunci de ce nu văd lucrarea Domnului?

Dar Isus a spus: *Iată semnele care vor însoţi pe cei ce vor crede: în Numele Meu vor scoate draci; vor vorbi în limbi noi; vor lua în mână şerpi; dacă vor bea ceva de moarte, nu-i va vătăma; îşi vor pune mâinile peste bolnavi, şi bolnavii se vor însănătoşi.* Marcu (16:17-18) „Cei ce vor crede" sunt aici cei care au credinţă adevărată. Există şi o „măsură de credinţă" în Epistola lui Pavel către Romani 12:3, la fel ca şi etapele de creştere ale unei seminţe: înmugurire, creştere, înflorire şi rodire. Odată ce sădim sămânţa credinţei în noi, în funcţie de cum o îngrijim va creşte şi credinţa noastră. De aceea măsura de credinţă a fiecăruia este diferită. În măsura în care practicăm cuvântul şi ne schimbăm inima într-una curată, Dumnezeu ne dăruieşte credinţă spirituală de sus (Evrei 10:22). Aşadar, dacă ajungem la credinţa desăvârşită care se apropie de inima lui Isus aceste semne ne vor însoţi.

Şi anume, vom scoate afară demoni în numele lui Isus Hristos şi vom vorbi în limbi. „A lua în mână şerpi", în sens spiritual se referă la a distruge lucrarea Satanei prin cuvântul Domnului. La fel, cei care au atins nivelul credinţei desăvârşite nu vor mai fi purtători de boli sau microbi şi chiar dacă ar bea otravă, fără voia lor, acestea nu-i vor vătăma deoarece Dumnezeu le va mistui prin focul Duhului Sfânt. A fost şi cazul apostolului Pavel când acesta a fost muşcat de un şarpe veninos pe când se afla în Insula Malta (Faptele apostolilor 28:5). Dar, dacă intenţia e să-L testezi pe Dumnezeu, ştiind că ce bei e otravă, El nu te poate proteja.

La fel şi noi, prin credinţă desăvârşită, putem să facem minuni prin puterea lui Dumnezeu chiar şi atunci când ne rugăm pentru vindecarea unor boli incurabile.

## Ce este „Vorbitul în limbi noi"?

Ce înseamnă aici „vorbitul în limbi"? Vorbitul în limbi este un dar al Duhului Sfânt pe care Dumnezeu vrea ca toţi copiii Săi să-l primească (1 Corinteni 14:5). De obicei ne rugăm Domnului prin cuvintele noastre. Aceasta este rugăciunea inimii. Dar câteodată ne „rugăm în limbi", care este rugăciunea sufletului (1 Corinteni 14:15).

Când realizăm că suntem păcătoşi, ne pocăim şi îl primim pe Isus în inima noastră. Astfel, Dumnezeu ne trimite în dar pe Duhul Sfânt şi în multe cazuri şi darul „vorbirii în limbi" – unul din cele nouă daruri ale Duhului Sfânt. Când primim darul Duhului Sfânt, sufletul nostru care a fost mort din cauza păcatului adamic se trezeşte la viaţă. Dacă primim darul „vorbirii în limbi", acest duh se roagă el însuşi lui Dumnezeu. Aşadar, ca şi creştini, dacă primim darul „vorbirii în limbi" primim de fapt mai multă forţă în rugăciune şi sufletul nostru va înflori.

Din moment ce eram proaspăt încreştinat, mă rugam din tot sufletul în timpul serviciilor religioase din timpul nopţii şi am început să mă rog în duh, alternând rugăciunea sufletului cu cea a inimii, şi să cânt în alte limbi insuflat de Duhul Sfânt. Când intonam şi mai profund imnuri de laudă în alte limbi, mâinile mele se ridicau involuntar şi se mişcau într-un ritm de dans. Iar când ajungeam la un nivel şi mai profund al rugăciunii vorbeam în limbi noi. Vorbitul în limbi noi este o rugăciune foarte puternică.

# Poruncind în Numele lui Isus Hristos

## Să nu blestemi nici măcar o plantă!

Cât de recunoscători ar trebui să fim pentru că minunile lui Dumnezeu, pe care Isus le-a împlinit pe pământ acum două mii de ani, au loc şi astăzi pentru cei ce se roagă cu credinţă! Pe vremea când eram doar un nou credincios şi nu ştiam prea multe despre cuvântul lui Dumnezeu am învăţat numeroase rugăciuni care să mă ajute să îndeplinesc toate lucrările Sale puternice, pe care le-au împlinit profeţii şi apostolii. Pe când am deschis biserica, semnele care-i însoţesc pe cei credincioşi deja se împlineau.

Chiar după înfiinţarea bisericii în anul 1982, aveam doar 30 000 - 40 000 de woni din donaţii (30 – 40 de dolari). Doream să împodobim altarul cu aranjamente florale, dar nu cunoşteam nicio persoană pricepută la aşa ceva şi nici nu ne ajungeau banii pentru flori. În august, cineva a adus un ghiveci cu un copăcel plin de frunze. Deşi nu aveam aranjamente florale, aveam copăcelul care era minunat şi preţios. După câteva săptămâni, frunzele i s-au ofilit şi copăcelul se usca. Mi-a fost milă de copăcel. Oare Dumnezeul care învie morţii mă va asculta dacă mă rog pentru acest copăcel? Cu acest gând în minte, mi-am pus mâna pe copac şi m-am rugat:

- În Numele lui Isus Hristos trezeşte-te la viaţă!

Ziua următoare, când m-am întors în biseircă pentru rugăciunea din zorii zilei, frunzele galbene deveniseră din nou verzi. După încă o zi copăcelul şi-a revenit complet şi avea frunze proaspete. Cei care au văzut minunea s-au bucurat împreună cu mine şi au dat slavă lui Dumnezeu. Eram foarte fericit şi mulţumit după această întâmplare. În septembrie, cineva a oferit bisericii un ghiveci cu crizanteme. Privind minunatele flori mi-a trecut prin minte să fac un test să văd dacă florile s-ar ofili în caz că m-aş ruga să se ofilească. Când Isus a blestemat smochinul, acesta s-a uscat. Dacă m-aş ruga şi aş porunci crizantemei să moară, oare s-ar ofili?

M-am rugat şi am poruncit crizantemei să moară, doar de probă. Dar am simţit o apăsare în suflet. Când m-am rugat în acea seară, am auzit cuvântul Domnului mustrându-mă aspru, deşi nimeni nu mă văzuse când am blestemat floarea.

- *Slujitorul meu, chiar şi o plantă are viaţă şi se află în grija Domnului, cum ai putut să o blestemi? Mă pui la încercare? Slujitorul meu, eşti răuvoitor. Căieşte-te. Nu poţi să binecuvântezi sau să blestemi oricând. Trebuie să o faci doar când eşti insuflat de Duhul Sfânt.*

Eram atât de uluit încât transpiram tot. De îndată am început un post de trei zile şi m-am căit amarnic. De atunci, nici când oamenii mă calomniau, bârfeau sau blestemau nu îi uram şi nici nu mă rugam cu ură împotriva lor. Am luat ca exemplu cuvântul Domnului care s-a rugat pentru cei ce îl urau, binecuvântându-i cu dragostea sa.

## Îndeplinirea „Misiunii mondiale"

*Cheamă-Mă, şi-ţi voi răspunde; şi-ţi voi vesti lucruri mari, lucruri ascunse pe care nu le cunoşti* (Ieremia 33:3). Stăruind pe acest verset, am adunat atâta luptă în rugăciune câtă Iacob la râul Iaboc. Cum mă rugam strigând şi posteam ascultând cuvântul Domnului şi încercând să trăiesc potrivit poruncilor Sale, Dumnezeu şi-a îndeplinit promisiunea. Am ajuns să aud vocea Sa şi din când în când să văd lucruri mari şi minunate. Uneori Dumnezeu îmi descoperea dinainte ce se va întâmpla în ţară sau în lume. Pe când am deschis biserica Dumnezeu mi-a dezvăluit că prin biserica noastră El va îndeplini misiunea mondială într-un mod măreţ şi că vom construi Marele Templu pentru El.

De vreme ce mă numea slujitorul Său, m-am rugat să devin un slujitor care să propovăduiască tuturor oamenilor ajutând la mântuirea multor suflete. Atunci, Dumnezeu mi-a dat sarcina să împlinesc Misiunea mondială şi am ascultat cuvântul Său care spunea:
-*Vei trece munţii, râurile şi mările şi vei înfăptui semne şi minuni.*
De asemenea, mi-a dat poruncă să predic Evanghelia poporului ales, Israel, în zilele din urmă. Mi-a dezvăluit că Evanghelia se va întoarce în patria sa şi chiar evreii, care nu-l

recunosc pe Isus ca Mântuitor, se vor căi.

## Viziunea construirii Marelui Templu

Chiar după inaugurarea bisericii, organizam adunările de vindecare la fiecare serviciu religios de vineri noaptea, iar Dumnezeu a oferit câte unui membru al bisericii darul viziunii în fiecare săptămână. Am verificat personal pe fiecare membru în parte, ca să mă conving că darul primit era cu adevărat de la Dumnezeu. Dumnezeu ne dă darurile Duhului Sfânt fiindcă acestea ne sunt folositoare, dar câteodată oamenii nu primesc darurile Lui, ci lucrarea Satanei, iar viziunile lor sunt cu totul ciudate. De aceea trebuie să desluşim duhurile cât mai corect.

Într-o zi din septembrie 1982, Dumnezeu a trimis o viziune unor membri ai bisericii noastre, mai exact la 17 membri, referitoare la Marele Templu pe care urma să-l construim. Unul a văzut acoperişul, altul interiorul acestuia, altul a văzut partea din spate şi încă cineva a văzut pilonii de marmură. Centrul tavanului se putea deschide în formă de cruce ca să intre lumina soarelui. Amvonul era situat în mijlocul sanctuarului şi se rotea încet. Unul dintre credincioşi m-a văzut predicând în templul plin de oameni.

Notând toate aceste viziuni am consultat un expert şi am proiectat o vedere aeriană a templului. Chiar şi acum avem imaginea vederii aeriene a Marelui Templu pe prima pagină a buletinului informativ săptămânal. Ca să împlinim visul pe care Dumnezeu ni l-a dat la începutul bisericii noastre ne-am rugat neîncetat cu credinţă.

Dumnezeu ne-a explicat de ce este nevoie de Marele Templu la sfârşitul lumii şi cum va fi construit acesta. Marele Templu prin care Dumnezeu va fi slăvit nu poate fi construit doar pentru că avem mijloacele materiale pentru acest sanctuar. Voia lui Dumnezeu este ca templul să fie construit prin copiii Săi care îl iubesc, și-au circumcis inima și se apropie de sfințenie.

## Prima adunare de trezire spirituală în orașul natal

În februarie 1983, am condus prima adunare de trezire spirituală în orașul meu natal. A avut loc la biserica din orășelul Heje, din Cholla Nam-Do regiunea Muan. Dar membrii acestei biserici nu participau la adunări, mai degrabă alți oameni din sate au umplut biserica.

Aveau o poveste de compătimit. O altă biserică din satul vecin, care aparțineau unei mari confesiuni, îi ademenea pe membrii acestei biserici cu bani și aproape toți membrii erau pe cale să se înscrie la acea biserică. Așadar, pastorul acestei biserici a organizat această adunare ca să-i rețină pe membrii care voiau să plece, dar aceștia nu au cooperat și nici măcar nu au participat la adunare. Motivul pentru care nu au venit a fost faptul că pastorul nu a invitat un evanghelist cu renume, invitând în schimb un pastor necunoscut și neordinat numit Jaerock Lee.

Dumnezeu a înfăptuit mari minuni încă de la primul serviciu religios. O femeie care nu putea umbla de zece ani și nu putea dormi din cauza durerilor groaznice pe care le avea a ascultat predica și a câștigat credință. Prin rugăciune a reușit să se ridice, să umble și chiar să sară. Vestea s-a răspândit foarte repede prin satele din împrejurimi, iar din ziua următoare, pastori și credincioși veneau de la distanțe de aproximativ 30 de kilometri.

Adunarea de evanghelizare a continuat cu biserica plină de oameni veniți din diverse locuri.

Mai era o femeie cu cocoașă mare. Era nevoită să umble doar cu capul în pământ. Această femeie mă servea mereu cu ceaiuri calde la fiecare adunare din zorii zilei, din timpul zilei și de seară, chiar și pe vreme rece. De fapt, nu prea îmi plăceau băuturile pe care mi le aducea, dar totuși, gândindu-mă la efortul ei le serveam. Dar, în ultima zi de adunare, spatele ei era complet îndreptat. Multi alți participanți au fost vindecați prin lucrarea divină și dădeau slavă lui Dumnezeu. Doar atunci au început membrii acestei biserici să vadă lucrările minunate ale lui Dumnezeu și au început să conștientizeze greșeala lor. Deci s-au căit față de pastorul lor și au participat la toate adunările care au urmat.

## Poruncind monoxidului de carbon în Numele lui Isus Hristos

Pe atunci, majoritatea caselor foloseau o gamă largă de brichete de cărbune pentru încălzire. În timpul iernii se întâmplau multe accidente. În fiecare zi erau știri referitoare la cei care au murit sau au fost spitalizați din cauza intoxicațiilor cu monoxid de carbon. Pe data de 12 februarie 1983, am ținut serviciul religios de vineri noaptea chiar înainte de Anul Nou Lunar. Pivnița clădirii de atunci era locuința mea care avea dormitoare, o sufragerie, camera portarului și birouri.

Înainte de începerea serviciului de vineri noaptea, un tânăr numit Suk-ki Park s-a gândit că din moment ce în ziua următoare era începutul sărbătorii Anului Nou Lunar nu va merge la biserică în noaptea aceea, ci se va întâlni cu prietenii săi. Şi-a propus să tragă un pui de somn şi pe urmă să se întoarcă la serviciul religios. Astfel, a coborât în pivniţă.

S-a gândit că se va odihni doar puţin, dar a căzut într-un somn adânc. În dormitorul locuinţei noastre dormeau cele trei fiice ale mele. Templul, care avea doar 50 de metri pătraţi, adăpostea peste 150 de persoane, deci nu era spaţiu şi pentru copii. Biserica era ticsită de oameni care participau la serviciul religios. Aceştia stăteau până şi în camerele de rugăciune sau pe treptele de la intrare.

Fiindcă cerul era acoperit de nori grei, monoxidul de carbon nu era evacuat în mod adecvat spre exterior. Şi cum serviciul religios se desfăşura de la orele 23.00 până a doua zi dimineaţă la ora 6.00, tânărul şi fiicele mele au fost expuşi la gaz mortal mai mult de şapte ore. Tânărul a spus că s-a trezit pentru o clipă, dar fiindcă tot corpul îi era amorţit nu s-a putut mişca. După serviciul religios, când credincioşii se întorceau la casele lor, portarul a coborât la subsol şi a fost primul martor al teribilei scene. Când i-a văzut a început să strige:

- Sunt morţi! Sunt morţi!

La acest strigăt cei care mai erau în biserică au mers repede şi le-au adus pe fiicele mele şi pe acel tânăr în biserică. Toţi patru îşi pierduseră cunoştinţa, ochii le erau albi şi aveau spume la gură.

Fiicele mele abia mai respirau, dar tânărul Suk-ki Park nu mai respira deloc. Trupul îi era înţepenit; era mort. Ştiam foarte bine cât de periculos era monoxidul de carbon şi fiincă nu am mai avut o experienţă similară, nu credeam că ar putea fi readuşi la viaţă. Era aproape de neimaginat ca Dumnezeu să-i readucă la viaţă prin rugăciunea mea. Chiar dacă i-am fi dus la spital şi şi-ar fi revenit tot ar fi rămas schilozi pe viață, neputincioşi din punct de vedere psihic sau fizic, pentru tot restul vieții lor.

Tocmai îmi începusem cariera de slujitor al bisericii, iar dacă cineva murea din cauza unui accident chiar după deschiderea bisericii, cum mi-aş fi putut continua păstorirea? Nu puteam suporta ideea de a cădea din grația Domnului prin astfel de nenorociri. M-am apropiat de altar şi m-am rugat:

- Doamne, Tu eşti cel care dai şi iei viața. Îți mulțumesc pentru că fiicele mele sunt cu Tine în rai unde nu mai sunt lacrimi, suferință sau durere. Dar acest tânăr este membru al bisericii şi dacă moare aceasta va fi necinste în fața Ta. Te rog, fă să se trezească din nou la viață!

După ce i-am mulțumit lui Dumnezeu prin rugăciune, mulți credincioşi s-au rugat lui Dumnezeu în genunchi pentru viața acestor copii. Prima dată m-am apropiat de tânărul mort, mi-am pus mâna pe creştetul său şi m-am rugat:

- În Numele lui Isus Hristos, poruncesc ca acest gaz să iasă din tine! Tată, trezeşte acest suflet şi fii lăudat.

Pe urmă, m-am rugat pe rând pentru fiecare dintre fiicele mele. După ce m-am rugat pentru tânăr, m-am rugat pentru fiica mea cea mică, Soojin. În timp ce mă rugam pentru ea, tânărul s-a ridicat şi s-a aşezat lângă scaunele de la cor. Părea foarte buimăcit deoarece nu-şi amintea decât că dormise la subsol. Apoi, pe când mă rugam pentru cea de-a doua fiică, Soojin şi-a recăpătat cunoştința şi s-a ridicat. Nici măcar un minut nu a trecut de când mă rugasem pentru ele şi toate trei şi-au revenit. Credincioşii care priveau toate acestea lăudau pe Dumnezeu plini de emoție sufletească. Mai târziu, tânărul ne-a povestit cum sufletul îi părăsise corpul şi cum a văzut tot ce se întâmpla privindu-ne de sus. A văzut cum portarul l-a dus în biserică şi cum m-am rugat pentru el.

Întrucât monoxidul de carbon distruge celulele creierului, era evident că ei ar fi murit după ce respiraseră monoxid timp de şapte ore. Chiar dacă i-am fi dus la spital şi ar fi supravieţuit, ar fi suferit din cauza efectelor secundare. Dar, fiindcă Dumnezeu le-a vindecat şi le-a curăţat trupul de gazul toxic şi de orice alte efecte nefaste, tânărul şi cele trei fiice ale mele au trăit sănătoşi fără probleme sau efecte secundare datorate intoxicaţiei. Când o încercare precum aceasta se abătea asupra mea, îmi puneam nădejdea doar în Dumnezeu şi nici nu mă gândeam să-mi pun nădejdea în lume. După ce am trecut şi această încercare cu bine, mi-am dat seama că Dumnezeu mi-a dat putere chiar şi asupra lucrurilor fără viaţă, ca de exemplu monoxidul de carbon.

După aceasta, Dumnezeu m-a învăţat cum să alung monoxidul de carbon. Fiindcă la început acest gaz paralizează celulele creierului şi pe urmă nervii din tot corpul, o persoană afectată îşi pierde la început cunoştinţa, iar pe urmă corpul înţepeneşte. Deci, pentru cei intoxicaţi cu gaz Dumnezeu m-a învăţat să mă rog astfel:

- În Numele lui Isus Hristos îţi poruncesc să ieşi prin nări, gură, urechi şi toate celulele, acum! Astfel gazul care paralizează întregul trup se va supune acestei porunci şi va elibera trupul, ieşind repede.

# „Oare n-au fost curăţiţi toţi cei zece? Dar ceilalţi nouă unde sunt?"

### Eu mă rugam, iar Dumnezeu îmi arăta calea

În primii doi ani de la deschiderea bisericii, i-am vizitat pe membrii bisericii şi i-am ajutat cum am putut. Dacă erau credincioşi care nu puteau să participe la serviciile duminicale sau sufereau din cauza greutăţilor, posteam şi mă rugam în timpul nopţii pentru ei şi mă căiam cu lacrimi în numele lor. Majoritatea membrilor locuiau la distanţe destul de mari faţă de biserică. De asemenea mulţi dintre ei nu stăteau prea bine din punct de vedere financiar, iar alţii erau faliţi şi disperaţi.

Până când numărul de membri a crescut până spre o sută, vedeam cine lipsea de la serviciile duminicale doar dintr-o privire. Am postit pentru ei, iar când îmi era greu să-i vizitez eu însumi, trimiteam câţiva slujitori ai bisericii să-i viziteze în numele meu. Am încercat să nu pierd din vedere nici măcar unul dintre sufletele pe care mi le-a încredinţat Dumnezeu.

## Sfătuiți cu dragoste

Cu dragoste, câteodată sfătuiam sau scoteam păcatele membrilor în evidenţă, doar cu dorinţa ca ei să se schimbe şi să sporească în credinţă. Când îmi făceam griji pentru vreun membru şi mă rugam vreo zece minute pentru acea persoană, Dumnezeu îmi descoperea problemele familiale sau de la serviciu ale persoanei respective.

Într-o duminică, un credincios care nu lipsea niciodată de la serviciul religios, nu era prezent. Nu am putut să mă abţin să nu-mi fac griji pentru el. M-am rugat:

- Doamne, acest membru al bisericii nu a participat la serviciul de duminică. Ce s-a întâmplat cu el?

Dumnezeu mi-a descoperit că acel credincios se afla într-o cârciumă în acea duminică. După câtva timp i-am spus ce mi s-a descoperit pentru că eram convins că nu se va simţi ofensat. Atunci, s-a înroşit la faţă, dar totuşi a recunoscut.

Era un membru care a participat doar la serviciul de dimineaţă şi nu l-am mai văzut la adunarea de seară. El ţinea întotdeauna Sabatul cum se cuvine. Când m-am rugat pentru el, Dumnezeu mi-a descoperit că acesta se afla la un pahar, la o petrecere de nuntă. După câteva zile i-am spus:

- O anumită persoană a insistat de mai multe ori să bei un pahar. Ai refuzat de câteva ori, dar pe urmă ai cedat şi ai început să bei. S-a înroşit la faţă şi era foarte stânjenit.

Totuşi, în situaţii ca acestea simţeam că membrii care păcătuiau începeau să se teamă de mine şi să mă evite. Cum vedeam că aceştia săvârşeau păcate, înşelau sau erau adulterini, aveam inima zdrobită şi mă rugam cu lacrimi lui Dumnezeu.

Într-o zi, în timpul rugăciunii L-am auzit pe Dumnezeu spunându-mi:

*- Nu cerceta situația în care se află credincioșii tăi în prezent. Privește-i cu ochii credinței și așteptării ca ei să se schimbe în viitor. Dacă te înșeală, ascultă-i, dar nu încerca să afli mai multe... Dacă cercetezi starea prezentă a membrilor tăi, inima ți se va frânge, sufletul ți se va prăbuși și astfel nu vei mai putea să-ți continui chemarea.*

De atunci, am lăsat totul în voia lui Dumnezeu și nu m-am mai rugat să aflu ce fac membrii bisericii mele.

Nu veneau la biserică doar oameni din toată țara ca să primească vindecarea, ci și cei care căutau cuvântul vieții cu sete spirituală. Unii își dedicau viața lui Dumnezeu pentru a primi răsplata cerească după ce problemele li se rezolvau și erau vindecați, iar alții reveneau în sânul lumii căutând fericirea lumească și propriul lor câștig.

## Alungarea idolilor și ieșirea la lumină

Kyeongsoon Park aparținea unei familii care venera idoli înaintea de a se încreștina. Soacra ei avea o fiică cu mintea slabă pentru care făcea câte un ritual de exorcism o dată pe lună crezând că-și va vindeca fiica.

De asemenea, punea multe amulete și farmece pe mobilă, în perne sau chiar pe tavan. Le punea prin toate colțurile casei.

La câtva timp după deschiderea bisericii, am vizitat această casă pentru sfințirea acesteia. Am văzut obiectele demonice și i-am spus :

- Precis mai ai amulete prin casă.

- Nu. Domnule pastor, le-am aruncat pe toate. A insistat ea.

Am repetat:

- Mai este un demon în casă care nu vrea să plece. Precis mai sunt amulete și farmece. Găsește-le și arde-le.

Când Kyeongsoon Park a răscolit din nou casa, a mai găsit farmece. Întreaga familie a aruncat idolii, s-a înscris la biserică și au început să trăiască în Hristos. Kyeongsoon Park a fost vindecată de o boală de inimă de care suferea de foarte mult timp. Soacra acesteia s-a vindecat de probleme de stomac.

## Un tânăr suferind de tuberculoză în stadiu final

Foarte mulți oameni sufereau de tuberculoză în perioada aceea. Daehee Cho din Kwangju a suferit de tuberculoză când era în liceu. A luat medicamente de la centrul pentru sănătate publică și și-a revenit, dar când a intrat la colegiu a început să bea și să fumeze, iar boala a recidivat. Deși a mai încercat să ia din nou acele medicamente, acestea nu și-au mai făcut efectul. Mama sa a cumpărat orice leacuri despre care se spunea că sunt bune în această boală. Printre leacuri erau șerpi, carne de pisică, ficat crud, zeamă de fecale umane și chiar medicamente pentru lepră. Au mai făcut și exorcizări, i-au dat să mănânce placentă și carne de pe un cadavru din cimitir fiindcă cineva le-a spus că sunt bune de „leacuri".

În ianuarie 1982 a fost diagnosticat la Spitalul Severance al Universității Yonsei. Plămânii îi erau deja prea afectați și nu se întrezărea nicio speranță de vindecare. A fost internat în spital, însă starea lui de sănătate nu s-a ameliorat. Mama sa a renunțat şi voia să-l scoată din spital. Pe când se afla în acest stadiu, bunica sa l-a vizitat. Bătrâna locuia lângă biserica Manmin. Deşi nu frecventase biserica niciodată, a văzut că mulţi bolnavi participă la slujbe şi primesc vindecarea. I-a vazut pe cei care se vindecaseră, de aceea a insistat ca nepotul ei să meargă la biserica Manmin. Pe data de 13 martie 1983, Daehee Cho a participat la serviciul religios de vineri noaptea. Pentru el aceasta era ultima speranţă. Era atât de slab încât ochii îi ieşeau din orbite.

Însoţit de mama sa, a participat la adunările pentru bolnavi în fiecare zi şi a postit timp de trei zile. În cea de-a treia zi Dumnezeu i-a dat duhul căinţei şi s-a căit pe deplin şi amănunţit de trei ori. În cea de-a treisprezecea zi de participare la serviciile religioase Daehee Cho se simţea deja vindecat. După întâlnirea de rugăciune din zorii zilei s-a dus la baie să expectoreze. Nu era sânge, deşi ziua trecută mai scuipase sânge. În ziua aceea flegma nu mai era cu sânge. Durerea ascuţită din piept dispăruse şi nu mai simţea nevoia de a expectora, iar flegma îi era curată. Mai târziu a fost chemat ca slujitor a lui Dumnezeu, iar acum îşi desfăşoară activitatea de îndrumare ca pastor asistent al bisericii noastre.

## M-am rugat pentru vindecarea tuturor bolnavilor

La început, când bolnavii veneau la biserică mă rugam ca ei să se vindece pe loc. Credeam că era cel mai bine pentru ei să experimenteze binecuvântarea Domnului şi să fie eliberaţi de jugul bolilor. Mă rugam doar atât :

- Doamne, vindecă-i pe toţi aceşti bolnavi de îndată ce intră în casa Ta.

De fapt, Dumnezeu îmi răspundea după cum mă rugam.

Orice bolnav care venea la biserică era tămăduit numaidecât. Dar curând am realizat că nu se vedea rodul mântuirii, care era, de fapt, lucrul cel mai important. Mulți dintre ei îl părăseau pe Dumnezeu după ce erau vindecați.

Odată, un cuplu căsătorit a participat la un serviciu religios de vineri noaptea. Mi-au spus că soțul s-a rănit la tendon în timpul unui accident de mașină. Nu putea umbla bine și avea niște dureri încât nici nu putea sta în picioare în timpul serviciului religios. Duhul Sfânt m-a insuflat și m-am rugat prin punerea mâinilor. Chiar după rugăciune, s-a ridicat în picioare și a sărit. Dar după ceva vreme nici nu a mai venit la biserică.

Un pastor de la biserică i-a făcut o vizită, iar el i-a răspuns:
- Nu e destul că am fost la serviciul religios de câteva ori cu mintea recunoscătoare pentru că am fost vindecat? Îmi dă cineva vreun ban dacă mă duc la biserică?
Și cu acestea nu a mai venit niciodată la biserică. Nu simțea că trebuie să mai meargă la biserică din moment ce era deja sănătos. Dacă Dumnezeu nu l-ar fi vindecat el nu ar fi fost capabil să muncească. Dumnezeu i-a dat viață și l-a binecuvântat, dar fiindcă acest om nu cunoștea cuvântul vieții a căutat doar câștigul său.

A venit la mine un cuplu care aveau un copilaș născut în luna a șaptea. Copilașul era într-un incubator al spitalului de trei luni, iar starea lui nu se îmbunătățea. Doctorul le-a spus că nu mai e nicio speranță. Tatăl copilului a spus:
- Când copilul va împlini un an vom da o petrecere și vom chema pe toți membrii bisericii să participe.
Din moment ce părinții copilului și-au dat seama că medicina

nu poate face nimic, au adus copilul la biserică. M-am rugat pentru acesta prin punerea mâinilor, a fost vindecat şi a devenit perfect sănătos după cincisprezece zile.

- Domnule pastor, vă mulţumesc din suflet. La prima aniversare a copilului vă voi invita pe dumneavoastră şi pe slujitorii bisericii la petrecere.

- Sigur, chiar vă rog.

Tatăl copilului era atât de fericit pe atunci fiindcă bebeluşul îşi revenise, încât el însuşi a propus acea petrecere. Însă treptat, treptat a început să lipsească de la serviciile duminicale, iar când prima aniversare a bebeluşului a sosit, a dat o petrecere la care şi-a invitat doar familia şi cunoştinţele.

Un tânăr din Kang-won Do era foarte sănătos, însă era extrem de lăudăros. Când asculta predicile din biserică se căia. M-am rugat pentru acest tânăr pentru a alunga demonii din el, iar în timpul rugăciunii a căzut pe jos şi avea spume la gură. Cum demonul ieşise din el, tânărul a devenit o persoană normală cu un caracter plăcut. Dar s-a întors l-a biserica sa şi nu l-am mai văzut de atunci.

La fel, o doamnă în vârstă şi-a pierdut vederea încât era aproape oarbă. Auzind zvonuri despre biserica noastră, membrii familiei sale au însoţit-o la biserică şi astfel şi-a recăpătat vederea. Dar la câtva timp după ce fusese vindecată, au părăsit biserica.

# Nu mai păcătui !

În Evanghelia după Ioan 5:14, după ce vindeca un bolnav Isus îl înâlnea la templu şi-i spunea: *Iată că te-ai făcut sănătos; de acum să nu mai păcătuieşti, ca să nu ţi se întâmple ceva mai rău.* Întrucât au fost vindecaţi prin dragostea şi puterea lui Dumnezeu, ar trebui să trăiască acum după cuvântul Său şi ar trebui să dea mulţumire pentru binecuvântările primite. Dar dacă iarăşi păcătuiau cum putea Dumnezeu să-i ocrotească? Fiindcă Dumnezeu a trebuit să-şi întoarcă faţa de la ei şi nu-i mai putea ocroti, s-au îmbolnăvit din nou prin lucrarea Satanei, iar pentru că au nesocotit harul Domnului s-au îmbolnăvit chiar mai grav decât înainte.

## Suntem ocrotiţi când trăim după cuvâtul biblic

Un astfel de incident s-a întâmplat în luna noiembrie a anului 1982. Pe atunci, când ţineam serviciile religioase de vineri noaptea acestea durau până pe la ora şase dimineaţa. Puţin după miezul nopţii un cuplu a intrat în biserică purtând pe braţe o fetiţă de cinci ani. Fetiţa striga din cauza durerilor groaznice. Locuia în Busan şi a fost diagnosticată cu cancer pancreatic în stadiu final.

Doctorii au încercat să o opereze, dar fiindcă tumora era prea mare nu au reuşit să facă operaţia. Iar pentru că tumora creştea în stomac, suturarea ar fi fost riscantă. Astfel, doctorul a realizat o cusătură specială cu aţă chirurgicală strânsă superficial pe stomacul ei. Era o privelişte oribilă.

O chema Wonmi. Lua morfină de mai multe ori pe zi. Era sigurul mod prin care putea să îndure durerea. Cu masca de oxigen pe față, Wonmi era pe moarte. Mătușa ei, sora tatălui ei, i-a convins pe părinții ei spunând:

- Frate, în Seul e o biserică plină de harul Domnului. Haide să o ducem acolo să se roage pastorul pentru ea. Dumnezeu o va vindeca pe Wonmi.

Părinții fetei renunțaseră deja și nu mai aveau nicio speranță, așa că au ascultat-o. Au luat-o pe Wonmi și au adus-o în Seul, la biserică.

M-am rugat pentru Wonmi timp de 15 zile. Când m-am rugat prin punerea mâinilor pentru prima dată, durerea i-a dispărut. După câteva zile lucrările de vindecare se desfășurau în mod vădit. Durerea dispăruse și stomacul umflat a revenit la normal. I-am sfătuit pe părinți să meargă la spital ca să-i fie scoase firele. Nu s-au dus l-a spital, ci i-au scos ei înșiși firele, cu încredere. În mod miraculos, Dumnezeu a făcut ca rana deschisă să se închidă și să se vindece de la sine, în câteva zile.

Wonmi era pe punctul de a muri în dureri groaznice, dar acum era vindecată în aproximativ zece zile. A învățat imnurile de slavă și dansurile de la școala duminicală, a cântat și a dansat cu prietenii ei. Cei care o priveau erau foarte fericiți să o vadă sănătoasă. Era deșteaptă și îndrăgită de mulți dintre credincioși.

Au stat în biserică timp de cincisprezece zile și m-am rugat pentru ei, iar mai târziu s-au întors la casa lor. În timp ce mă rugam pentru părinții ei, am auzit cuvântul Domnului:

*- Când se vor întoarce acasă trebuie să țină Cele zece porunci și fiica lor va crește sănătoasă. Dar, dacă nu vor respecta poruncile, Îmi voi întoarce fața de la ei.*

I-am sfătuit:

- Trebuie să țineți Sabatul, să dați zeciuială cât se cuvine și să slujiți Domnului. Dumneavoastră, părinții, trebuie să respectați Cele zece porunci pentru ca fetița să fie mereu sănătoasă.

- Mulțumim, domnule pastor! Bineînțeles că vom respecta acestea. Nu cred că biserica are încă un autobuz al ei. Când voi ajunge acasă vă voi trimite un autobuz pentru biserică, a spus tatăl fetei.

Dar la puțin timp după aceea am auzit că fetița murise. După ce au ajuns acasă, părinții lui Wonmi au frecventat biserica la început, dar pe urmă nu au mai ținut ziua Domnului. Trebuie însă să mulțumim Domnului pentru că sufletul lui Wonmi a fost salvat și ea va trăi fericită în împărăția cerească unde nu sunt nici lacrimi, nici dureri.

## Doamne, vindecă-i după credința lor!

Cum eram la începutul slujirii mele ca pastor, aveam inima zdrobită când vedeam că oamenii renunță la harul lui Dumnezeu, părăsesc biserica și se întorc la cele lumești.

Cu inima îndurerată, am strigat vărsând multe lacrimi în rugăciunea mea, iar într-o zi am auzit vocea Domnului:

- Tată ceresc, ei te-au întâlnit, au văzut lucrarea Ta și s-au însănătoșit. Cum pot să te părăsească astfel?

- *Slujitorul meu, când i-am vindecat pe cei zece leproși, nouă dintre ei au plecat și numai unul s-a întors să laude pe Dumnezeu. La fel, când îl rogi pe Tatăl și îi vindeci prin credința ta, dacă nu au adevăr și viață în ei, vor părăsi biserica. Așadar, dacă au credinţă şi ascultă cuvântul, nu vor pleca. Atunci când sunt vindecaţi prin credinţa lor, nu vor părăsi biserica. Fiindcă te-ai rugat, i-am vindecat prin puterea ta, dar acum schimbă cuvintele rugăciunii tale. Roagă-te să fie vindecaţi după credinţa lor.*

Scopul final al vieţii noastre creştineşti este mântuirea sufletului şi intrarea în împărăţia cerească. În consecinţă, cel mai important lucru este să cunoaştem voia lui Dumnezeu şi să avem credinţă ca să fim primiţi în împărăţia cerească. Când Isus i-a vindecat pe cei zece leproşi, doar unul dintre ei s-a întors la Isus şi a dat slavă lui Dumnezeu (Luca 17:11-19). Ceilalţi nouă l-au părăsit pe Dumnezeu şi s-au întors în lume. Numai unul a fost mântuit.

Oamenii vin la biserică fiindcă au boli sau alte probleme, dar după ce participă la serviciul religios, ascultă predica şi ajung să cunoască voia lui Dumnezeu, câştigă viaţă şi credinţă. Este voia Lui ca ei să se vindece atunci când primesc Duhul Sfânt, cred în rai şi în iad şi au credinţa că vor fi mântuiţi. Dacă sunt vindecaţi fără credinţă, în afară de cei care au conştiinţa puternică, majoritatea lor se vor întoarce la cele lumeşti. La sfârşitul lumii aceştia nu vor fi mântuiţi. Astfel, de atunci mi-am schimbat rugăciunea spunând:

- Doamne, vindecă-i după credinţa lor!

Dumnezeu îşi arăta cu adevărat lucrările de vindecare atunci când ei aveau credinţă.


### Credinţa care stăpâneşte şi vremea

În 1 august 1983, am avut o primă tabără religioasă în insula Daebu lângă Inchon. Însă în noaptea dinaintea plecării ploua cu găleata, cu tunete şi fulgere puternice. Feribotul cu destinația insula Daebu pleca doar o dată pe zi. L-am întrebat pe Dumnezeu:

- Doamne, cum putem să mergem în tabără prin ploaia aceasta? Te rog, oprește ploaia!

Am stabilit să pornim pe la cinci dimineața de la biserică, de aceea câțiva studenți care locuiau mai departe, în acea noapte au dormit în templu. Voiam și eu să dorm puțin, dar nu reușeam din cauza furtunii zgomotoase. Stăteam întins, dar nu puteam să dorm. Mă rugam, iar pe la ora trei dimineața am auzit vocea Duhului Sfânt care îmi spunea să nu-mi fac griji. Pe la ora patru am urcat în templu ca să conduc rugăciunea de dimineață și câțiva adulți erau deja prezenți la rugăciune. În jurul orei cinci, furtuna devenise și mai cumplită. Tunetele și fulgerele s-au întețit, ploaia lovea cu putere în ferestre.

- Haideți să ne rugăm împreună pentru ca să înceteze ploaia, le-am sugerat eu.

De vreme ce au fost martorii multor semne miraculoase în timpul serviciilor religioase de vineri, studenții și adulții erau tari în credință. Cei prezenți în biserică s-au rugat cu convingere vreme de câteva minute, dar tunetele și fulgerele au continuat.

Am auzit din nou glasul Domnului:
- Nu te teme, ia-ți bagajul și coboară la parter. Când cineva va păși pe pământ, ploaia se va opri!

Când le-am dezvăluit clar mesajul divin, toți au răspuns cu un „Amin". Toți s-au ridicat și au coborât la parter. Când prima persoană din grup a pășit afară, ploaia torențială s-a oprit numaidecât. La fel și tunetele și fulgerele. Prin această întâmplare, Dumnezeu ne-a sporit darul credinței.

# Primind explicațiile referitoare la pasajele biblice dificile şi „Mesajul crucii"

După deschiderea bisericii, am fost invitat să predic la multe adunări de evanghelizare. Am propovăduit cuvântul ca să sădesc sămânţa credinţei în fiecare dintre participanţi, precum şi pentru a le oferi ocazia să înţeleagă iubirea lui Dumnezeu. De câte ori mă rugam pentru cei bolnavi, mulţi oameni primeau vindecarea. Schiopii umblau, iar orbii îşi recăpătau vederea. Se întâmplau multe minuni. Dumnezeu mă învăţa ce să predic la aceste adunări de trezire spirituală. Predicam despre Isus Hristos, Dumnezeu Tatăl, credinţa adevărată şi viaţa veşnică, miracole, înviere, a doua venire a Domnului şi despre împărăţia cerească.

De obicei, adunările se succedau de luni până joi. Începeau pe la orele 18.00, iar pe la 19.30 începea predica. Continuam până pe la unsprezece noaptea sau chiar până la miezul nopţii pentru că pastorii şi participanţii mă rugau să vorbesc în continuare. După serile de rugăciune, dormeam câteva ore, iar pe urmă conduceam adunarea din zorii zilei. În anul 1983, am călătorit în toată țara predicând la adunările de trezire spirituală. Într-o zi, Domnul mi-a spus să nu mai predic la adunările de trezire, ci să merg în munți și să mă rog.

Voia să-mi explice pasajele din Biblie care erau mai greu de interpretat. De șapte ani mă rugam să aflu înțelesul acestor pasaje dificile și în sfârșit primeam răspunsul Domnului. Așadar, din luna mai a anului 1983, am încetat să predic la adunări și m-am retras pentru rugăciune în muntele Kwangju din Kyeong-gi Do. După serviciul religios de duminică seara, mergeam acolo să mă rog toată ziua, iar vinerea mă întorceam pentru serviciul religios de vineri noaptea. Acest stil de viață a continuat mai mulți ani.

## Supraviețuind iernilor friguroase și verilor fierbinți

În timpul verii, soarele ardea cu putere, iar în timpul iernii temperaturile ajungeau și la -10 sau -15 grade Celsius. Însă îmi așterneam pe stâncă o pătură militară și mă rugam strigând către rai. Chiar și în timpul iernii urcam muntele și mă rugam de dimineața până seara. Mă luptam cu frigul în fiecare zi. Dacă temperatura era mai scăzută de -10 grade Celsius, nu transpiram deloc, chiar dacă strigam și mă luptam din toate puterile în timpul rugăciunii.

Deoarece nu aveam bani, nu-mi puteam permite o locuință încălzită și confortabilă. Aveam doar o brichetă de cărbune pe zi. Aerul din cameră era rece. Hârtia din ferestre era ruptă și vântul rece pătrundea înăuntru. În cameră, aveam cerneală cu care puteam așterne pe hârtie explicațiile Domnului referitoare la pasajele biblice dificile. Camera era atât de friguroasă încât cerneala îngheţa. Trebuia să o topesc cumva înainte de a scrie. Fiindcă nu aveam o pătură ca lumea, dormem foarte incomod, învelit cu o pătură militară. Mă trezeam dimineaţa foarte devreme şi mă întorceam la templu pentru a participa la serviciul religios din zorii zilei. După ce luam micul dejun, mă reîntorceam pe munte şi mă rugam toată ziua.

## Explicaţiile pasajelor biblice cu multe subânţelesuri

Câteodată spărgeam gheaţă şi mă spălam cu apa rece. Pe urmă, mă rugam şi citeam Biblia toată ziua. La orele 19.00, oamenii participau la programul de seară. Era linişte. Atunci, mă duceam în camera mea de rugăciune şi mă rugam profund, transpirând tot. Dumnezeu mi-a explicat versetele biblice pentru care mă rugasem întreaga zi să mi se descopere. Mi-a explicat pasaje de la începutul Bibliei, pe care mi-era greu să le înţeleg. Această învăţătură divină era mai dulce decât mierea. Aceste versete erau mai ales un izvor al voii infinite şi de necuprins a lui Dumnezeu. Să analizăm doar un pasaj din aceste versete. În Evanghelia după Ioan, capitolul 2, Isus a participat la nunta din Cana şi a transformat apa în vin. De obicei, o nuntă este un prilej în care oamenii mănâncă şi beau cu lăcomie. Ne putem întreba cum de Isus, care a venit să mântuiască omenirea, a participat la un astfel de ospăţ şi a dezvăluit primul semn al păstoririi sale la această nuntă.

Ospăţul de la nuntă, reprezintă sfârşitul lumii când oamenii vor bea şi vor mânca, iar păcatul va stăpâni lumea. Această primă minune săvârşită de Isus dezvăluie începutul şi prefigurează sfârşitul păstoririi Sale. Isus a fost invitat la nunta din Cana, iar aceasta înseamnă că a fost invitat în lume pentru a fi crucificat. S-a supus lumii şi lumea l-a crucificat. Apa din urcioare este de fapt apa vieţii veşnice (Ioan 4:14) şi reprezintă cuvântul lui Dumnezeu care e dătător de viaţă veşnică. Cuvântul este Isus Hristos, care a venit în această lume în chip de om. Vinul reprezintă sângele scump al Mântuitorului. Este simbolul lui Isus - Cuvântul întrupat - care va fi crucificat şi-şi va vărsa scumpul sânge în viitor. Isus care a venit în lumea plină de păcate îşi va da trupul sfânt pe cruce şi va vărsa sânge şi apă pentru noi. Acest verset ilustrează patimile Domnului şi dragostea Sa pentru noi.

Schimbarea apei în vin este simbolul sângelui vărsat pe cruce care va fi dătător de viaţă veşnică. Vinul pe care l-a făcut Isus la nunta din Cana era suc curat de struguri fără niciun pic de alcool, şi totuşi, oamenii cum îl gustau îl considerau cel mai bun vin. Acest vin simbolizează fericirea oamenilor şi speranţa vieţii în regatul ceresc, când vor fi curăţaţi de păcate prin sângele lui Hristos

În cele din urmă Evanghelia după Ioan (2:11) spune: *Acest început al semnelor Lui l-a făcut Isus în Cana Galileea. El şi-a arătat slava Sa, şi ucenicii Lui au crezut în El.* Aici, „şi-a arătat slava" face legătura cu cele patru Evanghelii care menţionează că Isus va pătimi pe cruce, dar în cea de-a treia zi va birui moartea şi va învia spre slava Sa. Aşadar, chiar şi cea mai simplă expresie este purtătoare de semnificaţii.

Când Isus a fost crucificat, ucenicii săi s-au ascuns şi chiar dacă oamenii care l-au văzut viu le-au spus că Isus a înviat, ei nu au crezut. Au crezut numai după ce li s-a arătat Isus. Ucenicii nu au crezut în Isus după prima manifestare a minunilor păstoririi sale, ci doar când Domnul şi-a arătat slava şi după ce a fost crucificat a biruit moartea prin înviere. Acum putem să înţelegem că acest prim semn al minunilor Sale nu s-a petrecut doar pentru a celebra o nuntă din lumea fizică.

### „Mesajul crucii", secretul ascuns dinainte de facerea lumii

Pe măsură ce începeam să înţeleg harul şi iubirea Domnului când citeam cele patru Evanghelii despre păstorirea lui Isus, abia puteam să continui lectura deoarece îmi curgea nasul din cauza atâtor lacrimi pe care le vărsam. Îmi venea să plâng când citeam scena în care Isus a fost adus în faţa lui Pilat, a fost biciuit, a purtat coroană de spini pe cap şi a fost crucificat. Plângeam cu lacrimi amare, pentru mult timp. Nu mă puteam opri din plâns şi eram nevoit să închid Biblia.

Chiar dacă încercam să mă abţin, îmi lua mult timp să citesc numai cele patru Evanghelii. După mulţi ani de la deschiderea bisericii plângeam ori de câte ori citeam Biblia. De asemenea, de abia puteam să particip la Cina Domnului fără să plâng. Dar, după un timp, am reuşit să-mi stăpânesc lacrimile deoarece am înţeles pe deplin ce mulţumire şi ce binecuvântare este faptul că Isus şi-a asumat drumul crucii ca drum al mântuirii noastre. Puteam acum să citesc Biblia şi să particip la Cină cu bucurie şi mulţumind Domnului. Primind taina „mesajului crucii", pe care Domnul mi-a revelat-o prin inspiraţie, am realizat şi mai profund cât de mare era dragostea lui Dumnezeu pentru oameni.

Era anul 1983 când Dumnezeu mi-a descoperit „mesajului crucii", în timp ce mă rugam la muntele Kwangju. Mi-a explicat de ce Isus este singurul nostru Mântuitor, de ce putem fi mântuiţi când credem în Mesia, de ce Dumnezeu a aşezat în Grădina Edenului copacul cunoaşterii binelui şi răului şi de ce Dumnezeu ne lasă, pe noi oamenii, să trăim pe acest pământ. Mi-a revelat acest „mesaj al crucii" ca fiind o mare taină încă dinainte de facerea lumii. Mi-a descoperit şi taine despre tărâmul spiritual consemnat în Cartea Facerii.

Dumnezeu m-a ajutat să înţeleg şi să-mi notez în profunzime aceste înţelesuri ascunse şi calea prin care putem face parte din esenţa divină prin „Cele nouă roade ale Duhului Sfânt", „Fericiri" şi „Dragoste spirituală".

### Cum pot să-mi hrănesc turma prin Cuvântul Sfânt?

Dacă mă rugam în acelaşi loc, o perioadă mai îndelungată, veştile se răspândeau repede şi oamenii veneau ca să primească binecuvântarea mea. De vreme ce mă cunoşteau din ce în ce mai mulţi oameni, eram nevoit să mă mut în alt loc. Pentru a dialoga cu Dumnezeu prin rugăciune, la fel cum a scris apostolul Ioan Cartea apocalipsei în Insula Patmos, şi eu aveam nevoie de un loc izolat departe de cele lumeşti.

Aşadar, m-am dus într-un loc din Kangwon Do sau în Jochiwon. Când mă rugam în timpul zilelor sufocante de vară fără vreun ventilator, eram ud leoarcă de transpiraţie, dar nu simţeam discomfort şi nu mă plângeam.

Mă chinuiau două întrebări: „Cum să-mi ajut turma să înţeleagă corect voia Domnului şi cum să o hrănesc cu mesaje spirituale care să o îndrepte spre credinţa desăvârşită?" şi „Cum să mă rog mai mult şi să primesc puterea lui Dumnezeu pe care au primit-o proorocii şi apostolii pentru a fi în stare să împlinesc misiunea mondială şi să construiesc Marele Templu?" Fiindcă eram atât de concentrat pentru a împlini aceste scopuri, nu aveam timp să mă gândesc la alte lucruri.

În luna mai a anului 1984, înainte cu câteva zile de aniversarea mea, prim-diaconeasa Geumsun Vin-în prezent lidera Marelui grup misionar al femeilor unite-mi-a pus la dispoziţie o casă care aparţinea unei rude de a ei din Kangwon Do, unde m-am rugat pentru o perioadă de timp. Puteam ajunge acolo doar cu ajutorul unei bărci cu vâsle.

Vinerea, trebuia să mă întorc în Seul şi să predic mesajele divine la serviciul religios din timpul nopţii şi la serviciile duminicale, însă Dumnezeu m-a insuflat să ramân acolo şi să postesc timp de trei zile. După cele trei zile de post, Dumnezeu mi-a descoperit tainele tărâmului spiritual şi ale regatului ceresc, până la cel mai mic detaliu. Aş fi putut să-mi petrec ziua de naştere cu membrii bisericii, într-un mod mai vesel şi lumesc, însă era mult mai preţios şi minunat pentru mine să primesc un dar mare de la Dumnezeu după post şi rugăciune. Tainele împărăţiei cereşti pe care mi le-a descoperit Dumnezeu, au alcătuit un mesaj foarte vast. A reunit multe versete îngemănate din Biblie şi l-am predicat, vreme de mai mulţi ani, la serviciile duminicale de dimineaţă, iar mai târziu am scris o carte publicată în două volume cu detalii ale acestui mesaj.

### Chiar şi vecinii din piaţă spuneau: „Mergeţi la biserica Manmin"

Lângă biserică era o piaţă. Fiindcă biserica era situată la capătul pieţei, oamenii erau nevoiţi să treacă prin piaţă când coborau din autobuz ca să ajungă la biseică. Astfel, vânzătorii din piață îi vedeau pe oameni purtând copii aflați în stare de urgență, ca de exemplu starea din urma unui accident de mașină.

În prezent există autobuze în Coreea, dar pe vremea aceea erau o raritate. Ori de câte ori vânzătorii vedeau pacienți accidentați spuneau:

- Merg la pastorul bisericii Manmin.

Când aceiași oameni se vindecau în două trei zile și treceau prin piață la cumpărături, vânzătorii erau foarte surprinși.

- Nu pe dumneavoastră vă duceau ieri pe o targă?

- Ba da.

- Și cum de acum umblați fără probleme?

- Am fost vindecat ieri, prin rugăciune.

Fiindcă vânzătorii vedeau astfel de lucruri foarte des, au recunoscut faptul că Dumnezeu există. Dar când le predicam Evanghelia, spuneau că știu că există Dumnezeu, dar sunt prea ocupați ca să-și câștige traiul și din această cauză nu participă la adunări. Deși nu frecventau biserica, când vedeau pe vreun bolnav îi spuneau acestuia să meargă la biserica Manmin.

# Domnul a lucrat împreună cu noi

## Cel de-al doilea Templu

Cam la un an după deschidere, nu mai era loc în templu pentru atâția oameni. În timpul serviciilor divine, camerele de rugăciune, culoarul și chiar sufrageria, erau ticsite de lume. Pur și simplu nu mai era spațiu. Astfel că ne-am rugat pentru mutarea într-un loc mai spațios.

Ne trebuia un spațiu de cel puțin 650 de metri pătrați, dar credința membrilor bisericii nu era atât de mare. Când m-am rugat pentru noul templu, Dumnezeu mi-a promis astfel:

- *Du-te și construiește un adăpost temporar într-un loc disponibil. Se va prăbuși, dar ridică-l din nou. Iar se va prăbuși. După aceasta îți voi descoperi providența Mea.*

În luna septembrie a anului 1984, era un loc neocupat pe acoperișul unei clădiri cu un singur etaj, aproape de piață. Dumnezeu mi-a spus să ridic acolo un adăpost temporar fără să le spun membrilor că planul va da greş. Bineînţeles, după lege era interzis să construieşti o locuinţă permanentă desupra plafonului unei case. Le-am explicat doar că aceasta era voia Domnului să construim acolo o locinţă temporară şi i-am lăsat să înceapă construcţia. Proprietarul clădirii a fost de acord şi ne-a spus ca va încerca el să obţină de la birourile administrative aprobarea de construcţie a unei locuinţe temporare.

După gândirea umană, era foarte greu de acceptat construirea unei locuinţe temporare pe un acoperiş, precum şi utilizarea acesteia ca şi loc de rugăciune. Dar fiind cuvântul Domnului la mijloc, eu doar m-am supus. Ştiam şi faptul că această clădire se va prăbuşi de îndată ce va fi terminată. După ce credincioşii au aşezat cărămizile, muncitorii administraţiei publice au venit şi au demolat construcţia într-o clipă. După ce am construit-o din nou, ei iarăşi au demolat-o. În această situaţie, câţiva credincioşi s-au plâns, dar majoritatea lor căutau pe Dumnezeu şi se rugau cu sinceritate şi cu inimile înfrăţite. Proprietarii, care au văzut toate acestea s-au gândit, „Administraţia de stat trebuie să fie implicată chiar aşa de mult?" şi au început să le fie milă de biserica noastră. Chiar şi vânzătorii din piaţă erau conştienţi de lucrările lui Dumnezeu manifestate în biserica Manmin. Deoarece membrii noştri treceau printr-o situaţie dificilă, dorinţa arzătoare de a construi un un nou templu a crescut şi astfel inimile noastre erau unite în acelaşi scop. Astfel, Domnul ne pregătea deja o nouă biserică.

Până atunci, nu am găsit nicio clădire pe care am fi putut să o folosim ca şi biserică. Dar în apropiere, se afla o clădire de aproximativ 650 de metri pătraţi, care era deja ridicată şi pe care o puteam închiria. Dumnezeu ne-a călăuzit să ne mutăm acolo. Pe atunci, aveam vreo 300 de membri, dar suma din donaţii nu ajungea nici măcar pentru scopurile misionare. Majoritatea membrilor nu erau foarte bogați, astfel că nu era ușor să pregătim nici măcar câteva milioane de woni. Așadar, dacă de la început le-aș fi sugerat membrilor să ne mutăm într-o clădire de 650 de metri pătrați, aceștia nu ar fi fost mulțumiți. Doar pentru chirie aveam nevoie de 40 de milioane de woni (40 000 de dolari americani). Iar pentru a transforma clădirea în templu mai aveam nevoie de încă 20 de milioane de woni. Era ceva greu de realizat cu credința pe care o aveau membrii noștri. Dar cum aceștia treceau printr-o perioadă de încercare, dorința lor de a avea o biserică mai mare a crescut și se rugau cu inimile înflăcărate și cu gândurile și forțele unite. La un moment dat, adunasem întreaga sumă necesară pentru a ne muta în noul sanctuar. În sfârșit, pe data de 31 decembrie 1984, am închiriat clădirea din Dae-Bahng Dong, Dong-jak Gu și om oficiat primul serviciu religios acolo. Prin aceste încercări Dumnezeu a sporit credința membrilor bisericii.

## Înființarea organizațiilor bisericii

Biserica a crescut repede ca număr de membri, pentru că Dumnezeu trimitea tot mai mulți credincioși. Credința noilor membri creștea și ea datorită lucrărilor puternice ale lui Dumnezeu care ne însoțea prin semne și minuni ce aveau loc în mod constant. Unii veneau la biserică doar ca să primească vindecarea, dar erau mulți care veneau însetați și în căutarea cuvântului dătător de viață.

În luna octombrie a anului 1983 a fost înființat Centrul de rugăciune Manmin. Dumnezeu a călăuzit-o pe soția mea Boknim Lee, ca și președintă a acestui centru, să conducă adunări de vindecare, să ajute pacienții să se vindece atât din punct de vedere spiritual, cât și fizic. Organiza adunările de vindecare în fiecare zi și se concentra pe consiliere, pe vizitarea și îngrijirea membrilor și pe rugăciune. În luna ianuarie a anului 1984 a fost înființată Misiunea adepților rugăciunii, a cărei datorie era rugăciunea pentru împărăția și dreptatea Domnului. Adepții rugăciunii, pe lângă faptul că se rugau mai participau și la întâlnirile de vindecare și îi ajutau pe pacienți prin rugăciunile lor. În luna martie a aceluiași an, Grădinița Manmin a început misiunea pentru copii. De-a lungul câtorva ani de la deschiderea primei biserici, formele și structurile organizațiilor bisericii începeau să prindă contur.

În luna octombrie a anului 1985, de vreme ce soția mea își făcea datoria ca și președintă a centrului de rugăciune a început să organizeze întâlniri cu câțiva oameni. Aceste întâlniri de rugăciune au fost începuturile Adunării rugăciunii lui Daniel de astăzi, la care se adună mii de membri și se roagă în fiecare seară. Președinta Boknim Lee se concentra pe post și rugăciune. Nu căuta doar satisfacție spirituală în sânul familiei, ci își dedica viața altor suflete. Dumnezeu lucra prin vocea clară a Duhului Sfânt și a binecuvântat-o cu lucrări minunate. Chiar și acum ea organizează Adunarea rugăciunii lui Daniel în fiecare seară. Mulți dintre membri descoperă puterea lui Dumnezeu și primesc răspunsuri în timpul orelor de rugăciune și de laudă desfășurate în templu. Sufletele membrilor bisericii sporesc în credință prin această adunare. Ea este forța conducătoare a trezirii în biserică.

Cei care tânjeau să afle cuvântul vieții au participat și au ascultat mesajele spirituale și au fost binecuvântați cu pace și liniște. Cei care au primit răspunsuri și soluții la problemele lor au rămas în biserică, iar biserica a devenit de neclintit în timp.

## Student la medicină cu tumoră pe creier

Sooyeol Cho s-a născut într-o familie de creştini. S-a îmbolnăvit şi a fost diagnosticat cu „fibrom nasofaringian". Vasele de sânge din nas s-au concentrat în număr mare şi au dezvoltat o tumoră. Mai târziu, boala s-a transformat în tumoră pe creier.

Pe atunci, un membru din familia sa era director adjunct al Spitalului Universitar Naţional din Seul. A suferit o intervenţie chirurgicală foarte grea care a durat opt ore. Dar şi după operaţie tot avea un blocaj nazal. Şi cum mergea la facultate s-a împrietenit cu lumea, iar simptomele s-au agravat. La trei luni după operaţie a avut o hemoragie nazală puternică. A mers la spital, iar doctorul a spus că tumora recidivase.

Înainte de prima operaţie doctorul a spus că tumora s-ar putea extinde la creier, iar rădăcina acesteia era deja în creier, astfel că acum avea tumoră pe creier. În decembrie 1984 şi-a dat seama că nu se va putea vindeca prin ştiinţa medicală. A aflat despre biserică şi s-a înscris împreună cu familia sa.

În ianuarie 1985, a primit harul Domnului prin adunările de trezire spirituală şi starea lui de sănătate s-a ameliorat. Pe atunci, doctorii i-au sugerat o altă operaţie. Încă mai avea o speranţă că prin tratamentele medicale va fi vindecat.

Dar în 1986 i s-a luat o mare cantitatea de sânge, de mai bine de zece ori. Şi-a dat seama cu amărăciune că putea să supravieţuiască doar prin îndurarea lui Dumnezeu. De două ori a avut o hemoragie rectală abundentă care îl epuizase.

În timp ce mă rugam în Jochiwon, de-a lungul săptămânii, într-o zi, am simţit o mare durere inexplicabilă şi mi-am dat seama că Sooyeol Cho se afla într-o stare critică. M-am rugat lui Dumnezeu cu lacrimi.

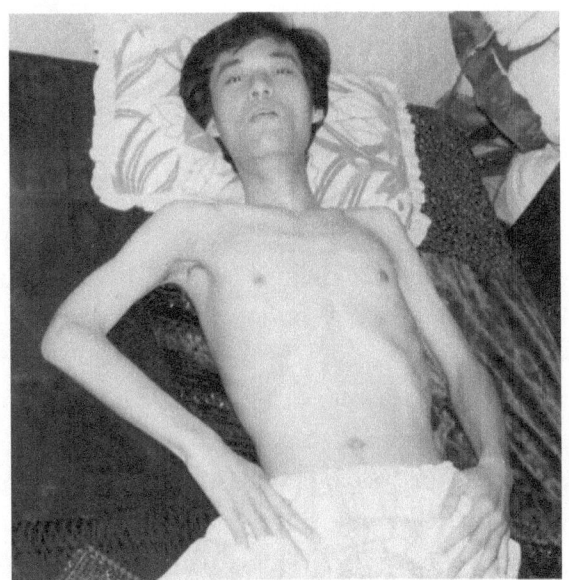

Sooyeol Cho bolnav de pneumonie

Astăzi este un pastor sănătos

În acel moment, o diaconeasă care se ruga foarte mult în biserica noastră a avut o viziune şi mi-a spus că m-a văzut ţinându-l pe Isus de marginea mantiei sale şi cerând îndurare pentru viaţa acestui tânăr. Chiar după aceea, de câte ori tânărul era în stare critică, Duhul Sfânt mă înştiinţa de acest lucru, şi pacientul trecea peste aceste stări grave când mă rugam pentru el prin punerea mâinilor. De atunci, Sooyeol Cho a început să aibă credinţă spirituală şi într-o anumită măsură şi-a revenit.

Dacă nu se ruga şi nu era plin de Duhul Sfânt umflătura din nasul său creştea foarte mult şi îi bloca gâtul sau i se mai întâmpla să-şi înghită limba sau să-i iasă tumora pe nări. Într-o astfel de stare, când se căia şi mă rugam pentru el, îşi revenea. Astfel, tânărul a descoperit păcatele trupeşti şi sufleteşti din mintea sa şi postea gândind: „Dacă trebuie să mor, voi muri".

A încercat din răsputeri să se schimbe. În sfârşit, s-a vindecat în totalitate. Acum slujeşte la biserică ca şi pastor asistent. Are o familie fericită împreună cu soţia şi fiul său.

### Intoxicată cu monoxid de carbon

În februarie 1985, într-o după amiază de sâmbătă, mă rugam în camera mea. De afară se auzea gălăgie şi am auzit pe cineva strigând că o persoană murise. După rugăciune, când am ieşit afară am aflat că o soră murise din cauza intoxicaţiei cu monxid de carbon.

S-a întors de la serviciul religios de noapte, a aprins o brichetă de cărbune şi s-a culcat.

Dar sâmbătă, după ora două după-amiază, a fost găsită intoxicată cu gaz. Când a fost găsită, respirase deja gazul de câteva ore bune, astfel corpul îi era deja paralizat şi avea spume la gură. Unul dintre vecinii ei, care a găsit-o a adus-o până la locuința mea, dar părea ca și cum ar fi fost moartă. Își pierduse cunoștința și corpul îi era înțepenit și rece.

Mi-am pus mâna pe creștetul ei și m-am rugat:
- În Numele lui Isus Hristos poruncesc gazului toxic să iasă din acest trup! Ieși afară prin ochi, prin nări, prin gură, din toate celulele acestui corp!

De îndată ce am încheiat rugăciunea și mi-am retras mâinile corpul ei a început să se încălzească; și-a deschis încet ochii. Apoi, corpul ei înțepenit a început să se relaxeze. Oamenii din jur i-au masat puțin corpul și ea a început să se miște. S-a ridicat și și-a recăpătat sănătatea fără să aibă veun efect secundar.

Dacă ar fi fost dusă la spital exact după ce a fost găsită, ar fi avut puține șanse de recuperare. Chiar dacă ar fi trăit, ar fi suferit din cauza traumelor cerebrale pentru tot restul vieții. Însă Dumnezeu cel atotputernic care învie chiar și morții și-a dezvăluit puterea, ea a revenit complet la normal doar în câteva minute. O cheamă sora Minsun Lee și mai târziu ea s-a căsătorit cu pastorul Jeon-hwan Cha din biserica noastră.

## „La Shindaebang Dong, vă rog !"

Câteodată mă rugam chiar și pentru cei care nu mai respirau. În iunie 1985, s-a întâmplat ceva cu fiica în vârstă de doi ani a diaconului Seok-hee Cho, Seung-ah. Mama ei gătea niște cârnaț, iar fetița s-a apropiat de ea și a întins mâna ca să-i dea și ei. Mama ei i-a dat o bucățică de cârnaț, dar pe urmă nu a mai auzit-o pe fetiță umblând prin casă. Când a intrat în cealaltă cameră a găsit-o pe Seung-ah zbătându-se între viață și moarte, cu spume la gură. În încercarea de a respira, pielea i se învinețise.

Toate acestea s-au petrecut în câteva minute, de aceea mama ei a fost luată prin surprindere. A luat-o pe fetiță repede în spate și a chemat un taxi. Fiindcă auzise și văzuse oameni vindecați de boli incurabile și morți care erau readuși la viață în biserică, și-a arătat credința în fața lui Dumnezeu. I-a spus șoferului de taxi să o ducă la Shindaebang Dong. El i-a răspuns:

- Sunt multe spitale și în zona aceasta, de ce vreți să mergeți așa departe?

- Este un doctor foarte bun în Shindaebang.

Eram acasă când a ajuns, astfel m-am putut ruga pentru ea. Am auzit că fetița nu mai respira și că trupul ei era rece încă din taxi. M-am rugat cu ardoare lui Dumnezeu să aducă înapoi spiritul copilei moarte. De îndată ce am încheiat rugăciunea copila s-a trezit și a început să respire normal. De atunci, a crescut fără alte probleme de sănătate. Acum studiază la Universitatea Kyung-hee, iar părinții ei păstoresc biserica Jinjoomun Manmin din Sacheon, provincia Kyeong-nam.

### Vindecarea unei arsuri de gradul trei prin puterea lui Dumnezeu

Pe data de 6 aprilie a anului 1986, prim diaconeasa Eun-deuk Kim, la vârsta de 62 de ani a avut un accident în timp ce muncea în bucătăria bisericii. O oală mare de apă fierbea pe aragaz pentru a găti tăieței.

Prim diaconeasa a alunecat, apucând din greșeală și oala cu apă de pe foc. Apa clocotită i s-a vărsat pe piept, abdomen, brațe și picioare, provocând arsuri grave. Din fericire, nu s-a ars pe cap sau pe față.

Auzind vestea m-am dus în bucătărie. M-am rugat pentru ea când încă zăcea pe covor. Arsurile erau atât de grave încât pielea îi mirosea a ars, iar hainele îi erau lipite de piele. Încă nu-și pierduse de tot cunoștința. Căldura pe care o simțea era de neîndurat, dar când m-am rugat pentru ea mi-a spus că a simțit cum i se răcorește trupul. A simțit cum căldura a trecut din partea stângă a pieptului spre partea dreaptă și a ieșit din corp prin piciorul drept.

Deși nu mai simțea arsura, zonele afectate arătau ca și carnea prăjită, iar în partea unde hainele i se lipiseră de corp, țesuturile pielii erau distruse. Era oribil. În situația în care se afla, dacă ar fi mers la spital, doctorii nu ar fi putut garanta că va supraviețui.

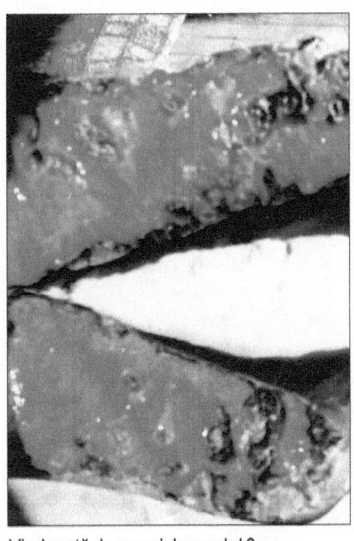

Vindecată de arsuri de gradul 3

Chiar dacă af fi supravieţuit i s-ar fi făcut implant de piele câţiva ani buni. După multe operaţii ar fi rămas cu o grămadă de cicatrici şi alte efecte secundare. A fost dusă în locuinţa mea şi mă rugam pentru ea o dată pe zi. Nu a luat nici medicamente şi nici injecţii, dar prin lucrarea lui Dumnezeu şi-a revenit foarte repede.

Celulele moarte şi arse s-au transformat într-o crustă ca şi scoarţa de copac, iar când aceasta a căzut pielea era regenerată. Pe locul arsurilor a crescut carne nouă şi s-au format vase de sânge. Pielea moartă a lăsat loc celulelor vii. Fraţii şi surorile care au vizitat-o au văzut tot acest proces de refacere.

Prim diaconeasa Eun-deuk Kim s-a vindecat complet, la trei

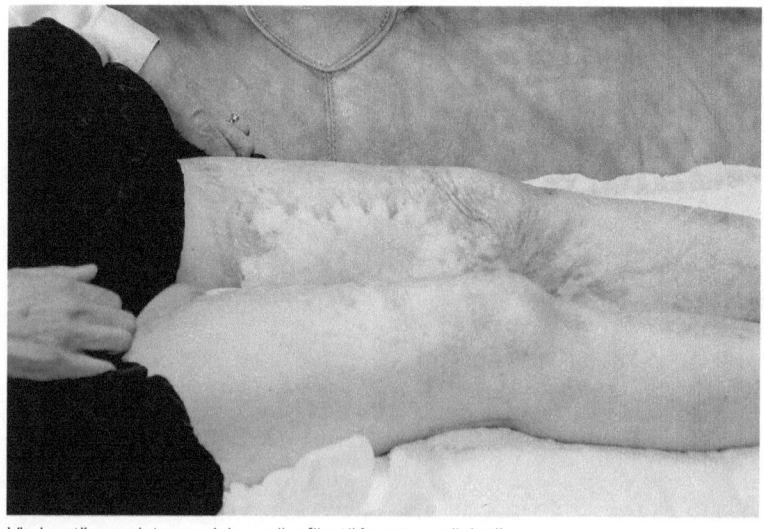

Vindecată complet, cu o piele nouă refăcută în urma rugăciunii

luni după accident. Nu a avut niciun fel de complicaţii, iar în anul 2012 a împlinit 87 de ani şi trăieşte în continuare ca un creştin adevărat.

## Sfântul foc mântuitor

*Domnul Isus, după ce a vorbit cu ei, S-a înălţat la cer şi a şezut la dreapta lui Dumnezeu. Iar ei au plecat şi au propovăduit pretutindeni. Domnul lucra împreună cu ei şi întărea Cuvântul prin semnele care-l însoţeau (Marcu 16:19-20).*

Când discipolii au început să propovăduiască cuvântul, Domnul a lucrat împreună cu ei. În acelaşi fel, se pare că atunci când îmi pun mâinile pe pacienţi, de fapt mâinile însângerate ale Domnului se ating de ei, în chip nevăzut. Cei care au darul clarviziunii sau care văd lumea spirituală au mărturisit că atunci când mă rugam şi Domnul îşi punea mâinile împreună cu mine pe părţile bolnave ale pacienţilor.

Mă rog pentru cei bolnavi la fiecare serviciu religios şi mulţi oameni pot să vadă cum prin mâinile mele trece focul Duhului Sfânt. Această flacără trece pe la toţi membrii şi le mistuie toate bolile, în funcţie de credinţa fiecăruia. Prin punerea mâinilor cu credinţă, mă rugam din tot sufletul ca Dumnezeu să-i vindece şi să-i scape de necazuri, iar El îmi răspundea la rugăciuni prin lucrările mântuitoare ale Duhului Sfânt.

# Duhul Sfânt îmi descoperă viitorul

## Ordinat ca pastor

În luna mai a anului 1986, la patru ani de la deschiderea bisericii, am fost ordinat ca pastor. Am desfășurat serviciul religios de ordinare în luna iunie. În acea zi, membrii bisericii mele mi-au oferit o cheie mare din aur ca simbol al încrederii și iubirii lor. Aceasta însemna că întreaga autoritate asupra bisericii mi se încredința mie ca și pastor, iar ei mă vor asculta și vor avea încredere în mine. Încă mai păstrez acest dar ca și pe o comoară neprețuită, deoarece a fost oferit cu toată sinceritatea lor.

După ce am fost ordinat, Dumnezeu m-a călăuzit să-i ofer rugăciunea lui Daniel timp de 21 de zile. Am încercat să comunic cu Dumnezeu prin post și rugăciune în locuința din Jochiwon. Atunci, Domnul Isus a început să-mi descopere Cartea apocalipsei care consemnează ce se va întâmpla la sfârșitul lumii.

De la serviciul religios de duminică din data de 20 iulie 1986, am început succesiunea de lecturi ale Apocalipsei. Aceste lecturi s-au defășurat de-a lungul a patru ani, până prin 30 decembrie 1989. Cei care știau câte puțin despre tărâmul spiritual, pentru că tânjeau să descopere mai multe, ascultau mesajele cu mare bucurie.

## Serviciul religios de vineri noaptea cu oameni din toată țara

De îndată ce ne-am mutat într-o nouă clădire și am început adunările de trezire spirituală, biserica era din nou plină de credincioși. Nu aveam timp de construcția altor clădiri ale bisericii deși numărul membrilor creștea cu repeziciune.

În anul 1987 am închiriat o clădire din Shindaebang Dong, sectorul Dongjak Gu, și ne-am mutat acolo. Era cel de-al treilea templu. Iar trei luni mai târziu, după ce am încheiat adunarea de trezire spirituală de sărbătorire a evenimentului de instalare într-o altă clădire, biserica era din nou plină de oameni. Pe atunci, numărul membrilor înscriși era de peste trei mii de oameni. Am folosit etajele doi și trei ale clădirii ca și templu, dar nu era destul loc pentru toată lumea, astfel unii dintre oamenii care veneau erau nevoiți să se întoarcă la casele lor.

Prin iunie 1989 devenisem o biserică foarte mare, cu un număr de 6000 de membri înregistrați. De la deschiderea bisericii, voiam doar să mă concentrez pe cuvântul Domnului și pe rugăciune, pentru a duce la capăt misiunea pe care mi-a încredințat-o Dumnezeu. Astfel, mi-am încredințat turma în grija pastorilor asistenți. Pe vremea bisericilor timpurii, fiindcă apostolii aveau mai mult de lucru datorită creșterii numărului de membri ai bisericii, ei au ales şapte diaconi care se ocupau de diverse probleme ale bisericii. Apostolii se concentrau doar pe cuvântul lui Dumnezeu şi pe rugăciune (Faptele apostolilor 6:3-4). Având acest exemplu, nu m-am implicat în probleme financiare, deoarece departamentele bisericii îndeplineau aceste sarcini.

Organizam conferinţa pastorilor o dată sau de două ori pe an pentru a încuraja pastorii şi pentru a-i face misionari puternici. Doream din suflet să am pastori buni, iubiţi de Dumnezeu şi de credincioşi mai mult decât mine. Tocmai de aceea am făcut tot ce mi-a stat în putinţă pentru a creşte numărul pastorilor asistenţi.

Serviciul religios de vineri noaptea era foarte renumit prin întreaga ţară pentru că era plin de Duhul Sfânt şi mulţi oameni au participat indiferent de confesiunea căreia îi aparţineau. Ce bine era când ei se umpleau de Duhul Sfânt în timpul nopţii şi se întorceau în bisericile lor pentru serviciile de duminică! La serviciul de vineri noaptea din data de 12 decembrie 1986, am început succesiunea de lecturi din Cartea lui Iov pe care Dumnezeu mi-o revelase. Aceste lecturi s-au încheiat tot la serviciul de vineri noaptea din 11 decembrie 1992.

Erau mesaje spirituale diferite faţă de alte interpretări ale Cărţii lui Iov. Predici preţioase care analizau sufletul lui Iov. Erau trimise ca să găsim răul şi minciuna din inima noastră. De asemenea, începând din anul 1989, Dumnezeu m-a învăţat despre „Minte, suflet şi trup” în detaliu. După aceea m-a învăţat despre diferite „Dimensiuni”. Când le predicam credincioşilor aceste mesaje, ochii lor sufleteşti se deschideau, iar eu vedeam foarte clar schimbările din viaţa lor. Cu cât creştea credinţa lor, cu atât trebuia să-i învăţ lucruri noi. Astfel, trebuia să continui să ajung la nivele cât mai aprofundate ale tărâmului spiritual.

## Chiar şi un singur bob de grâu

Într-o zi, în timpul rugăciunii, Domnul Isus mi-a spus cu durere:

*- Slujitorul meu, publică repede cărţile cu mesajele pe care ţi le-am descoperit. Astăzi sunt puţini cei care au credinţă adevărată şi pot fi mântuiţi. Ei spun că sunt credincioşi, însă fac tot felul de fărădelegi. Mă răstignesc din nou. Nu cred cu adevărat, dar au impresia că sunt credincioşi.*

Isus a spus, *Dar când va veni Fiul omului, va găsi El credinţă pe pământ?* (Luca 18:8). Astăzi, păcatul şi fărădelegea domnesc peste tot, de aceea este foarte greu să găseşti oameni care au credinţa spirituală sinceră pe care Dumnezeu şi-o doreşte.

Când fermierii strâng recolta, ei adună numai grâul, iar pleava e arsă în foc. La fel, Dumnezeu preferă un sigur bob de grâu, decât toată cantitatea de neghină. El adună numai grâul în împărăţia Sa (Matei 3:12). El doreşte să ne rugăm cu sârguinţă, să trăim după cuvântul Său, alungând poftele trupeşti şi întregind inima Domnului care formează întregul spirit, întreaga creaţie (1 Testaloniceni 5:23).

Când membrii bisericii au învăţat mesajele despre „Minte, suflet şi trup" şi „Dimensiuni" au început să înţeleagă cum au fost creaţi şi au încercat să alunge păcatele. Dacă nimeni nu ne spune nimic despre păcate, e puţin probabil să ştim ceva despre ele. Dacă oamenii nu sunt conştienţi de compromisele cu lumea se poate întâmpla ca ei să devină credincioşi asemănători neghinei, fără a mai putea fi mântuiţi. Prin urmare, pastorii trebuie să le spună credincioşilor care sunt păcatele.

## Bazându-mă doar pe Dumnezeu în timpul predicilor

Când Isus şi-a trimis apostolii în lume, El a spus: *Dar, când vă vor da în mâna lor, să nu vă îngrijoraţi, gândindu-vă cum sau ce veţi spune; căci ce veţi avea de spus vă va fi dat chiar în ceasul acela; fiindcă nu voi veţi vorbi, ci Duhul Tatălui vostru v-a vorbi în voi* (Matei 10:19-20). În anul când am deschis biserica eram student în ultimul an de seminar. Trebuia să-mi fac temele de la şcoală. Mai trebuia să pregătesc mai mult de zece predici pe săptămână pentru rugăciunea din zorii zilei, care avea loc în fiecare dimineaţă, pentru serviciul de vineri noaptea şi pentru serviciile duminicale de dimineaţă şi seară. Trebuia să vizitez şi să-i consiliez pe credincioşi, trebuia să mă rog personal pentru cei bolnavi şi eram mereu foarte ocupat.

Nu aveam timp nici să-mi notez predica într-un carneţel, dar când mă rugam, Dumnezeu îmi spunea titlul şi pasajul biblic pe care trebuia să-l citesc. Când mă rugam pentru acest lucru, Dumnezeu mă inspira în timpul predicii. Când stăteam la amvon, cuvântul Domnului trecea prin mintea mea.

Astăzi, slujbele sunt transmise în direct în întreaga ţară şi în alte ţări, prin satelit sau Internet, aşadar îmi pregătesc notiţele dinainte. Dar, de la întemeierea bisericii şi până la difuzarea predicilor în direct, predicam fără să am nicio notiţă sau agendă la îndemână.

## Sunt doar un slujitor nevrednic

Într-o zi din aprilie 1987, din cauză că nu m-am putut ruga îndeajuns datorită lipsei de timp, nu am mai simţit inspiraţia divină în timpul predicii. Simţeam că predica nu decurge ca de obicei. După aceea m-am căit în fața lui Dumnezeu pentru că nu am pregătit predica prin mai multă rugăciune. De câte ori mi se întâmpla așa ceva simțeam că nu mai sunt în stare să fac nimic și că sunt nimeni fără Dumnezeu. Dacă Dumnezeu m-ar părăsi, nu aș fi în stare nici măcar să spun o predică, nu ar mai avea loc lucrări de vindecare chiar dacă m-aș fi rugat, Duhul Sfânt nu ar mai lucra prin predică, iar membrii bisericii nu s-ar mai schimba. Deși am reușit să realizez câte ceva, sunt doar un slujitor nevrednic în fața lui Dumnezeu. Așadar, chiar dacă am primit o mare putere de sus și am fost folosit ca un instrument pentru lucrarea lui Dumnezeu, nu pot să mă mândresc cu aceasta.

În aprilie 1987 mi-au fost publicate memoriile cu titlul *„Gustând viața veșnică înainte de moarte”*. Această carte a fost mereu republicată și a cunoscut un real succes. Ea a fost tradusă în multe limbi și distribuită în multe țări din întreaga lume. Prin această carte, mulți oameni au ajuns să creadă în Dumnezeul cel viu, Dumnezeul tămăduirii, Dumnezeul care răspunde rugăciunilor și Dumnezeul iubirii.

Soojung Maeng, care mai demult trăia în Germania, a primit această carte de la un pastor renumit din Germania și a citit-o. Și-a făcut o impresie foarte bună despre această carte. Când s-a întors în Coreea, a participat la serviciile noastre religioase. iar în final a devenit membru permanent al bisericii. Prin cuvântul vieții și viața ei s-a schimbat. S-a umplut de dorința de a propovădui Evanghelia, iar acum este misionară la Washington și se dedică propovăduirii cuvântului sfânt.

„Aici postul de radio Creștin, transmis pe frecvența 837 kHz AM. Astăzi, în cadrul emisiunii «Domnul Isus este cu mine», vă vom spune povestea vieții reverendului Jaerock Lee de la Biserica Centrală Manmin.”

În perioada 1-30 iunie, în cadrul programului „Domnul Isus este cu mine" a radioului CBS, mărturia mea a fost dramatizată în câteva episoade şi difuzată pe tot parcursul lunii de două ori pe zi, dimineaţa şi seara. Ascultând acest program, mulţi oameni din Coreea şi din alte ţări au primit harul Domnului prin această mărturie şi au reţinut numele meu. Unii chiar spun că au ajuns să creadă în Dumnezeu.

În data de 18 august, am apărut într-un program numit „Dă-mi o nouă viaţă" pe postul de radio CBS unde am mărturisit fragmente din viaţa mea. Pe atunci, producătorul mi-a cerut să nu dezvălui faptul că Dumnezeu m-a vindecat. A spus că vom stârni controverse dacă vom vorbi despre miracole. Nu puteam fi de acord cu această sugestie aşa că i-am zâmbit politicos. Însă când am făcut înregistrările pentru emisiune, am spus toată povestea mea şi cum m-a vindecat Dumnezeu. Chiar după ce data de difuzare a emisiunii trecuse, l-am întrebat pe producător de ce nu a transmis emisiunea. Caseta era pe punctul de a fi distrusă, abia am reuşit să o recuperăm cu ajutorul altei persoane şi a fost difuzată timp de o oră. Ar fi fost foarte bine dacă ar fi transmis mărturisirea mea aşa cum a fost ea.

### Profeţii inspirate de Duhul Sfânt

Dumnezeu ne dă darurile Duhului Sfânt spre folosul altora (1 Corinteni 12:7). Prima epistolă a lui Pavel către Corinteni (14:1-5) spune astfel: *Urmăriţi dragostea. Umblaţi şi după darurile duhovniceşti, dar mai ales să prorociţi. În adevăr, cine vorbeşte în altă limbă nu vorbeşte oamenilor, ci lui Dumnezeu; căci nimeni nu-l înţelege şi, cu duhul, el spune taine. Cine proroceşte, dimpotrivă, vorbeşte oamenilor, spre zidire, sfătuire şi mângâiere. Cine vorbeşte în altă limbă se zideşte pe sine însuşi; dar cine proroceşte zideşte sufleteşte Biserica. Aş dori ca toţi să vorbiţi în alte limbi; dar mai ales să prorociţi. Cine proroceşte este mai mare decât cine vorbeşte în alte limbi; afară numai dacă tălmăceşte aceste limbi, pentru ca să capete Biserica zidire sufletească.*

Apostolul Pavel a dorit ca toţi copiii lui Dumnezeu să primească darul vorbirii în limbi şi îi îndemna pe credincioşi să primească darul prorocirii. Şi eu le spuneam câteodată membrilor bisericii ce se va întâmpla în viitor fiind inspirit de Duhul Sfânt. O făceam atât pentru educaţia lor religioasă, precum şi pentru a spori credinţa lor. În timp ce spuneam rugăciunea din zorii zilei, uneori adăugam:

- Tată ceresc, trimite-ne un anumit număr de participanţi săptămâna viitoare.

Pe urmă dezvăluiam slujitorilor bisericii numărul credincioşilor care vor fi prezenţi săptămâna următoare. Pe atunci, numărul membrilor creştea foarte repede.

*- Săptămâna viitoare, 50 de oameni vor fi prezenţi la biserică.*

Duminica următoare îi rugam pe membrii bisericii să numere câţi participanţi erau. Exact 50 de persoane!

*- Săptămâna viitoare vor participa 65 de membri.*

Numărul participanţilor creştea în fiecare săptămână, iar eu proroceam în fiecare duminică. Duminica următoare membrii numărau câţi participanţi erau prezenţi şi erau mereu surprinşi.

Dar când am ajuns la 80 de oameni, numărul acestora nu a mai crescut timp de câteva săptămâni. Când mă rugam pentru acest lucru îmi dădeam seama că duşmanul diavol ne perturba ca să nu trecem de 100 de participanţi. Posteam şi mă rugam cu ceilalţi fraţi şi-l alungam pe duşmanul diavol. Astfel, numărul participanţilor creştea din nou, iar în timpul serviciului de consacrare din 10 octombrie, erau peste 100 de persoane.

De câteva ori, Dumnezeu îmi spunea din timp suma donaţiilor pentru biserică. După deschiderea bisericii se întâmpla să avem cam 6 milioane de woni (6000 de dolari) pe săptămână. De vreme ce ne concentram pe misiunea mondială, aveam mai multe cheltuieli decât venit. Eram mereu în lipsă de bani, iar biserica noastră nu avea o situaţie financiară bună. Am început să mă rog lui Dumnezeu pentru aceasta. Când mă rugam din tot sufletul Domnul lucra într-un mod minunat pentru a rezolva problemele cu care ne confruntam. Prin inspiraţia clară a Duhului, Dumnezeu îmi descoperea chiar şi suma exactă a donaţiilor.

*- Săptămâna următoare, suma donaţiilor va fi în valoare de 33 de milioane de woni (33 000 de dolari).*

Am primit acest răspuns şi le spuneam celor care se ocupau de veniturile bisericii, suma exactă, pentru a sădi mai multă credinţă în ei. Dar ei nu păreau entuziasmaţi, poate pentru că nu mă credeau. Se îndoiau şi nu le venea să creadă că această sumă putea să crească mai mult de cinci ori doar într-o săptămână.

Dar în după-masa duminicii următoare, membrii comitetului financiar al bisericii numărau donaţiile şi îmi comunicau că suma era în valoare de exact 33 de milioane de woni. De atunci, mă rugam lui Dumnezeu ori de câte ori aveam probleme financiare şi, de fiecare dată, Dumnezeu ne binecuvânta, astfel că treceam peste aceste dificultăți prin harul Său. Îmi dezvăluia acest lucru, în special când se aduna mai mult decât de obicei, iar eu îi înştiinţam pe membrii comitetului financiar al bisericii. Vedeam aievea cum credinţa lor sporea trecând de atâtea ori prin aceste experienţe.

## Revelarea evenimentelor viitoare din Coreea sau din lume

Mereu strigam în rugăciune şi trăiam în plinătatea Duhului Sfânt. Iar Domnul, din când în când, mă înştiinţa asupra lucrurilor viitoare, a celor importante şi secrete. Domnul l-a înzestrat pe Petru cu darul viziunilor care prevesteau viitorul (Faptele apostolilor 10), iar Ştefan a văzut slava lui Dumnezeu şi pe Isus stând de-a dreapta Tatălui. În acelaşi fel, prin puterea lui Dumnezeu totul este posibil. Dumnezeu lucrează la fel cum a lucrat în Vechiul sau Noul testament şi în zilele noastre.

În Amos capitolul 3, versetul 7 se spune: *Nu, Domnul Dumnezeu nu face nimic fără să-Şi descopere taina Sa slujitorilor Săi proroci.* Ca şi în acest verset, când mă rugam, Dumnezeu îmi descoperea dinainte taine despre membrii bisericii, ţara noastră sau chiar situaţia din lume.

Pe când frecventam seminarul, pe data de 26 octombrie 1979, dintr-odată am avut un sentiment de nelinişte în acea dimineaţă. M-am rugat lui Dumnezeu. Atunci, Domnul mi-a revelat faptul că o mare stea a ţării noastre se va stinge. Mi-a descoperit faptul că preşedintele Park Chung Hee va muri. I-am spus soţiei mele despre dezastrul care era pe cale să se întâmple şi m-am dus la cursurile de seminar. Mă simţeam foarte tulburat şi am plâns mult în ziua aceea. În dimineaţa următoare, am auzit ştirile în care se anunţa că preşedintele Park Chung Hee fusese asasinat cu o noapte înainte.

# „...fără să-Şi descopere taina Sa slujitorilor Săi proroci"

Dumnezeu îmi descoperea dinainte care va fi situația în lume, iar câteodată îmi descoperea lucruri referitoare la persoane importante. În anul 1984, Dumnezeu mi-a revelat faptul că doamna I.P. Gandhi, care era prim-ministru al Indiei, va muri. Dumnezeu mi-a descoperit aceasta cu câteva luni înainte de moartea ei și eu le-am spus și membrilor bisericii mele. În luna octombrie a aceluiași an, am citit un articol în ziar din care am aflat că I.P. Gandhi fusese asasinată de sikh-și.

În același an, Dumnezeu mi-a descoperit faptul că președintele Reagan și prim-ministrul Thatcher vor fi realeși. Mi-a explicat și de ce vor fi realeși. Margaret Thatcher era concisă ca un bărbat, iar prin smerenia și blândețea ei se străduia să fie nevinovată în fața lui Dumnezeu. Nu se concentra pe a face avere sau pe a câștiga autoritate și își servea țara cu dragoste. Dumnezeu mi-a explicat că acești politicieni erau iubiți de oameni pentru că își iubeau și își serveau țara și concetățenii.

În anul 1985, K.U. Chernenko, Secretarul General al Partidului Comunist din Uniunea Sovietică, a murit. Cu câteva luni înainte de acest eveniment, în anul 1984, Dumnezeu mi-a trimis o viziune referitoare la acesta. Pentru a spori credința membrilor bisericii, le-am spus despre ceea îmi fusese revelat. La câteva luni după aceasta, au apărut știri și articole referitoare la boala sa, și în final a murit.

## Declarația 6/29 și procesul democratizării

În 29 iunie 1987, dl. Taewoo Roh, președintele Partidul Democrat al Justiției a emis Declarația 6/29. După alegerile generale din 12 februarie 1985, partidele opoziției au criticat lipsa de autenticitate a președintelui Doohwan Chun, care a fost ales prin alegeri indirecte și au cerut alegeri prezidențiale directe. Au revendicat dreptul cetățenilor acestei țări de a-și alege președintele prin vot direct.

Împotriva acestor mișcări, în 13 aprilie 1987, președintele Doohwan Chun a emis actul „Protecția Constituției" pentru a stopa toate dezbaterile referitoare la schimbarea Constituției și la predarea puterii guvernamentale în conformitate cu legea existentă. În 10 iunie, el a condus convenția Partidului Democrat al Justiției și l-a ales pe Taewoo Roh drept candidat la președenție din partea partidului, într-o încercare de a extinde guvernarea militara. În toiul acestor evenimente politice, un student pe numele Jongcheol Park a murit torturat de poliție. Incepând cu data de 10 iunie au avut loc mari demonstrații în toată țara. În 26 iunie, mai mult de un milion de oameni din treizeci și șapte de orașe participau la demonstrații până noaptea târziu. De vreme ce nu erau destule forțe de ordine care să controleze demonstrațiile, guvernul a luat hotărârea de a introduce forţele armate. Dar, în final, moderaţii au câştigat. Ei au hotărât să accepte solicitarea oamenilor de a se desfăşura alegeri directe şi astfel au adoptat Declaraţia 6/29.

În 15 iunie 1987, conduceam o adunare evanghelică în biserica Cheil din Bupyeong. În 18 iunie, dintr-odată, Dumnezeu mi-a trimis inspiraţia Duhului Sfânt şi o viziune. Mi-a descoperit faptul că se va emite Declaraţia 6/29, precum şi conţinutul acesteia. Întrucât prin inspiraţia Duhului Sfânt mi s-a dezvăluit că va fi o mare schimbare în ţară, am înţeles că lucrurile se mişcau foarte repede.

Ziua următoare, pe data de 19 iunie, le-am spus membrilor bisericii folosind un limbaj prescurtat, despre aceste revelaţii şi am dat spre publicare abrevierile în buletinul săptămânal din duminica următoare. Guvernul dezbătea în secret, iar pentru un simplu cetăţean prevederile declaraţiei erau greu de imaginat.

## Publicând dinainte desfăşurarea evenimentelor în Buletinul săptămânal din 21 iunie 1987

Luând în considerare situaţia politică din acea perioadă, datorată unui guvern dictatorial, am publicat abrevierile din buletinul săptămânal în sens invers. Mai avem şi acum acest buletin. Abrevierile erau scrise cu literele alfabetului coreean, „Min, Gey, Yak, Sei, Dae, Gye, Chong, Mo, Roh, Hu, Dae", şi le-am explicat în detaliu pe data de 5 iulie în timpul serviciului religios de duminică.

Acestea se interpretau astfel: „Preşedintele (Dae) Chun a emis actul „Protecţia Constituţiei" pentru a-l susţine pe candidatul la preşedenţie (Hu) Taewoo Roh (Roh). Dar cum un om a fost împuşcat (Chong) în cap (Mo) toate planurile (Gye) actului „Protecţia Constituţiei" vor eşua. Influenţa (Sei) preşedintelui (Dae) Cheon a slăbit (Yak) prin opoziţa poporului, iar pentru a accepta revendicarea poporului, va emite Declaraţia 6/29. Aceasta va cuprinde ca amendament (Gey) la Constituţie alegerile directe, care vor reprezenta începuturile democraţiei (Min). "

Pentru informarea dumneavoastră, cele 8 prevederi ale Declaraţiei 6/29 sunt următoarele:

1. Cedare paşnică a puterii de guvernământ în februarie 1988 printr-un amendament constituţional
2. Coordonare electorală corectă prin modificări ale legilor referitoare la alegerile prezidenţiale
3. Amnistia şi repunerea în drepturi a domnului Daejung Kim
4. Respectarea demnităţii umane şi îmbunătăţiri ale actului referitor la drepturile omului
5. Recunoaşterea libertăţii de exprimare
6. Autonomie locală, libertatea universităţilor şi autonomia educaţiei
7. Garantarea documentelor diverselor partide
8. Acţiuni ferme de purificare socială

### Rezultatul alegerilor prezidenţiale

În luna decembrie a anului 1987, înainte de cel de-al 13-lea tur de scrutin al alegerilor prezidenţiale, m-am rugat lui Dumnezeu:

- Doame, care este voia Ta? Care este cel mai potrivit preşedinte după voia Ta? Cine va deveni preşedinte?

Dumnezeu mi-a descoperit că Taewoo Roh va deveni preşedinte în urma alegerilor. Apoi, Dumnezeu mi-a trimis o viziune prin care mi l-a arătat pe candidatul Youngsam Kim, într-o caleaşcă împodobită cu flori mergând spre palatal prezidenţial, Casa Albastră, după dl. Roh. Iar candidatul Daejung Kim era în aceeaşi caleaşcă înflorită şi se îndrepta spre Casa Albastră.

Dumnezeu mi-a mai explicat că dacă Youngsam Kim şi Daejung Kim vor fi uniţi, candidatul Youngsam Kim va fi preşedinte, iar Daejung Kim îi va succeda la preşedenţie. Cum Domnul Isus îmi descoperea toate acestea, mi-a explicat că voia Tatălui Ceresc este ca ei să fie uniţi, iar pentru că nu vor fi uniţi în această campanie, candidatul Taewoo Roh va câştiga alegerile.

De asemenea, Dumnezeu mi-a dezvăluit că dl. Roh va avea mai multe voturi decât se presupune, candidatul Youngsam Kim va fi al doilea, iar al treilea va fi candidatul Daejung Kim. Al patrulea candidat, Jongpil Kim, va avea doar câteva voturi. Mi-a mai dezvăluit în detaliu ce s-ar întâmpla dacă Youngsam Kim şi Daejung Kim ar fi uniţi şi cum în acest caz Youngsam Kim ar fi ales preşedinte.

Am scris o scrisoare cu aceste revelaţii şi i-am dat-o unui membru al bisericii pentru a o înmâna candidatului Youngsam Kim, la reşedinţa acestuia din Sangdo Dong. Acesta a mers la reşedinţa candidatului, însă Youngsam Kim era în Busan pentru un discurs electoral, prin urmare a înmânat scrisoarea soţiei lui. Ea a citit scrisoarea pe loc şi a spus că o va da soţului ei. Încă mai avem o copie a scrisorii în biserică. În final, pentru că cei doi candidaţi nu au fost uniţi, dl Taewoo Roh a fost ales preşedinte.

Capitolul 6

# Creşterea bisericii şi alte încercări

# Interzicerea dreptului de exprimare şi ciocănelul rupt

Denominaţia de care biserica mea aparţinea era de fapt Uniunea Sfintei Biserici din Coreea. De la deschiderea bisericii, m-am străduit să cooperez cât mai bine cu denominaţia, iar biserica mea creştea în mod constant.

## După Uniune, altă denominaţie

În 13 decembrie 1988, denominaţia de care aparţineam şi Uniunea Sfintei Biserici Coreene din Anyang s-au unit şi astfel, noi făceam parte din denominaţia Anyang. Aceasta se întâmpla când pastorul Taekgoo Sohn, profesorul meu de la seminar, era preşedintele Uniunii Sfintei Biserici din Coreea, iar la sugestia sa bisericile s-au unit. Pe atunci, biserica mea creştea cât vedeai cu ochii. Când cea de-a cincea filială s-a înfiinţat în Suwon, Adunarea generală a denominaţiei a contestat numele filialei bisericii noastre. Spuneau că este o problemă cu numele „Manmin" şi că trebuia să schimbăm acest nume cu „Biserica Suwon Deokwoo".

În luna decembrie a anului 1989, am primit o scrisoare oficială de la adunarea generală care mă convoca pentru o examinare la orele 11.00. În data de 18 decembrie am sosit în camera adunării generale la ora 10.30, dar nu era nicio înştiinţare că s-ar fi schimbat ora audierii. Abia după ora amiezii am fost chemat şi am intrat într-o sală de adunare. Acolo se aflau şase pastori care făceau parte din Adunarea generală. De îndată ce m-au văzut, au început să-mi pună întrebări. Credeam că vor începe cu o rugăciune sau cu un serviciu divin, de vreme ce era o întâlnire între pastori. Aşadar, am fost dezamăgit pentru că nu a fost chiar aşa. Mă fulgerau cu întrebări şi acuzaţii:

- Am auzit că ai spus că Isus se va întoarce peste trei sau patru ani, este adevărat acest lucru?

- Nu am spus niciodată aşa ceva.
- Minţi! Eşti un pastor mincinos.

Am rămas uluit la auzul acestor întrebări. Mi-au spus că nu trebuia să dau explicaţii, ci doar să răspund cu „Da" sau „Nu".

- Întotdeauna minţi aşa, de asta înşeli o mulţime de credincioşi. Crezi că noi nu am putea să avem atâţia membri în biserici spunând astfel de minciuni?

- Ei spun că ai revelaţii. Deci, mai propovăduieşti şi un alt cuvânt decât cel din cele 66 de cărţi ale Bibliei?

- Nu am propovăduit alt cuvânt.

- Mincinosule! Îi împiedici pe membrii bisericii să meargă la muncă și le spui studenților să nu învețe!

- Nu am făcut așa ceva.

- Dansezi ca un vrăjitor la altar?

- Nu e adevărat.

Întrebările absurde au continuat. Toate acestea porneau din înțelegerea greșită a faptelor mele. Nu m-au lăsat să răspund cu explicații nici uneia dintre acuzații. Un anumit pastor, căruia îi voi spune „Pastorul S", care mă interoga mi-a pus nouă condiții care fuseseră pregătite dinainte. Nici măcar nu știam că aceste întrebări absurde erau parte a unui proces pentru a ajunge la judecată. Au spus că dacă nu corectam aceste nouă lucruri va urma judecata după această examinare. Aceste nouă condiții includeau: interzicerea vânzării cărții-mărturie, „*Gustând viața veșnică înainte de moarte*"; interzicerea vânzării casetelor cu predicile mele; interzicerea folosirii numelui „Manmin" la înființarea altor filiale; și interzicerea dansurilor sfinte (mișcări ce însoțesc imnurile de laudă). Toate acestea erau de neacceptat.

În privința acestei „scrisori oficiale", am prezentat răspusuri cu explicații detaliate. Am adăugat faptul că am scris explicațiile deoarece nu făcusem nimic împotriva cuvântului lui Dumnezeu, iar dacă era ceva greșit, să mă anunțe. După câteva luni, adunarea generală mi-a trimis un răspuns prin care îmi refuza explicațiile fără să invoce vreun motiv.

## Fără dreptul la exprimare

Adunarea generală a congregaţiei s-a desfăşurat timp de două zile, din 30 aprilie până în 1 mai. Eram membru al consiliului reprezentanţilor adunării şi am participat şi eu. Mai participau alţi doi membri ai consiliului care erau prezbiteri ai bisericii mele. Însă nu am găsit un scaun cu numele meu pe el. Mi-am dat seama că era un plan pentru a mă excomunica. Mă uitam ici şi colo după eticheta cu numele meu, însă nu am găsit-o. Numele meu nu apărea nici pe lista membrilor consiliului. Neavând niciun loc pe care să mă aşez însemna că nu aveam dreptul să vorbesc. Dar, fiindcă trebuia să le spun adevărul, priveam adunarea de pe un scaun situat în spate.

În data de 1 mai, când a început şedinţa Adunării generale, mi-a fost menţionat numele. Pastorul „S", cel care era în fruntea comisiei de examinare, a început să facă afirmaţii care mă defăimau. Nu m-au lăsat să mă apăr în faţa adunării, iar pe urmă, conform programului pe care îl aveau, au continuat întrunirea. Tot ce au spus despre mine nu era adevărat.

- Pastorul Jaerock Lee a spus că ştie data reîntoarcerii Domnului. E scrisă la pagina cutare şi cutare din cartea-mărturie pe care a publicat-o.

Nu am spus niciodată că aş şti data celei de-a doua veniri a Domnului. Nu cunosc data reală, şi bineînţeles, nu am făcut o astfel de afirmaţie în cartea mea, dar întrucât participanţii nu au avut cum să-mi citească cartea-mărturie pe loc, au crezut cele prezentate şi au participat la vot.

- Deoarece pastorul Jaerock Lee greşeşte profund, propun să fie excomunicat. Ridicaţi mâna dacă sunteţi de acord, vă rog.

În şedinţa de vot pentru excomunicarea mea, o parte din cei 300 de membri ai consiliului au părăsit sala şi astfel au mai rămas aproximativ 90 de membri. Dintre aceştia, cam 30 au ridicat mâna şi erau persoane care consimţiseră să voteze împotriva mea încă dinainte de această şedinţă. Membrii bisericii noastre i-au numărat pe cei care au ridicat mâna. Erau 30 de persoane, dar preşedintele adunării a anunţat:

- Patruzeci şi opt de voturi pentru, ceea ce e mai mult de jumătate, deci, se aprobă.

Apoi, a lovit cu ciocănelul şi am fost excomunicat, deşi doar 30 de membri ai consiliului, dintre cei 300, au votat pentru.

## Ciocănelul rupt

Însă când preşedintele a lovit cu ciocănelul, acesta s-a rupt şi a căzut în sală. Evident, nu era ceva obişnuit. Doar văzând cum se rupe ciocănelul, cei din jur au simţit că hotărârea luată nu a fost dreaptă în faţa lui Dumnezeu. Eu, ca şi acuzat, nu am avut dreptul de a spune vreun cuvânt. În acel moment, prezbiterul Boaz Jungho Lee abia a fost lăsat să vorbească şi a spus:

- Toate acuzaţiile de până acum sunt neadevărate. Cum puteţi să-l judecaţi fără să ascultaţi ce are de spus? E prezent la această adunare, nu ar trebui să ascultăm ce are de spus?

- Atunci îi vom acorda dreptul la exprimare. Mergeţi la locul dumneavoastră.

Cu toate acestea, preşedintele nu mi-a dat şansa să mă apăr, în ciuda faptului că a promis. Chiar după ce prezbiterul Lee s-a întors la locul său, nu mi s-a dat voie să vorbesc, iar acesta a început să protesteze cu voce tare:

- Domnule preşedinte, m-am întors la locul meu doar pentru că aţi spus că-i veţi acorda pastorului Jaerock Lee dreptul la exprimare, dar de ce nu vă respectaţi promisiunea?

Preşedintele pur şi simplu a ignorat obiecţia prezbiterului Lee. Totul s-a încheiat foarte repede. Măcar de aş fi avut şansa să vorbesc după ce stătusem acolo timp de şapte ore, fiind obligat să îndur atâta dispreţ, dar nu mi s-a acordat deloc acest drept. Chiar şi unui condamnat la moarte i s-ar fi dat şansa de a se apăra. Până şi într-un stat dictatorial sau într-un proces iniţiat de partidul comunist acuzatul ar fi fost ascultat. Cu toate acestea, nu mi s-a acordat acest drept, deşi eram îngropat de viu de către propria mea denominaţie.

### Ce spune Biblia despre litigiu

Biblia ne învaţă că trebuie să avem cel puţin doi martori când acuzăm un prezbiter. (1 Timotei 5:19). Iar în ce priveşte un slujitor al lui Dumnezeu, un pastor, este evident că ar fi trebuit să-mi acorde şansa să mă apăr, dar nu m-au lăsat să spun nici măcar un cuvânt şi m-au condamnat în mod abuziv. Acuzaţiile lor nu erau deloc adevărate, ci doar născociri cu scopul de a înrăutăţi situaţia.

Când David a fost urmărit de regele Saul care îl invidia, David a avut odată şansa să-l omoare pe Saul, însă nu a făcut-o. El a spus: *Să mă ferească Domnul să fac împotriva domnului meu, care este unsul Domnului, o aşa faptă ca să pun mâna pe el! Căci el este unsul Domnului* (1 Samuel 24:6). Cu toate că Saul fusese părăsit de Dumnezeu, cândva el a fost unsul lui Dumnezeu. Doar

Dumnezeu poate să decidă în privința unui slujitor care a fost uns de către El, dar ei m-au excomunicat după bunul lor plac.

## Un simplu „Da"

Câțiva pastori care participau la adunare m-au compătimit și m-au sfătuit astfel:

- Domnule pastor, fiindcă biserica dumneavoastră crește atât de mult ca număr de membri ați devenit foarte invidiat. De ce nu răspundeți măcar o dată cu un „Da", atunci când vă chestionează pastorii seniori? Răspundeți cu un „Da" o singură dată! Dacă ei spun că sucul coca-cola e vin de mere, spuneți „Amin", iar dacă ei spun că vinul de mere este coca-cola, răspundeți tot cu un „Amin".

Însă nu m-am compromis, ci am urmat calea cea dreaptă. Mi-am amintit de Daniel care nici când urma să fie aruncat în groapa cu lei nu a făcut compromisuri. Pe urmă, m-am gândit la cei trei prieteni ai lui Daniel, care nu s-au compromis nici când au fost aruncați în cuptorul încins. Reflectând la toate acestea, nu-mi mai puneam încrederea în această lume, ci doar în Dumnezeu.

Cum zvonurile despre excomunicarea mea s-au răspândit în biserica noastră, sute de membri au mers la cei doi pastori care au condus adunarea generală pentru a protesta. De asemenea, mulți pastori care știau adevărul, i-au sunat pe pastorii seniori și au protestat. Pe urmă, președintele denominației mi-a cerut să ne întâlnim.

- Voi trece peste cele întâmplate, dar spune-mi un singur lucru. Pe urmă vei fi reabilitat și ne vom relua relația de dinaintea acestui incident. Spune-mi doar că vei fi de acord cu cele nouă condiții și le vei accepta.

Dar nu puteam să accept ceva ce nu era corect. Cum puteam să mă compromit astfel, doar de frica de a nu fi excomunicat? Am fost atât de mâhnit și îndurerat toată săptămâna, încât am slăbit patru kilograme. Când mă gândeam la cei doi pastori care m-au condamnat în mod arbitrar, nu puteam decât să mă întristez și să-i compătimesc. Unul dintre cei doi pastori, pe care am să-l numesc doar „Pastor K", unul dintre președinții denominației, spunea adeseori:

- „Biserica Centrală Manmin" nu este o denumire eretică, din punct de vedere biblic.

Am publicat o carte cu titlul „Raiul va proclama dreptatea" și am trimis-o la toate bisericile din Coreea, indiferent de confesiune. După aceasta, în timp ce mă rugam, Dumnezeu mi-a vorbit:

*- Ai fi putut să ieși tu însuți din denominație și astfel nu treceai prin acest proces dezonorant de excomunicare. Dar nu ai ales această cale ca să nu-ți trădezi confesiunea. Astfel de slujitori și de copii îmi doresc. Ai ales calea cea dreaptă și, de aceea, în curând vei fi în fruntea asociațiilor bisericești.*

Dumnezeu ne-a călăuzit să înființăm o altă denominație pentru a evita interdicțiile iraționale și pentru a lucra pentru împărăția lui Dumnezeu cu toată energia noastră. Pe data de 1 iulie 1991, s-a înființat Adunarea generală a Sfintei Biserici Unite din Coreea, iar eu am fost ales președintele acesteia. După ce am trecut peste o mare încercare, simțeam că Dumnezeu mă răsplătea cu o mai mare putere.

# Conducând adunări de evanghelizare prin toată ţara

După ce am fost ordinat pastor în anul 1986, am fost invitat în multe locuri din ţară pentru a vorbi la adunările de trezire spirituală. Din anul 1987, am vorbit în fiecare lună la adunările interdenominaţionale, inclusiv în oraşele Pohang şi Daegu. Predicam mai mult despre rugăciunea de implorare a lui Dumnezeu şi despre Isus ca şi singurul nostru Mântuitor. Ambele sunt teme detaliate în „*Mesajul Crucii*".

După cea de-a doua şi cea de-a treia zi a adunărilor de evanghelizare, pastorii au primit binecuvântări ascultând cuvântul propovăduit, căci au început să înţeleagă semnificaţiile spirituale ascunse ale cuvântului lui Dumnezeu şi spre deosebire de prima zi, acum îmi mulţumeau cu smerenie.

## Prim diaconeasa Boonhan Cho vindecată de zona zoster

În luna martie 1990, am răspuns invitaţiei unei biserici din Daegu. De asemenea am reuşit să-i fac o vizită prim diaconesei Boonhan Cho. Ea avea 77 de ani şi suferea foarte tare din cauza zonei zoster. Pe atunci, nepotul ei, vârstnicul Alvin Joonha Hwang, era cadru medical militar în armata din oraşul Jinhae şi în acelaşi timp îşi făcea doctoratul în medicină la universitatea din Coreea. Vârstnicul Alvin Joonha Hwang avea o credinţă sinceră şi şi-a luat mai multe zile libere ca să aibă grijă de bunica sa. Aceasta frecventase biserica noastră mai mult timp, căutând cuvântul viu al lui Dumnezeu. Prim diaconeasa Boonhan Cho avea pe piele furuncule care plesneau. Acestea i-au cauzat artrită severă ca efecte secundare. Virusul atingea nervii interni şi îi producea atâta durere încât ea gemea zi şi noapte. Nu putea să se mişte deloc şi era ţintuită la pat. Muşchii membrelor îi erau contractaţi şi îi era foarte greu să mănânce sau să doarmă. Ajunsese piele şi os. Spera doar să moară cât mai repede. Bineînţeles că familia ei, care o îngrijea, suferea foarte mult.

Mi-am pus mâinile pe creştetul ei şi m-am rugat. De îndată ce am încheiat rugăciunea ea a strigat ridicându-şi mâna dreaptă:
-Iese demonul!
Deoarece suferea de zona zoster pe partea dreaptă a gâtului şi a umărului drept era imposibil să-şi mişte braţul. Dar imediat s-a ridicat şi simţea cum diavolul care i-a cauzat boala a părăsit-o. Era complet vindecată.
Ginerele ei, care era profesor la Universitatea Naţională Kyoungbook din Daegu, împreună cu copiii ei vroiau să o îngrijească, însă ea s-a mutat la Seul unde şi-a închiriat o căsuţă aproape de biserică şi a dus o viaţă sănătoasă de creştin în

plinătatea Duhului Sfânt pentru tot restul zilelor sale.

## În ciuda protestelor împotriva Trezirii Unite din Daegu

Pe data de 4 mai 1990, am fost invitat să vorbesc în cadrul adunării de la Centrul de rugăciune Muntele Jooahm din orașul Daegu. Întâlnirea a fost organizată de Uniunea Misionară a provinciei Kyeong Sang. Erau atâția oameni, încât stăteau atât în partea inferioară a altarului cât și în cea superioară. Cu toate acestea, nu încăpea toată lumea în templu. Astfel, am scos geamurile din ramele ferestrelor, pentru ca și cei care se aflau afară să audă. Nici membrii corului nu puteau intra înăuntru din cauza mulțimii și astfel au fost nevoiți să cânte afară. Prin harul Domnului, mulți pastori au participat la această adunare și multe lucrări de vindecare au avut loc.

Datorită succesului răsunător, organizatorul acestei adunări a susținut o și mai mare adunare în anul următor. A închiriat un spațiu la Gimnaziul din Daegu. Numeroase organizații misionare au susținut această adunare prin rugăciunile membrilor lor. Denominația care mă excomunicase a încercat să împiedice desfășurarea acestei adunări.

Cu o săptămână înainte de această adunare, la serviciul religios de vineri noaptea, am auzit cuvântul Domnului. Îmi cerea să rog membrii bisericii să postească timp de o zi, și anume duminica următoare, pentru a alunga sinagoga lui Satan. Până atunci nu știam ce se întâmplă în Daegu. Sâmbătă am primit un raport al slujitorilor bisericii care au vizitat Daegu și astfel am aflat ce se petrecea acolo.

Denominația care mă condamnase a trimis o scrisoare oficială preşedintelui comitetului de organizare, presei şi altor organizaţii înrudite, făcând public faptul că fusesem condamnat ca eretic şi excomunicat, într-o încercare de a împiedica desfăşurarea adunării. Pe urmă, după întrunirea denominaţiei „J" a pastorilor care susţineau adunarea de trezire spirituală, aceştia au trimis scrisori oficiale la fiecare biserică afirmând următoarele: „Deoarece reverendul Jaerock Lee este eretic vom condamna şi pe cei care susţin această adunare ca fiind şi ei eretici." Din această cauză foarte multe organizaţii susţinătoare şi mulţi pastori care s-au rugat pentru această adunare nu au mai putut să-şi ofere ajutorul. Circulau multe zvouri false, inclusiv zvonul că adunarea se anulase.

Pe data de 18 martie 1991 a început adunarea fără şansa de a prezenta adevărul şi poziţia bisericii noastre. Organizaţiile susţinătoare care au crezut acele scrisori ne-au întors spatele. În ciuda presiunii exercitate de către adunarea denominaţională, mulţi pastori au luat totuşi parte la dezbaterile adunării. Cât de mulţumitor a fost acest fapt! De vreme ce Dumnezeu a mişcat inima membrilor bisericii noastre, aceştia au mers în Daegu şi s-au pregătit pentru adunare. În mod surprinzător, adunarea a fost organizată de către biserica noastră, însă erau mulţi participanţi şi s-a încheiat în harul Domnului.

Duşmanul diavol a încercat să împiedice această adunare şi a avut în ajutor o mare opoziţie, dar fiindcă Domnul cunoaşte tot ce este în mintea şi în planurile omului, ne-a lăsat să ne rugăm şi să postim dinainte şi pe urmă a lucrat spre binele universal.

*Deci ce vom zice noi în faţa tuturor acestor lucruri?*
*Dacă Dumnezeu este pentru noi, cine va fi împotriva*
*noastră? El, care n-a cruţat nici chiar pe Fiul Său, ci L-a*
*dat pentru noi toţi, cum nu ne va da fără plată, împreună*

*cu El, toate lucrurile? Cine va ridica pâră împotriva aleşilor lui Dumnezeu? Dumnezeu este Acela care-i socoteşte neprihăniţi! Cine-i va osândi? Hristos a murit! Ba mai mult, El a şi înviat, stă la dreapta lui Dumnezeu şi mijloceşte pentru noi! Cine ne va despărţi pe noi de dragostea lui Hristos? Necazul, sau strâmtorarea, sau prigonirea, sau foametea, sau lipsa de îmbrăcăminte, sau primejdia, sau sabia? După cum este scris: „Din pricina Ta suntem daţi morţii toată ziua; suntem socotiţi ca nişte oi de tăiat." Totuşi, în toate aceste lucruri, noi suntem mai mult decât biruitori, prin Acela care ne-a iubit (Romani 8: 31-37).*

# Prin credință ne-am mutat într-un nou templu

În luna martie a anului 1987 nu mai făceam față numărului mare de membri ai bisericii și astfel ne rugam lui Dumnezeu ca să găsim un spațiu potrivit nevoilor noastre. În Shindaebang 2 Dong, unde biserica noastră își avea începuturile, se construise o clădire nouă și am închiriat al doilea și al treilea etaj.

Din 13 până în 17 aprilie am organizat adunări de trezire spirituală prin care sărbătoream mutarea în noua clădire. Titlul acestor adunări era *Nu oricine-Mi zice: „Doamne, Doamne!" Va intra în Împărăția cerurilor* (Matei 7:21). și am predicat despre har, Duhul Sfânt, credință și viață veșnică. La trei luni după adunarea de trezire spirituală, templul de aproape 1337 de metri pătrați era plin de oameni!

## Strigând în rugăciune

La fel ca şi astăzi, membrii bisericii noastre se rugau trei ore pe zi la adunarea Rugăciunii lui Daniel din fiecare noapte. Puneam polistiren în geamuri ca să nu se audă zgomotul afară, dar deoarece clădirea nu avea izolaţie fonică nu puteam împiedica propagarea sunetului în exterior. Din fericire, în faţa bisericii se afla doar o piaţă, şi nu o zonă rezidenţială.

Odată, într-o şedinţă a cartierului din zonă, cineva a supus dezbaterii ca ordine de zi problema zgomotului din biserica noastră. Însă o membră din asociaţia femeilor a spus:

- Ei închid ferestrele chiar şi în mijlocul verii şi pun până şi polistiren în ramele de la geamuri. Sunetul rugăciunii este ca şi un cântec de leagăn pentru mine.

Nimeni nu a mai vorbit despre asta. Odată, un cetăţean a făcut plângere la poliţie. Poliţistul care a primit reclamaţia a spus:

- În timp ce dumneata dormi, aceşti oameni se roagă pentru ţara noastră în loc să doarmă şi ei. Care e problema dumitale?

Persoana care făcuse plângere nu a mai avut nicio replică.

## Trecând peste o mare criză cu ajutorul Domnului

Dumnezeu nu dorea ca noi să ne complacem în situaţia prezentă. El ne trimitea încercări care ne ajutau să ne mutăm într-un loc mai spaţios. În luna aprilie a anului 1988, nu numai templul principal ci şi birourile, casa scării, chiar şi coridorul erau pline de credincioşi care participau la serviciile religioase. Pe atunci, la parterul acelei clădiri se aflau magazine universale. Deoarece vânzările nu mergeau prea bine, acestea s-au închis unul după altul. Aveam un contract de cumpărare a demisolului, însă pe neaşteptate comercianţii din piaţă şi locatarii din zonă s-au opus. Răspândeau zvonuri false spunând că biserica noastră şi-a propus să alunge toţi comercianţii din acea zonă.

Aceşti oameni practicau ritualuri şamanice duminica, în faţa porţii bisericii şi băteau foarte tare la tobele tradiţionale coreene. Chiar dacă chemam poliţia, aceasta venea doar după ce ritualul se încheia. Administraţia oraşului era susţinătoarea din umbră a acestor manifestaţii. Pe atunci, domnul „S", membru al partidului opoziţiei ne-a vizitat biserica de mai multe ori şi ne-am împrietenit. M-am rugat pentru el înainte de alegeri şi a fost ales. De aceea, candidatul partidului majoritar care pierduse la alegeri, s-a gândit că de vreme ce biserica noastră susţinea partidul opoziţiei ar fi fost greu pentru el să câştige alegerile viitoare. Astfel, a făcut uz de influenţa sa pe lângă biroul administraţiei regionale şi poliţie pentru a alunga biserica noastră din zonă. Nu mi-am dat seama de toate acestea decât după mult timp. Slujitorii bisericii spuneau că nu mai pot îndura şi voiau să meargă la biroul administraţiei sectorului pentru a protesta. Voiau şi să întreprindă acţiuni judecătoreşti, însă i-am sfătuit să lase totul în voia Domnului. I-am convins doar prin cuvântul Domnului care ne spune să plătim cu bine celor ce ne fac rău.

Membrii bisericii m-au ascultat. Au îndurat înverşunarea locatarilor din zonă şi au încercat să-i slujească pe aceştia. Dar, odată cu trecerea timpului, persecuţiile se intensificau. Biroul administrativ local „Dong", biroul administrativ regional, reprezentanţii sectorului, preşedintele asociaţiei femeilor şi chiar cetăţenii mai în vârstă erau trimişi în biserică pentru a perturba serviciul religios, iar pompierii veneau să verifice instalaţiile clădirii noastre în fiecare zi ca să ne facă greutăţi.

Eu doar îngenunchiam în faţa Domnului şi mă rugam. Iar

într-o zi, am auzit că cei care încercau să alunge biserica noastră din zonă voiau să mă întâlnească. Când m-am dus la biroul local din zonă pentru a mă întâlni cu ei, aveam în faţă mai mult de zece reprezentanţi din diverse sectoare ale zonei respective.

- Domnule pastor, salvaţi-ne! Suferim atât de mult. Avem impresia ca ne prăbuşim în iad.

- Şi membrii bisericii doresc să părăsească acest loc însă nu avem un spaţiu destul de mare în care să ne mutăm şi nici banii necesari.

- Domnule pastor, de ce sumă aţi avea nevoie ca să vă mutaţi templul?

Mi-au spus povestea lor şi simţeam cum Dumnezeu lucra prin ei. Unii dintre cei mai înverşunaţi protestatari s-au îmbolnăvit subit şi erau chinuiţi de diverse boli. Zvonurile despre acestea s-au răspândit foarte repede. Unii oameni erau înspăimântaţi de aceste veşti, iar cei care erau protestatarii noştri înverşunaţi se simţeau ca şi cum s-ar fi prăbuşit în iad. Deoarece nu puteau îndura această frică vroiau să se întâlnească cu mine. Ne-au oferit 300 de milioane de woni (300 000 de dolari), la valoarea de atunci, exact suma necesară pentru a ne muta în alt templu. Nu aveam alte zeci de mii de dolari şi deci era o sumă foarte mare.

Când regele Abimelec a luat-o pe Sara, crezând că e sora lui Avraam, Dumnezeu i s-a arătat în vis şi i-a spus că Sara era soţia lui Avraam, poruncindu-i să o trimită înapoi. Abimelec nu a trimis-o numai pe Sara înapoi, ci a trimis odată cu ea oi, vite şi servitori lui Avraam (Geneza 20). Prin lucrarea lui Dumnezeu Avraam depăşea încercările şi era tratat cum se cuvenea. În acelaşi fel şi biserica noastră a depăşit acest moment de criză prin intervenţia divină.

## Pământul pregătit de Domnul se afla în fața noastră

Ne-am rugat:
- Doamne, dă-ne un loc mai mare de 5000 de metri pătrați.

Aproape de biserică, era o clădire de aproximativ 5000 de metri pătrați și ne rugam cu sârguință să ne mutăm în acea clădire. Dar într-o zi, în anul 1990, Academia forțelor aeriene, care își avea sediul în Parcul Boramae a anunțat că se mută de acolo și că acel loc va deveni un parc. Administrația orașului Seul se pregătea să vândă acel teren investitorilor particulari. Mi-am dat seama că Dumnezeu ne pregătea terenul pentru biserică în parcul Boramae. Ar fi fost foarte avantajos. Acesta era motivul pentru care Dumnezeu mă îndreptase spre Shindaebang Dong pentru deschiderea bisericii. Când m-am rugat să ne ajute Dumnezeu să ajungem în parcul Boramae, El mi-a spus:

- *Ți-am oferit acest pământ, du-te să-l iei. Întreaga ta congregație trebuie să arate credință. După ce vei cuceri pământul binecuvântat, voi avea grijă de toate celelalte.*

Biserica noastră a participat la licitație, dar era greu să cumpărăm chiar și 3000 de metri pătrați cu credința membrilor bisericii noastre de atunci. Doar o parte din membri și-au arătat credința.

Dumnezeu a condus poporul lui Israel spre ținutul Canaan, dar acesta nu au putut ajunge pe pământul făgăduit deoarece nu a ascultat cuvântul lui Dumnezeu. Doar copiii poporului Israel au ajuns pe pământul făgăduinței. Deoarece nici noi nu am avut credința necesară, Dumnezeu ne-a îndreptat spre un al loc din Guro Dong. Ne pregătise o clădire într-o zonă industrială care avea aproximativ 8000 de metri pătrați.

# Serviciul religios de inaugurare a noului templu şi continuarea perturbărilor

Complexul industrial Guro era un loc care deschidea porţile industrializării în Coreea. Pe atunci erau foarte multe fabrici acolo. Cel de-al patrulea templu al nostru, templul Guro Dong, fusese de fapt o companie numită Shin Ae Electronica. M-am întâlnit cu proprietarul ei, înainte de falimentul companiei.

El mi-a spus:
- Domnule pastor, aş dori să adăpostesc templul Bisericii Centrale Manmin pe terenul companiei mele.

Mă întâlnise pentru prima oară şi voia să aşezăm Biserica Centrală Manmin pe terenul companiei sale. Am avut încredere în el şi am crezut ce spunea. Am răspuns cu un „Amin". Dar, mai târziu, Shin Ae Electronica a dat faliment, iar proprietarul a fugit în Statele Unite. Prim diaconeasa Shin Ae Hyeon devenise director executiv în locul proprietarului, însă din cauza sumei uriaşe a datoriilor şi a grevei muncitorilor care îşi cereau salariile abia mai făcea față greutăților. Astfel ea se ruga ca terenul şi clădirea companiei să fie folosite pentru împărăţia Domnului de către oricare dintre pastorii renumiţi care le solicitau. Pe atunci, ea a primit răspuns de la Dumnezeu care i-a spus:

- *Oferă-i terenul reverendului Jaerock Lee, slujitorul meu drag.*

După ce s-a interesat pe ici pe colo, a reuşit să ia legătura cu mine. După ce m-a sunat, m-am dus la ea acasă unde desfăşura adunări de trezire spirituală pentru a discuta. Locaţia se afla în Yongsan unde primisem vindecarea de la Domnul în anul 1974. De atunci mă mai întâlnisem doar o dată cu ea, în mod formal. Însă trecuseră mulţi ani de atunci şi de aceea nu-şi mai amintea deloc de mine.

Mi-a explicat cum m-a găsit. Dumnezeu mi-a mişcat inima şi ne-am hotărât să cumpărăm locaţia companiei. Aveam nevoie de 10 miliarde de woni (10 milioane de dolari americani), iar pentru a rezolva problemele cu muncitorii mai aveam nevoie de încă 2 miliarde de woni (2 milioane de dolari americani).

## Serviciul religios de inaugurare a noului templu

Pe data de 10 februarie a anului 1991, am părăsit biserica din Shindaebang Dong şi ne-am mutat în Guro Dong unde am ţinut serviciul religios de inaugurare. Am plătit datoriile companiei şi salariile muncitorilor. Apoi am început să renovăm clădirea pentru a deveni lăcaş de rugăciune.

Când ne-am mutat aveam doar 300 de milioane de woni (300 000 de dolari americani) primiţi pentru vechea clădire. Astfel, privind situaţia reală, nu am fi putut face niciun pas conducând atâţia membri. Dar fiindcă eram siguri că Dumnezeu ne călăuzeşte pe acest drum, am umblat plini de credinţă. La un an după ce ne-am mutat, banca a scos din nou clădirea la licitaţie publică, iar noi nu am avut destui bani să o cumpăram. Cei de la bancă au spus:

- Biserica dumneavoastră a rezolvat deja multe din problemele companiei cu sindicatul muncitorilor şi aţi cheltuit foarte mulţi bani pentru renovarea clădirii. Cine oare are interes să profite de acest teren?

Ne-au sfătuit să cumpărăm terenul când preţul acestuia va scădea. Însă realitatea a fost alta. O anumită companie a cumpărat terenul având ca scop unele speculaţii imobiliare. Ne-au cerut să părăsim clădirea. Bineînţeles că nu aveam unde să plecăm.

Pe data de 15 februarie a anului 1992, compania care cumpărase terenul a adus cam o sută de executori judecătoreşti şi au scos toate proprietăţile bisericii afară din locaţie. Câţiva dintre membrii bisericii au fost chiar bătuţi în timp ce încercau să-i oprească. Bineînţeles, compania ne-a dat în judecată spunând că încălcasem legea. Prin toate acestea Dumnezeu a sporit dragostea credincioşilor pentru biserică şi astfel aceştia se rugau şi mai mult. Pe urmă, El a mişcat inima celor ce au cumpărat terenul şi astfel au semnat un nou contract cu noi. Atunci am început să rambursăm preţul acestuia.

## Acţiuni împotriva Cruciadei evanghelice din Seul

În perioada 18-21 mai a anului 1992, Cruciada evanghelică din Seul s-a desfăşurat la biserica noastră fiind organizată de Comitetul de organizare a cruciadei jubiliare şi a reunificării naţiunii din 1995, de Adunarea pentru Reunificarea naţiunii şi de Mişcarea evanghelică cu susţinerea din partea ziarului *Kukmin Ilbo*, Postului de radio Orientul Îndepărtat, Televiziunii Creştine, *Ziarului Creştin, Ziarului Bisericii Coreene şi a Capelanului poliţiei din Seul.* Duşmanul diavol a încercat să oprească şi această adunare.

În program erau şi pastori renumiţi precum Hyeon Gyoon Shin şi Jaechul Hong ca şi predicatori. S-au făcut presiuni asupra lor să nu vorbească la această adunare. Era din nou influenţa celor care spuneau că sunt eretic şi că fusesem excomunicat din denominaţie, în încercarea de a-i intimida pe participanţi ameninţându-i că vor trece prin situaţii neplăcute în viitor. Însă aceşti predicatori ştiau că eram un pastor care urmase credinţa Evangheliei cu dragoste faţă de Domnul Isus şi astfel nu au cedat presiunilor. Adunarea s-a desfăşurat cu succes prin lucrarea Duhului Sfânt. De asemenea, în perioada 14 – 17 septembrie a acelui an a avut loc tot la biserica noastră Cruciada evanghelică unită a cetăţenilor din Seul susţinută de către Asociaţia de trezire creştină din Coreea, în cadrul căreia au predicat opt pastori, inclusiv pastorul Jongman Lee.

## Reconcilierea cu Sfânta Denominaţie (Anyang)

În luna februarie a anului 1992, Sfânta Biserică Creştină din Coreea (Anyang), denominaţia care mă condamnase, a început să ia măsuri împotriva bisericii noastre deoarece biserica noastră a format o denominaţie independentă şi creştea foarte repede ca număr de membri. Pastorul „Y", care devenise preşedintele denominaţiei în aceea perioadă, răspândise multe zvonuri false Consiliului creştin din Coreea şi presei. De vreme ce erau posibile astfel de calomnii, şi nu era numai defăimarea ci şi faptul că aducea prejudicii morale slujirii în scopul predicării evangheliei, reprezentanţii bisericii noastre au hotărât să-l dea pe pastorul „Y" în judecată, pentru defăimare.

Pastorul „Y" a fost nevoit să plătească amenda şi era pasibil de închisoare. Era disperat şi ne-a cerut de mai multe ori să anulăm procesul, prin intermediul profesorului meu de seminar, pastorul Taekgu Sohn. Pastorul Taekgu Sohn a insistat să oprim procesul şi să ne reconciliem cu pastorul „Y", întrucât acesta a promis ca nu se va mai amesteca în problemele asociaţiilor bisericeşti, ci se va concentra doar pe păstorirea bisericii sale.

Pastorul „Y" era destul de bătrân şi îmi era milă de el. Astfel, când am vrut să accept rugămintea pastorului Taekgu Sohn de a renunţa la proces, avocatul care se ocupa de acest caz s-a opus vehement acestei idei. El ne-a sfătuit:

- Nu puteţi să renunţaţi acum la proces. Am făcut investigaţii cu privire la acţiunile anterioare ale pastorului, iar dacă această problemă nu se rezolvă prin proces, va face acelaşi lucru din nou.

În ciuda dezaprobării din partea avocatului, am semnat documentul de acord reciproc şi am renunţat la proces.

Pe data de 20 aprilie 1993 ne-am întâlnit şi am semnat acordul. Încă mai am documentul. Pastorul „Y" a semnat promisiunea scrisă care suna astfel: „Regret că am distribuit materiale calomniatoare şi am cauzat defăimarea reverendului Jaerock Lee şi a Bisericii Centrale Manmin. Îmi voi da silinţa să nu mai iniţiez astfel de acţiuni în viitor şi mă voi concentra doar pe slujirea bisericii mele." Am renunţat la proces şi l-am iertat, dar aşa cum a prezis avocatul, în loc să ne mulţumească a continuat să perturbe biserica noastră. S-a scuzat astfel:

- Nu mi-am cerut scuze în calitate de preşedinte al denominaţiei ci doar la nivel personal.

# Erezie, potrivit Bibliei

Datorită creșterii rapide a numărului de membri din biserica noastră am devenit foarte renumit, însă mulți oameni au început să creadă că sunt eretic din cauza condamnării mele de către Sfânta Biserică Creștină din Coreea. Cei care nu mă întâlniseră niciodată, nu-mi ascultaseră mesajele sau nu fuseseră în biserica noastră puteau să ne judece din cele auzite de la cei din jurul lor. Chiar și în Biblie, apostolul Pavel care l-a iubit atât de mult pe Isus Hristos și a predicat evanghelia toată viața sa, a fost persecutat și condamnat ca „nebun", „o ciumă" și ca „mai marele partidei nazarinenilor" (Faptele apostolilor 24:5).

În acest moment ar trebui să luăm în considerare care este definiția ereziei conform Bibliei. În A doua epistolă sobornicească a lui 2 Petru 2:1 se spune: *În norod s-au ridicat și proroci mincinoși, cum și între voi vor fi învățători mincinoși, care vor strecura pe furiș erezii nimicitoare, se vor lepăda de*

*Stăpânul care i-a răscumpărat şi vor face să cadă asupra lor o pierzare năprasnică.* Aici, „Stăpânul care i-a răscumpărat" este de fapt Isus Hristos. Aşadar, înainte de crucificarea şi învierea lui Isus, precum şi după ce Domnul şi-a încheiat misiunea de Salvator, nu exista cuvântul „erezie" în Biblie. Acesta este motivul pentru care nu există cuvântul „erezie" în Vechiul Testament şi în cele patru Evanghelii, şi anume cea a lui Matei, Marcu, Luca şi Ioan

În cele patru Evanghelii, nici scribii, fariseii, preoţii sau mai marii preoţilor nu foloseau cuvântul „erezie", nici atunci când l-au persecutat pe Isus. Numai după ce Isus a înviat şi şi-a împlinit misiunea de Hristos, au început să apară şi cei care s-au lepădat de „Stăpânul care i-a răscumpărat" şi doar în A doua epistolă sobornicească a lui Petru, Biblia ne avertizează referitor la aceşti eretici. Numele „Isus" înseamnă „Cel care va mântui poporul Său de păcate" (Matei 1:21), iar „Hristos" înseamnă „Cel ales". Doar după ce Isus a fost crucificat şi a înviat El şi-a împlinit misiunea ca şi Hristos şi a devenit Mântuitorul nostru.

Aşadar, când ne încheiem rugăciunile e mai indicat să spunem „Mă rog în numele lui Isus Hristos" decât „Mă rog în numele lui Isus" deoarece e mai corect din punct de vedere spiritual. Întâia epistolă sobornicească a lui Ioan (2:22) spune: *Cine este mincinosul, dacă nu cel ce tăgăduieşte că Isus este Hristosul? Acela este Antihristul, care tăgăduieşte pe Tatăl şi pe Fiul.* Aşadar, lepădarea de Trinitatea (Dumnezeu Tatăl, Fiul Isus Hristos şi Duhul Sfânt) se consideră erezie. Deci, nu este corect în faţa lui Dumnezeu să judecăm superficial ori să condamnăm o biserică sau un individ care crede în Dumnezeu Tatăl şi îl acceptă pe Isus Hristos ca Mântuitor.

A condamna o biserică în care lucrările Duhului Sfânt au

loc în numele lui Isus Hristos înseamnă a condamna şi a sta împotriva Duhului Sfânt şi Biblia ne avertizează că acest păcat nu poate fi iertat niciodată. Duhul Sfânt este parte a Trinităţii Divine, iar dacă oamenii spun că aceste lucrări ale Duhului Sfânt sunt lucrări ale diavolului e ca şi cum ar spune că Dumnezeu e diavolul şi e eretic. Şi cum ar putea fi mântuiţi astfel de oameni? În Evanghelia după Matei în continuarea capitolului 12, verset 22, Isus a vindecat „un îndrăcit orb şi mut". Fariseii l-au condamnat apoi pe Isus spunând: *Omul acesta nu scoate dracii decât cu Beelzebul, domnul dracilor. Isus le-a răspuns: De aceea vă spun: orice păcat şi orice hulă vor fi iertate oamenilor; dar hula împotriva Duhului Sfânt nu le va fi iertată. Oricine va vorbi împotriva Fiului omului va fi iertat; dar oricine va vorbi împotriva Duhului Sfânt nu va fi iertat nici în veacul acesta, nici în cel viitor* (Matei 12:31-32).

Când fariseii au condamnat lucrările Duhului Sfânt manifestate prin Isus Hristos prin puterea lui Dumnezeu, a adus blasfemie lucrărilor Duhului Sfânt. Era un păcat atât de grav încât ei nu puteau fi iertaţi şi nici mântuiţi.

# Testul sângerării până la moarte

În luna iunie a anului 1992, deoarece treceam prin nişte probleme mai dificile la biserică, despre care nu puteam vorbi cu nimeni, m-am tot frământat şi nu am dormit multe zile. Starea mea de epuizare scăpa de sub control. Mă supăram mai ales deoarece nişte pastori asistenţi şi alţi angajaţi ai bisericii nu se mai rugau şi continuau să păcătuiască, iar în final Dumnezeu a permis o altă încercare. Fiindcă purtam atâtea poveri eram pe punctul de a face hemoragie cerebrală. Când membrii bisericii erau bolnavi puteam doar să mă rog pentru ei. Dar dacă aş cădea eu pradă bolii? Dumnezeu a lucrat în aşa fel încât înainte de a avea un atac cerebral, s-a spart o venă din nasul meu şi am sângerat.

Era într-o sâmbătă de 13 iunie a anului 1992. Deoarece trebuia să oficiez o căsătorie mă pregăteam să ies. Brusc, am avut o hemoragie nazală şi am rugat un alt pastor să oficieze acea căsătorie în locul meu. Sângele îmi ţâşnea pe nări şi pe gură. În acea după-masă am sângerat cam o oră şi jumătate. În timpul nopţii hemoragia a început din nou, am sângerat mai mult de o oră. Trebuia să stau în şezut cu bărbia în jos. Dacă îmi ridicam capul sângele se acumula în gât şi simţeam că mă înec.

Duminică dimineaţa, mă pregăteam să mă spăl pe faţă, când hemoragia a început din nou şi nu am putut să merg la biserică. O mare cantitate de sânge îmi ţâşnea pe nări şi îmi curgea în gât. În timp ce sângeram, m-am întrebat de unde provenea o cantitate atât de mare de sânge.

Mai mult de o sută de pastori asistenţi şi slujitori ai bisericii au venit la mine când au auzit veştile. La început, unii mă ajutau să-mi şterg sângele cu batiste şi prosoape, dar fiindcă hemoragia nu se oprea stăteam lângă chiuvetă. Toţi ştiau că prin credinţa mea nu mă bazam pe leacurile lumeşti şi de aceea nimeni nu a îndrăznit să-mi spună să merg la spital.

Dintr-odată am simţit nevoia să ascult cântece de slavă şi i-am rugat să-mi cânte. Cineva a venit şi a început să cânte. Ascultându-le am simţit pace în inima mea şi în acelaşi timp dorinţa mistuitoare de a merge în împărăţia cerească. Încet, încet mi-am pierdut energia, iar apoi şi cunoştinţa. Însă simţeam cum sufletul meu se umplea tot mai mult de Duh Sfânt.

## La intersecţia dintre viaţă şi moarte

În acel moment, inspirat de Dumnezeu am reuşit să aflu chiar care era starea sufletească a unor oameni care s-au adunat în jurul meu. I-am îndemnat pe acei credincioşi să alunge aroganţa şi minciuna care sunt neplăcute lui Dumnezeu şi le-am spus membrilor familiei mele ultima mea dorinţă. Abia mai târziu, am aflat că întreaga congregaţie a bisericii începuse să se roage pentru mine.

Mi s-a oprit pulsul și am încetat să respir. În momentul în care mi-am pierdut cunoștința am simțit cum sufletul îmi părăsește trupul. L-am auzit pe fratele prezbiter Boaz Lee strigând în rugăciune cu lacrimi împreună cu alți frați.

- Doamne, te rugăm fă ca pastorul nostru să revină la viață!

Mi-au spus pe urmă cum mi-au atins încheietura și nu mai aveam puls, iar pieptul îmi era rece. În acel moment L-am văzut pe Domnul Isus.

*- Slujitorul meu, vii la mine sau te întorci să-ți împlinești misiunea?*

- Doamne, eu vreau să rămân cu Tine

Pe atunci trăiam într-o casă închiriată. Nici măcar nu aveam o casă sau economii la bancă. Totuși, nu-mi făceam griji cum se vor descurca membrii familiei mele, voiam doar să ajung în împărăția Domnului. Atunci Domnul Isus mi-a înfățișat două scene. Am văzut cum după mutarea mea la Domnul diavolul lovea biserica noastră. Templul se prăbușea și mulți credincioși deveneau niște oi rătăcite care se întorceau la cele lumești luând-o spre calea morții. Câțiva frați mergeau spre poarta raiului prin post și rugăciune, dar majoritatea membrilor congregației rătăceau calea și se îndreptau spre lume și spre drumul iadului. În acel moment m-am răzgândit.

*- Doamne, dă-mi voie să mă întorc la misiunea mea. Vreau să mă întorc în fața Ta împreună cu membrii bisericii după ce vom fi construit Marele Templu.*

M-am rugat cu dorința de a trăi. Atunci a venit o lumină

de sus şi am simţit o forţă puternică asupra mea. M-am ridicat dintr-odată şi am cerut apă. Mai târziu, am aflat că apa pe care o băusem s-a transformat în sânge în trupul meu. M-am ridicat şi m-am dus în sufragerie. Nişte fraţi care nu au reuşit să intre în camera mea se rugau şi plângeau acolo. Erau surprinşi, dar în acelaşi timp foarte bucuroşi. Am dat mâna cu fiecare şi chiar am vorbit cu ei. Faţa a incept să mi se înroşească. Nu se mai vedea că sângerasem până la moarte. Totuşi, nu mi-am recăpătat pe deplin cunoştinţa, îmi amintesc doar ce mi-au spus ceilalţi şi nu foarte amănunţit.

De atunci, beau apă când am hemoragie. Obişnuiam să beau mai mult băuturi răcoritoare decât apă, dar atunci simţeam nevoia să beau apă. Cum pierdusem atât de mult sânge, aş fi murit dacă nu aş fi avut o rezervă de sânge. Dar cum Domnul a schimbat apa în vin, credeam că apa putea să se transforme în sânge prin puterea lui Dumnezeu ori de câte ori beam apă. Şi fiindcă ştiam că şi această hemoragie fusese providenţa divină, nu voiam să mă bazez deloc pe leacurile acestei lumi. Credeam pe deplin în Atotputernicul Dumnezeu şi de aceea m-am lăsat în mâinile Lui.

Nu avusem nici cea mai mică dorinţă de a merge la spital să-mi prelungesc viaţa. Dacă Dumnezeu ar fi vrut să mă ia la El, nu ar fi avut niciun rost să încerc să trăiesc. Doar dacă este voia Lui Dumnezeu mi-ar plăcea să aleg moartea. Îl cunosc pe Dumnezeu mai bine decât oricine şi am vindecat atâţia oameni bolnavi doar prin puterea Lui, iar dacă eu nu puteam fi vindecat prin credinţă cum aş fi putut să-i învăţ pe membrii congregaţiei să primească vindecarea prin credinţă? De aceea aleg mai degrabă să mor decât să-mi pun nădejdea în spitale. Mi-am întâmpinat moartea cu veselie, împărtăşind ultima mea dorinţă în pace, familiei mele. Însă deoarece aceasta nu era şi voia Domnului, El m-a lăsat să mă întorc la viață într-o clipă.

## Trecând testul lui Avraam

De vreme ce hemoragia s-a oprit în seara aceea, am cinat și m-am dus la locul meu de rugăciune. Dar, în noaptea aceea, am sângerat din nou vreme de o oră și jumătate, iar dimineața următoare la fel. Nu puteam să mănânc sau să stau întins. Dacă stăteam întins aveam hemoragie, deci trebuia să stau cumva pe o parte și cu capul în jos. Duminică mă aflam încă în locul meu de rugăciune. Aveam caseta video cu serviciul de închinare și predica „Dumnezeu Vindecătorul" pe care le ținusem într-o duminică. În momentul „Rugăciunii pentru cei bolnavi" mi-am pus mâinile pe cap și am simțit rugăciunea și de atunci hemoragia s-a oprit complet. Prin această experiență, am mai realizat încă o dată și am fost surprins de puterea acestei rugăciuni.

Am calculat durata de timp în care sângerasem. Timp de opt zile, în treizeci de împrejurări diferite sângerasem în total 24 de ore. Era destul ca să pierd întreaga cantitate de sânge din corp, de mai multe ori. Când sângeram, beam apă și apa se transforma în sânge, iar aceasta a continuat vreme de opt zile. Dumnezeu m-a încercat vreme de opt zile, dar nu m-am plâns niciodată și nici nu am avut resentimente ca și Iov. Eram doar recunoscător. Chiar dacă trebuia să mor, era pentru a merge lângă Domnul și aș fi trăit fericit în rai, deci nu aveam de ce să fiu trist.

Deoarece pierdeam mai mult sânge când stăteam întins, trebuia să stau cu capul înclinat tot timpul. Am cugetat la aceasta în multe feluri. Dumnezeu mi-a dat multă putere, dar eu nu am condus congregația spre credință întocmai cum ar fi trebuit. Nu am supravegheat cum se cuvine pe slujitorii bisericii și nu construisem încă templul sfânt. Îmi părea tot mai rău când cugetam la acestea şi astfel nu am dormit opt nopţi pentru a mă căi în faţa lui Dumnezeu.

Fiindcă eram dispus pe deplin să renunţ la viaţa mea când Dumnezeu mi-ar fi cerut aceasta, El m-a reînsufleţit în opt zile. Mai târziu, Dumnezeu m-a făcut să înţeleg că la fel cum Avraam trecuse testul sacrificării lui Isaac şi eu trecusem testul renunţării la viaţă. Cum trecusem şi această încercare, încrederea lui Dumnezeu în mine a devenit mai puternică şi astfel, El m-a binecuvântat să împlinesc lucrări mai puternice. Acest incident a fost totodată o nouă şansă de trezire a slujitorilor şi a membrilor bisericii, iar biserica se clădea pe o temelie solidă.

# Deși avertizasem asupra apropierii Apocalipsei

În 1984, după deschiderea bisericii noastre, am predicat despre semnele ce prevestesc sfârșitul lumii, din cunoștințele pe care mi le dezvăluise Dumnezeu prin inspirație divină. Am vorbit despre relațiile dintre Coreea de Nord și Coreea de Sud, despre numărul „666", despre uniunea Europei într-un singur stat și așa mai departe. Relațiile dintre Coreea de Nord și Coreea de Sud se înrăutățeau și nici măcar cardurile de credit nu existau pe atunci, așadar membrii bisericii nu cunoșteau unele lucruri despre care vorbeam.

Isus s-a lamentat zicând: *Dar când va veni Fiul Omului, va găsi El credință pe pământ?*, așadar mi-am dat toată silința să plantez sămânța credinței în inima credincioșilor, să fac din ei boabe de grâu sădite pe pământ roditor, adevărate roade de credință înainte de sfârșitului lumii. Însă tot predicând despre semnele ce vor însoți apropierea Apocalipsei am devenit iarăși cunoscut ca şi cum aş fi stabilit eu data la care va veni sfârşitul lumii. Articolele mele erau în ziare, reviste, se dezbăteau pe canalele de televiziune şi astfel, eram din nou în atenţia mass-mediei.

Unele articole publicate făceau afirmaţii pe care nu le spusesem, iar un anumit pastor „L" care pretindea că ştie ziua sfârşitului lumii spunea că şi eu sunt de acord cu el. Majoritatea publicaţiilor de presă scriau articole apreciative la adresa mea, însă o anumită persoană, dl. „T", pretindea că eu cunosc data venirii Domnului şi mă condamna pentru afirmaţiile pe care le citise în articole. Deoarece ştiam că adevărul va ieşi la suprafaţă la momentul potrivit nu am întreprins nicio acţiune judecătorească şi nici nu m-am scuzat în public, mai ales că nu afirmasem nimic din cele pretinse de alţii.

Toate predicile mele sunt înregistrate şi se vând mereu publicului. Încă de la deschiderea bisericii mi-am instruit congregaţia să fie mereu pregătită în viaţa sa de creştinească, precum cele cinci fecioare înţelepte date ca exemplu în capitolul 25 din Evanghelia după Matei. Am extras mai jos câteva fragmente din predicile ţinute de la începutul şi cam pînă la mijlocul anului 1992 (la datele indicate), care sunt exemple asupra învăţăturilor mele pe această temă.

„Astăzi, câţiva dintre voi citiţi unele cărţi sau auziţi de la alţii unele afirmaţii. Şi este cineva printre voi care crede că Domnul va veni pe data de 10 sau 28 octombrie? Nu ar trebui să credeţi aşa ceva! V-am spus eu vreodată că sfârşitul lumii va veni în anul 1992? Nu cred. Eu am predicat numai cuvântul lui Dumnezeu şi v-am învăţat să alungaţi păcatele, să trăiţi în lumină şi dreptate pentru a vă asemăna Domnului şi pentru ca să vă împodobiţi precum miresele lui Isus prin lacrimile şi rugăciunile mele. Chiar dacă Domnul ar veni mâine, eu v-am învăţat că trebuie să plantăm un pom astăzi." (Fragment din Serviciul duminical din 19 ianuarie 1992 „Treziţi-vă!")

„În Evanghelia după Matei, capitolul 24, apostolii l-au întrebat pe Isus despre cea de-a doua venire a Sa şi despre semnele sfârşitului lumii. El le-a vorbit despre semnele care se vor arăta înainte de venirea Sa. De aceea cunoaştem şi noi aceste semne... Văzând oameni care pretind că sfârşitul va veni în octombrie 1992, unii dintre voi sunteţi induşi în eroare, iar alţii spun că cei ce fac astfel de afirmaţii sunt nebuni. Voi ce credeţi? Dacă îl iubiţi pe Dumnezeu şi îi cunoaşteţi voia nu ar trebui să aveţi nimic de a face cu astfel de afirmaţii. Nu trebuie să ascultaţi astfel de afirmaţii. Putem fi mântuiţi prin credinţă, nu dacă ştim când, în ce zi... a cărei luni, va veni Domnul. Isus este Mântuitorul nostru şi El e cel care ne-a răscumpărat păcatele, deci noi putem fi iertaţi prin credinţă dacă devenim copiii lui Dumnezeu şi astfel vom merge în împărăţia cerească. Însă ei spun că putem fi mântuiţi doar dacă vom crede şi vom pretinde data şi luna venirii Domnului şi că nu putem fi mântuiţi altfel. Ce ridicolă este această afirmaţie! Biblia nu spune aşa ceva!." (Fragment din Serviciul duminical din 31 mai 1992 „Care vor fi semnele?")

Capitolul 7

# Dumnezeu a extins hotarele misionarismului

# Poartă deschisă pentru evanghelizarea mondială

## Cruciada mondială de evanghelizare prin Duhul Sfânt

În luna mai 1992, am fost invitat la micul dejun anual de rugăciune unde se aflau şi preşedintele şi politicieni de seamă. Am onorat invitaţia împreună cu Orchestra noastră Nissi. În acelaşi an, pe 14 şi 15 august am luat parte la dezbaterile Cruciadei mondiale de explozie a Duhului Sfânt, care s-au desfăşurat în Piaţa Yoido. Această cruciadă a avut loc sub titlul „Lumea către Duhul Sfânt" şi a fost o adunare de proporţii uriaşe la care au luat parte mai mult de un milion de oameni. Biserica noastră a participat cu un cor format din 200 de membri, Orchestra Nissi şi 400 de membri care s-au oferit voluntar să dirijeze circulaţia şi să asigure securitatea în spaţiul cruciadei.

L-am întâlnit acolo pe pastorul Gwangsam Rah care era preşedintele Clubului creştin din Washington şi preşedintele permanent al Cruciadei mondiale de evanghelizare prin Duhul

Sfânt. Mi-a fost coleg de liceu, iar acum slujea în Washington. Nu-l mai văzusem de la absolvire şi ne-am întâlnit acolo în calitate de pastori.

Mi-a mărturisit că era curios de la ce biserică au venit voluntarii şi a fost surprins să afle că erau din biserica mea. Această adunare a deschis congregaţiei mele drumul spre continentul American.

## Cruciada de evanghelizare din Washington D.C.

În anul 1993, Dumnezeu a deschis larg porţile misiunii mondiale. Mi s-a cerut să vorbesc la Cruciada de evanghelizare din Washington care a fost organizată de către Asociaţia Bisericilor Coreene din Washington între 6 şi 8 august 1993. Avusesem mai multe oferte de a conduce adunări în alte ţări, însă n-am putut răspunde afirmativ. Dar, din moment ce acum era vorba de capitala Statelor Unite, mi-am dat seama că era providenţa divină şi am decis să accept.

Organizatorii cruciadei au mărturisit că scopul adunării era să cultive credinţa adevărată în coreenii de acolo şi să-i facă să experimenteze schimbări în viaţa lor prin lucrarea Duhului Sfânt. Adunarea s-a desfăşurat în sala de sport a Liceului Wheaton sub patronajul uniunii celor 180 de biserici din nord-est, incluzând Washington, New York şi Baltimore. S-a simţit plinătatea Duhului Sfânt în toate cele trei zile.

În prima zi am predicat „Mesajul Crucii", în a doua zi despre „Credinţa trupească şi credinţa sufletească", iar în a treia zi despre „Binecuvântarea vieţii veşnice". Cei prezenţi tânjeau smeriţi după cuvântul Domnului şi au primit mesajul răspunzând cu „Amin".

## Îndemnând oamenii să trăiască în Lumină

După ce cruciada de la Washington s-a încheiat cu succes, am fost invitat din nou în calitate de vorbitor și președinte de onoare la „Cruciada de evanghelizare din Los Angeles 1993" organizată de către asociația coreeană a cartierului coreean cu ocazia aniversării celei de-a 20-a ediții a „Zilei cartierului coreean". Acest eveniment avea un caracter anual și se sărbătorea în data de 19 septembrie. Înainte de această cruciadă, Dumnezeu m-a ajutat să mă pregătesc pentru acest moment prin multă rugăciune. Am dedicat perioade speciale de pregătire pentru această cruciadă, am mers pe un munte de rugăciune pentru trei săptămâni și m-am pregătit strigând în timpul rugăciunii.

Organizatorii evenimentului mi-au cerut să transmit un mesaj de consolare pentru coreenii de acolo, dar n-am făcut acest lucru. Ei nu aveau nevoie de consolare. Trebuia să se căiască fiindcă nu trăiau o viață creștinească corespunzătoare, să țină ziua Domnului cu sfințenie și să trăiască în lumină.

Pe data de 29 aprilie 1992 a avut loc un protest a afro-americanilor în regiunea Los Angelesului în urma căruia coreenii au rămas cu răni adânci și cu un sentiment de victimizare. Motivul manifestației a fost rasismul, dar mulțimea adunată a început să fure și să incendieze fără discriminare majoritatea magazinelor pe care le dețineau acolo coreenii. Multe familii de coreeni au avut de suferit din punct de vedere material și psihic.

Biblia ne învață că, dacă respectăm poruncile lui Dumnezeu și trăim cu o inimă dreaptă în credință desăvârșită, sufletele noastre se vor înălța, toate ne vor merge bine și vom fi sănătoși. Mai concret, dacă vom trăi după cuvântul lui Dumnezeu, vom fi protejați de orice fel de accident ori dezastru. Am folosit pasajul din Faptele Apostolilor 4:11-12 în mesajul meu cu titlul „De ce este Iisus singurul nostru salvator?" Am predicat mesajul crucii şi am încercat să le cultiv credinţa. I-am îndemnat să devină creştini care să pună cuvântul lui Dumnezeu mai presus de toate.

Am mai fost invitat la o biserică în Irvine şi am predicat acolo. După toate întâlnirile, pe 21 septembrie am vizitat Consiliul Local din Los Angeles. Membrii consiliului au oprit şedinţa pentru un moment şi mi-au cerut să mă rog, aşa că m-am rugat pentru binecuvântarea lor. În acea zi, am primit titlul de cetăţean de onoare al oraşului Los Angeles şi am înţeles că era pentru prima oară când făceau acest lucru. Am participat la „Flower Float Parade" care a constituit punctul de atracţie al Festivalului Ziua Coreei din Los Angeles şi am mers cu platforma de paradă. Rugăciunea mea şi plimbarea cu platforma de paradă au fost transmise de către canalele de televiziune KTAN, KATV, KTE şi de unele cotidiene precum *Hankook* şi *Joong-ang*. Cu această ocazie am devenit cunoscut în acea regiune. Totul s-a întâmplat prin binecuvântarea lui Dumnezeu.

### Difuzarea activă a predicilor

Din martie 1990, predicile mele au început să fie difuzate într-un program numit „Tărâmul îndepărtat, veştile bune" a Companiei de radiodifuziune Orientul Îndepărtat. Programul putea fi recepţionat în China şi în unele părţi ale Rusiei. Cu această ocazie am primit scrisori de mulţumire de la mulţi chinezi coreeni, iar unii dintre ei chiar au ajuns să ne viziteze biserica.

Din luna august a aceluiaşi an, predicile mele erau difuzate în zona Washington de către postul de radio coreean. Din luna decembrie 1992 au fost transmise de către „This Gospel" a postului de radio creştin Busan, iar din noiembrie 1993 de către postul de radio creştin Iri. Începând din luna februarie 1994, postul de radio creştin Cheongiu mi-a transmis predicile săptămânal. Durata predicilor mele transmise la radio creştea de la an la an şi a ajuns să depăşească 900 de minute săptămânal. Trebuia să înregistrez fiecare predică şi nu era un lucru tocmai uşor. Între 20-22 mai 1994 am transmis un mesaj la o adunare a coreenilor din Washington şi Baltimore, organizată de către postul de radio creştin Washington (WCRS). După acest eveniment, prezbiterul Yeong Ho Kim, directorul executiv al WCRS, mi-a propus funcţia de preşedinte al acestui post de radio şi am acceptat oferta.

Mulţi ascultători ai WCRS au primit cu bucurie această veste şi astfel am devenit foarte cunoscut în regiunea respectivă. Directorul executiv, prezbiterul Kim mi-a trimis răspunsurile mai multor oameni care spuneau că mesajele mele erau adevărate evanghelii. Era foarte mulţumit să primească atât de multe reacţii pozitive de la ascultători.

# Credinţa ne garantează lucrurile dorite

## Printre primele 50 de biserici ale lumii

În luna februarie a anului 1991 am organizat o întâlnire de trezire spirituală specială pe durata a două săptămâni cu ocazia mutării într-un templu nou din Guro Dong. În ultima zi a întâlnirii, vineri noaptea, la serviciul religios, numărul membrilor înregistraţi a depăşit 10 000. Dumnezeu ne-a trimis oameni foarte diferiţi, provenind din medii culturale, sociale, şi economice foarte diverse. După şase luni biserica era plină, iar după trei ani nu mai aveam loc pentru noi membri.

Pe data de 11 februarie 1993, principalele cotidiene coreene şi ziarele creştine au preluat topul primelor 50 de biserici ale lumii publicat în *Christian World* Magazine din Statele Unite ale Americii, iar biserica noastră era menţionată în acest top. După mai bine de zece de ani de la deschiderea bisericii, Dumnezeu a permis dezvoltarea bisericii noastre la nivelul marilor biserici ale

lumii. Nu eu realizasem acest lucru, ci Dumnezeu. Tot ce puteam
face era să dau mulţumire şi slavă lui Dumnezeu Tatăl.

## Să ne rugăm cu speranţă

La Proverbe 29:18 ni se spune: *Când nu este nicio descoperire
dumnezeiască, poporul este fără frâu; dar ferice de poporul care
păzeşte Legea!* Revelaţia dumnezeiască este ceea ce Dumnezeu
ne dezvăluie prin profeţii Săi. Dacă nu ar exista descoperiri
dumnezeieşti, nu am avea nicio restricţie şi am nesocoti legea
lui Dumnezeu în favoarea dorinţelor proprii, ajungând astfel pe
calea pierzaniei.

Pe timpul postului meu de 40 de zile chiar înainte de
deschiderea bisericii, Dumnezeu mi-a trimis multe vise şi viziuni.
Domnul lucrează în noi toţi şi ne dă, după plăcerea Lui, voinţa
şi înfăptuirea. El mi-a trimis vise şi m-a îndrumat. M-am rugat
lui Dumnezeu foarte mult ca, odată ce voi deschide o biserică,
să facă din ea o biserică cu misiune mondială, o biserică iubită
foarte tare de Dumnezeu.

Pentru realizarea misiunii mondiale, mai întâi trebuia să
pregătesc slujitori. Trebuia să îndrum mai mulţi lideri bineplăcuţi
lui Dumnezeu pentru a fi folosiţi nu numai în misiuni din ţară,
ci şi în alte părţi ale lumii. M-am rugat pentru a îndruma mulţi
pastori extraordinari. Pe vremea când frecventam seminarul
teologic, studenţii la teologie adeseori doar curăţau toaletele
bisericii, completau buletinele săptămânale şi făceau toate
celelalte munci dificile ale pastorilor şi membrilor bisericii. Cu
toate acestea, rareori erau apreciaţi. Dacă făceau vreo greşeală
erau mustraţi de către pastori, iar în cel mai rău caz erau daţi afară
din biserică. Îmi părea rău când vedeam studenţi la seminar în

astfel de situaţii. După ce am deschis această biserică, am suportat taxele de şcolarizare şi cheltuielile de întreţinere ale studenţilor din biserica noastră. Doream să-i ajut astfel încât inima lor să nu fie preocupată cu grijile lumeşti, ci doar de visul de a deveni nişte pastori adevăraţi. Dumnezeu m-a călăuzit spre îndrumarea multor pastori. Dar, deoarece situaţia financiară a bisericii nu era tocmai bună, aceasta nu era o treabă foarte uşoară. Uneori membrii care se ocupau de contabilitatea bisericii au ajuns să se plângă. Am încercat să-i conving, să-i fac să înţeleagă şi să accepte situaţia.

De asemenea, pentru a îndeplini misiunea mondială, aveam nevoie de grupuri bune de laudă şi închinare şi m-am rugat pentru acest lucru. Atunci când am ţinut postul de 40 de zile am văzut grupurile de laudă şi închinare conducând rugăciunea la fiecare adunare. De fiecare dată m-am rugat:

- Doamne, atunci când voi deschide o biserică, dă-mi grupuri de laudă şi închinare foarte bune. Mi-am dorit acest lucru cu credinţă. Mai târziu nu m-am rugat numai pentru grupurile de laudă şi închinare, ci şi pentru o orchestră care să-l preamărească pe Dumnezeu. În Cartea întâi a Cronicilor 23:5 ni se spune: *patru mii să fie portari, şi patru mii să fie însărcinaţi să laude pe Domnul cu instrumentele pe care le-am făcut ca să-L preamărim.* Observăm că patru mii de oameni au cântat la instrumente în Templul lui Dumnezeu. Psalmul 150 ne îndeamnă să îl lăudăm pe Domnul cu sunet de trâmbiţă, cu lăuta şi harpa, cu instrumente cu corzi şi cu cavalul, cu chimvale sunătoare şi chimvale zăngănitoare!

În timp ce mă rugam pentru o orchestră, am aşteptat mai mulţi ani îndrumarea lui Dumnezeu. Şi Dumnezeu a făcut ca unii dintre noii membrii ai bisericii să fie chiar muzicieni profesionişti. Dumnezeu le-a crescut credinţa prin ascultarea cuvântului Său şi le-a insuflat un vis. De obicei, muzicienii au un caracter neobişnuit şi nu e simplu pentru ei să renunţe la cultura lor muzicală lor pentru a da slavă lui Dumnezeu. Cu toate acestea, au existat muzicieni profesionişti care şi-au dorit doar să dea slavă lui Dumnezeu şi să mulţumească pentru binecuvântarea Sa. Toţi aceştia au format o orchestră care se numeşte Orchestra Nissi. Pe data de 1 martie a anului 1992 am desfăşurat serviciul religios de inaugurare şi de atunci au fost foarte activi în asociaţiile bisericeşti. Au cântat cu ocazia Cruciadei jubiliare desfăşurate în Piaţa Yoido, în alte concerte organizate de către biserici şi în concerte de caritate din Coreea şi din alte ţări.

Domnul ne-a mai dat şi coruri superbe. Există acum mai mult de 20 de grupuri de laudă şi închinare care glorifică pe Dumnezeu cu cântecele lor nu numai pe teritoriul Coreei, ci şi în multe alte ţări.

## Lăudaţi pe Domnul cu timpane şi cu jocuri

Visul de a îndeplini misiunea mondială a dus la înfiinţarea grupurilor de laudă şi închinare, precum şi a grupurilor de dans. Am căutat în Biblie ce atitudine îi place Tatălui ceresc atunci când ne rugăm şi am găsit răspunsul în cuvintele scrise de David. David a jucat cu foarte mare bucurie atunci când chivotul Domnului i-a fost înapoiat, după cum aflăm în A doua carte a lui 2 Samuel 6:12-23. Dar soţia lui, Mical, l-a dispreţuit în inima ei şi l-a criticat. David i-a răspuns: *Înaintea Domnului, care m-a ales mai presus de tatăl tău şi de toată casa lui, ca să mă pună căpetenie peste poporul Domnului, peste Israel, înaintea Domnului am jucat* (2 Samuel 6:21). Mical, care l-a dispreţuit pe regele David pentru dansul lui înaintea Domnului a fost blestemată și a rămas stearpă. Este mai de folos pentru noi să ne supunem lui Dumnezeu și să fim bineplăcuți Lui, decât să ne preocupăm de părerea altor oameni.

## Dansuri vrăjitorești

În luna martie 1986 a luat ființă Grupul de dans de închinare pentru a da glorie lui Dumnezeu prin dansuri frumoase și sugestive executate pe cântece de laudă, cu scopul de a aduce speranța pentru rai. Numele acestui grup a fost schimbat ulterior în Grupul cu misiune artistică.

În cultura creștină de astăzi dansul a devenit un lucru obișnuit prin dezvoltarea mass-mediei, dar pe vremea respectivă era foarte rar. Biserica noastră a fondat Comitetul de laudă și închinare și Comitetul cu misiunea artistică. Acestea organizau diverse evenimente și pregăteau cântăreți, dansatori și instrumentiști profesioniști. Deoarece biserica noastră creștea foarte repede, au apărut unii invidioși care au răspândit zvonuri false și minciuni. Astfel a apărut zvonul că facem dansuri vrăjitorești la fiecare serviciu religios. De mai multe ori pe an pregăteam spectacole de dans speciale pentru ocazii deosebite și sărbători biblice, spectacole ce erau prezentate în fața congregației. Au apărut, însă, zvonuri false cum că suntem stăpâniți de duhuri necurate și că dansăm la fiecare serviciu religios.

În ciuda acestor zvonurilor false, grupul nostru de dans a fost invitat în anul 1991 la Cruciada Aleluia din Uniunea Sovietică condusă de către pastorul Hyeon Gyoon Shin. Era pentru prima oară când membrii grupului dădeau slavă lui Dumnezeu prin dansul lor într-un spectacol internațional. De atunci, prin spectacolele lor au câștigat afecțiunea și aprecierea multor oameni din Coreea şi din alte ţări, slujind şi în prezent pentru gloria lui Dumnezeu.

## Recunoaşterea talentelor

În prezent, există mai multe grupuri artistice în biserică. Acestea şi-au dedicat talentele lui Dumnezeu şi îşi îndeplinesc în mod activ misiunea de slujire. Pe data de 1 iunie 1991, unul dintre grupurile bisericii a participat la cea de-a 10-a ediţie a Concursului naţional de muzică evanghelică organizat de către postul de radio al Orientului Îndepărtat şi a câştigat Marele premiu. Pe data de 17 iunie 1995, la al 14-lea concurs, corul Sunetul luminii al bisericii noastre a câştigat Marele premiu. Acest cor era constituit pe atunci din trei membri, unul dintre membri fiind fiica mea cea mică, Soojin. Domnul o chemase în slujba Lui încă din copilărie şi, după ce a terminat cursurile teologice, a început să slujească biserica în calitate de pastor.

Pe data de 17 aprilie 1993 s-a organizat un concert de muzică în Sala Hwaetbool pentru copiii care îşi întreţineau singuri familiile şi Orchestra Nissi a fost invitată şi a cântat acolo. În acelaşi an Orchestra Nissi a fost invitată împreună cu Grupul cu misiune artistică şi alte grupuri de laudă şi închinare. Ei au participat la Serviciul religios special pentru evanghelizarea procurorilor care a fost organizat în sala de conferinţe a Consiliului superior al magistraţilor. Pe data de 6 noiembrie 1993, grupul Crystal Singers al bisericii noastre a participat la a patra ediţie a Concursului naţional de muzică evanghelică organizat de postul de radio creştin CBS şi a câştigat Premiul întâi.

# Colaborarea dintre asociaţiile bisericeşti

## Perioada de tranziţie şi dezvoltare din anii 93-94

Datorită faptului că membrii bisericii noastre participau ca voluntari la multe evenimente creştine, diverse organizaţii voiau să-mi ofere poziţii înalte. Dar, fiindcă erau mulţi pastori seniori mai îndreptăţiţi decât mine şi doream mai mult să ajut din umbră, nu am acceptat ofertele acestora. Am refuzat de multe ori, însă deoarece credeam că liderii acestor organizaţii s-ar simţi ofensaţi, am acceptat propunerile lor în posturi mai joase cu un nivel decât cele oferite de ei. La evenimentele importante stăteam pe locul care îmi era desemnat, dacă îmi apărea numele pe el, însă dacă locurile nu erau repartizate după nume, atunci stăteam mereu pe vreun loc din ultimul rând. Mă simţeam prea stânjenit să ocup locurile din faţă când în sală se aflau atâţia pastori seniori. Pe ultimul rând mă simţeam cel mai bine. De altfel, eu trebuie să mă gândesc şi să mă concentrez mai degrabă la cuvântul lui

La campania World Holy Spirit Explosion Crusade din 1992

La Campania unită de evanghelizare din Daegu

Campania de evanghelizare a procurorilor

Concert la serviciul de evanghelizare şi învăţătură pentru deţinuţi

Predică la întâlnirea de post şi rugăciune pentru oameni şi naţiune

Campania unită Hallelujah din Seul (la Biserica Centrală Manmin)

Campania jubiliară pentru reunificare paşnică a Coreei de Sud şi de Nord din 1995 (la Yoido)

Dumnezeu și la rugăciune decât la alte activități. De aceea, la foarte multe evenimente religioase participau pastorii asistenți sau prezbiterii ca reprezentanți ai mei. Deoarece nu socializez foarte mult, nu particip la multe ședințe sau evenimente și nu am foarte mulți prieteni printre ceilalți pastori cei care nu mă cunosc ar putea crede că sunt arogant. Însă ori de câte ori am primit vreo solicitare de a colabora pentru buna desfășurare a unui eveniment organizat de asociațiile bisericești am făcut tot ce mi-a stat în puteri pentru a contribui la organizarea unui eveniment de succes.

În data de 21 iunie a anului 1993, am ținut rugăciunea specială în cadrul Campaniei naționale de ciclism și marii cruciade pentru reunificarea națiunii din Imjingak. De asemenea, Orchestra Nissi, corul nostru și voluntarii bisericii noastre au participat la acest eveniment. În același an, în perioada 18-21 octombrie, Cruciada de evanghelizare a orașului Seul organizată pentru pregătirea Marii cruciade jubiliare pentru reunificarea națiunii s-a desfășurat la biserica noastră. Patru pastori foarte renumiți în Coreea au luat cuvântul și au accentuat faptul că noi reunificăm țara noastră dezbinată prin Evanghelie. Pe data de 24 noiembrie 1993, am fost invitat ca și predicator la Adunarea de rugăciune pentru reunificarea națiunii care s-a desfășurat la Muntele de rugăciune Haneolsan. Am predicat mesajul Evangheliei, m-am rugat pentru participanți și au avut loc multe lucrări de vindecare.

De asemenea m-am implicat în Misiunea de reeducare a celor din închisori sau a deținuților proaspăt eliberați. În data de 28 februarie 1994, cea de-a doua Cruciadă creștină coreeană a Comisiei naționale pentru reeducare din cadrul Ministerului Justiției cu titlul „Cuvântul, Dragostea și Trezirea spirituală" s-a desfășurat la biserica prezbiteriană Myung Sung fiind organizată de Asociația creștină a comisiei naționale pentru reeducare. În calitate de co-președinte al Asociației am citit pasajele biblice. Grupurile de laudă ale bisericii noastre împreună cu Orchestra Nissi și echipele de dans au participat în programul cruciadei pentru slava lui Dumnezeu. În data de 24 martie a aceluiași an, cu ocazia celei de-a 40-a aniversări a Postului de radio creștin (CBS), ce-a de-a 11-a ediție a Festivalului coral misionar s-a desfășurat în sala principală a Centrului Sejong. Corul bisericii noastre și Orchestra Nissi au participat la acest festival. În data de 20 iunie 1994 am spus rugăciunea reprezentativă în cadrul Marii cruciade pentru reunificarea națiunii din Imjingak care a fost organizată de către Consiliul central de evanghelizare mondială al cărui președinte era pe atunci pastorul Hyeon Gyoon Shin.

Pastorul Hyeon Gyoon Shin a ținut predica cu titlul „Calea spre reunificarea națiunii prin predicarea Evangheliei" îndemnând bisericile să se unească într-o singură biserică indiferent de confesiune. Sute de membrii ai bisericii noastre au participat ca voluntari coriști, membrii ai orchestrei, ușieri sau la dirijarea circulației. Din 20 până în 22 iunie, Marea cruciadă pentru reunificarea națiunii a Consiliului central de evanghelizare mondială din Seul s-a desfășurat la biserica noastră cu participarea pastorului Homun Lee, ca predicator.

## O vizită la Palatul prezidențial Cheong Wa Dae și Cruciada jubiliară

În 29 iulie 1995, în calitate de președinte permanent al Asociației mișcării de evanghelizare & a Reunificării Națiunii, am ținut rugăciunea specială la Adunarea de rugăciune și post pentru oameni și națiune. De asemenea, în data de 12 august

1995, zece pastori, lideri ai Cruciadei jubiliare pentru reunificare paşnică care sărbătorea 50 de ani de la Ziua Independenţei Coreei, au fost invitaţi la Palatul prezidenţial Cheong Wa Dae. Mi s-a spus că timp de o oră putem vorbi cu preşedintele şi putem face propuneri. Cu o zi înainte, m-am rugat lui Dumnezeu întrebându-L ce aş putea să-i spun preşedintelui în ziua următoare, dar nu am primit niciun răspuns. M-am rugat pentru această întâlnire, însă nu am auzit niciun cuvânt de la Duhul Sfânt. Era foarte ciudat să nu primesc inspiraţia Duhului Sfânt.

Pe data de 12 august, orele 11.00, am mers la întâlnirea de la Palatul Cheong Wa Dae şi mi-am dat seama de ce nu primisem niciun răspuns la rugăciune. Ne-am întâlnit cu preşedintele Youngsam Kim, dar nu am avut timp să vorbim sau să facem sugestii deoarece a vorbit doar preşedintele; ne-am rugat puţin şi întâlnirea s-a încheiat repede.

Ne-am dus în piaţa Yoido ca să participăm la Cruciada jubiliară pentru reunificare paşnică care începea la orele 14.00. I-am văzut pe membrii bisericii noastre lucrând ca voluntari la dirijarea circulaţiei, în parcare, ca uşieri pe platformă, iar alţii în Orchestra Nissi.

# Care este secretul creşterii bisericii?

## Speranţa şi viziunea pastorului Hyeon Gyoon Shin

În 5 decembrie 1994, am fost invitat la Centrul de instruire al evangheliştilor al Asociaţiei naţionale a mişcării de evanghelizare unde am ţinut predica, iar în 8 decembrie, cea de-a 4500-a ediţie specială CBS a emisiunii „Dă-mi o nouă viaţă" pentru aniversarea a 40 de ani de la înfiinţarea postului CBS, s-a desfăşurat la biserica noastră. Am transmis mesajul cu titlul „Vocea adevărului" îndemnând postul de radio să-şi împlinească misiunea asemeni unui profet, în scopul păcii şi dreptăţii, prin emisiunile difuzate. Pastorul Hyeon Gyoon Shin îndrăgea biserica noastră. Acum el nu mai e printre noi, dar se spune despre el că a fost promotorul evangheliştilor Coreei şi o mare stea a creştinismului coreean de mai bine de 40 de ani. A ţinut foarte mult la mine şi la biserica noastră. A privit cu speranţă şi cu spirit vizionar la viitorul bisericilor din Coreea, iar prin mesajele sale a pus accent pe puterea Duhului Sfânt şi pe reunificarea Coreei cu un extraordinar simţ al umorului. A fost apreciat de multă lume, indiferent de confesiunea religioasă. De vreme ce ştia că fusesem victima abuzului autorităţii denominaţionale, ne-a vizitat biserica la serviciul aniversar din octombrie 1992 şi a dat binecuvântarea credincioşilor. De atunci, participa la diverse evenimente şi întîlniri organizate de biserica noastră şi ne încuraja prin mesaje puternice.

### Care este secretul creşterii bisericii?

Numeroşi pastori, nu numai din Coreea, ci şi din alte ţări, sunt foarte impresionaţi şi mişcaţi de înfăţişarea luminoasă şi binevoitoare a membrilor bisericii mele şi de obicei mă întreabă care este secretul creşterii bisericii noastre. Am fost întrebat adesea:

- Domnule pastor, nu văd nicio organizaţie specială sau vreun program de instruire a credincioşilor dumitale şi atunci care este secretul creşterii bisericii? Cum de aceştia fac munca de voluntari cu atâta bunăvoinţă?

Practic, eu nu i-am învăţat să facă aceasta. Ei îndeplineau toate aceste sarcini doar prin propria credinţă şi prin harul lui Dumnezeu.

Erau diverse opinii referitoare la creşterea bisericii. Unii pastori spuneau:

- Dumnezeu ne dă doar atâţia membri.

- Pentru biserica mea, ajung atâţia membri; spuneau alţi pastori.

În Biblie se spune că bisericile timpurii care îi erau plăcute Domnului, aveau un număr de creştini mântuiţi care sporea în fiecare zi. Aceasta deoarece voia Domnului este ca toți să primim mântuirea (1 Timotei 2:4). Bisericile timpurii care îndeplineau voia Domnului creșteau cu fiecare zi (Faptele apostolilor 2:47). Dacă auzeam că vreo biserică crește mă bucuram foarte mult întrucât, fiecare biserică este clădită pe sângele lui Hristos și de aceea mă rugam pentru acea biserică și pastorul ei.

În 23 februarie 1995, Frăția de rugăciune a pastorilor coreeni a ținut cea de-a 149-a Conferință națională a pastorilor la biserica noastră. Au participat aproximativ o mie de pastori. Am predicat despre secretul creșterii bisericii. De asemenea, în 1996 la Conferința pastorilor din Hawaii și Conferința pastorilor din Argentina am predicat despre câteva elemente esențiale pentru creșterea bisericii.

## În primul rand, pastorul și biserica trebuie să fie bineplăcuți lui Dumnezeu

În Proverbele lui Solomon 8:17 se spune: *Eu iubesc pe cei ce mă iubesc, și cei ce mă caută cu tot dinadinsul mă găsesc.* A-L iubi pe Dumnezeu înseamnă (1 Ioan 5:3) să respectăm poruncile Lui. Isus a mai spus (Ioan 14:21): *Cine are poruncile Mele și le păzește acela Mă iubește; și cine Mă iubește va fi iubit de Tatăl Meu. Eu îl voi iubi și Mă voi arăta lui.*

## În al doilea rând trebuie să ne rugăm

Pentru a sluji cu succes trebuie să aducem pe pământ puterea lui Dumnezeu prin rugăciune. Patriarhii credinței care au împlinit voia Domnului s-au luptat toți prin rugăciune. Apostolii din bisericile timpurii au spus: *Iar noi vom stărui necurmat în rugăciune şi în propovăduirea Cuvântului* (Faptele apostolilor 6:4). Astfel, ei au lăsat toate problemele administrative în sarcina diaconilor şi s-au concentrat doar pe cuvântul lui Dumnezeu şi pe rugăciune. Când ne rugăm trebuie să strigăm din toate puterile şi voinţa noastră (Ieremia 33:3). În Geneză 3:17, Dumnezeu i-a spus lui Adam, care căzuse în păcat: *Cu multă trudă să-ţi scoţi hrana din el în toate zilele vieţii tale.* La fel cum oamenii culeg recolta doar după ce trudesc şi asudă prin muncă, şi în viaţa spirituală, putem primi răspunsul lui Dumnezeu numai după ce ne rugăm din toată inima şi prin sudoarea minţii noastre. Astăzi, mii de credincioşi vin la biserica noastră să se roage în fiecare noapte. Acelaşi lucru se petrece în temple locale, filiale ale bisericii sau case particulare din întreaga lume.

## În al treilea rând, trebuie să avem credinţă spirituală

Credinţa spirituală se referă la credinţa primită de sus care ne ajută să credem din toată inima. Este credinţa care creează lucruri din neant, credinţa prin care totul este posibil. Nu putem dobândi o astfel de credinţă doar prin cunoaşterea Bibliei sau doar fiind creştini mai vechi. Numai cei care trăiesc după cuvântul lui Dumnezeu pot primi de sus această credinţă. Credinţa fără fapte este moartă, spune Biblia. Doar când ne rugăm cu o astfel de credinţă spirituală putem primi răspunsul la orice rugăciune după cum se menţionează în Evanghelia după Matei 21:22, *Tot ce veţi cere cu credinţă, prin rugăciune, veţi primi.* Vom primi, de asemenea, şi răspunsul pentru creşterea bisericii.

## În al patrulea rând, trebuie să auzim vocea şi să primim călăuzirea Duhului Sfânt

Duhul Sfânt locuieşte în inima copiilor lui Dumnezeu care sunt mântuiţi şi ne călăuzeşte să împlinim voia Domnului. Dacă auzim vocea şi primim îndrumarea Duhului Sfânt într-un mod foarte clar vom vedea limpede calea ce duce la creşterea bisericii. Pentru a auzi vocea Duhului Sfânt, înainte de toate, pastorul însuşi trebuie să lupte împotriva păcatelor până la sânge, alungând astfel toate pornirile rele din inima sa. Astfel, el trebuie să distrugă orice gânduri necurate sau scheme mentale care sunt împotriva lui Dumnezeu. Dacă unele idei sau concepţii ale noastre sunt contrare cuvântului lui Dumnezeu, atunci trebuie să renunţăm la ele pentru a asculta cuvântul Domnului.

## În al cincilea rând, trebuie să luăm modelul bisericilor timpurii

În Faptele apostolilor se arată că bisericile timpurii au mărturisit mesajul crucii. Credincioşii de atunci au trait după cuvânt şi multe minuni şi semne s-au arătat astfel. Deoarece multe lucrări divine puternice au avut loc prin apostoli, mulţi oameni au ajuns să creadă Evanghelia văzând acele minuni şi astfel biserica a crescut foarte repede.

# Misiuni de proporţii în ţară şi peste hotare

### Începutul misiunii în Africa

În luna ianuarie 1994, pastorul Charles Macom al Bisericii penticostale din Tanzania a vizitat biserica noastră. A fost impresionat de mesajul nostru şi când s-a întors în ţara lui a vorbit acolo despre mine. În perioada 4 – 6 iulie 1994, am predicat la Conferinţa liderilor bisericii africane organizată de către Asociaţia bisericii penticostale din Tanzania în Dar Es Salaam, capitala Tanzaniei. Am pătimit cumplit văzând în Africa atâţia oameni care sufereau de sărăcie şi diverse boli, inclusiv SIDA, deoarece ştiam că oricine poate fi eliberat de orice nenorociri şi poate trăi sănătos atât din punct de vedere spiritual cât şi psihic cu condiţia să trăiască după cuvântul lui Dumnezeu.

În timpul acestei conferinţe, Dumnezeu ne-a arătat multe minuni. Când grupul nostru a ajuns în Tanzania, pastorii localnici ne-au spus:

- Domnule pastor, e foarte ciudat. În această perioadă nu plouă de obicei, dar a plouat chiar înainte să sosiți, vremea s-a deschis acum și nu este praf. Se pare că Dumnezeu stăpânește și vremea.

Încă de când am ajuns la aeroport și până când am părăsit acea țară, Dumnezeu a acoperit cerul cu nori în timpul zilelor fierbinți de vară, iar noaptea El timitea ploaia și astfel am avut o vreme foarte plăcută. Pentru a transmite liderilor bisericii credință adevărată am predicat „Mesajul crucii". Ei au înțeles cuvântul Domnului, au simțit viața din cuvânt și răspundeau printr-o melodie unică, bătând din palme și dansând. Puteam să văd atitudinea lor inocentă precum a unor copii. Mulți dintre ei au mărturisit că și-au schimbat viața și au câștigat încredere și credință ca și pastori.

După conferință, am vizitat tribul Masai din Tanzania. Membrii tribului împreună cu șeful lor ne-au întâmpinat. Când au musafiri speciali ei îi servesc pe aceștia cu sângele unei vaci. Dar, deoarece știau că Dumnezeu interzice să bei sânge și că noi nu bem, ne-au servit cola.

Pentru a sădi credința în ei, le-am mărturisit cum l-am întâlnit eu pe Dumnezeu. Fragmente din această carte fuseseră

La un sat din tribul Masai

deja traduse în limba engleză, swahili și masai. Reverendul dr. Myongho Cheong a făcut traducerea în limba engleză. Înainte de a deveni pastor el a fost profesor de literatură engleză la Universitatea Hoseo. Mai târziu, și-a dorit foarte mult să plece în misiune în Africa și astfel a fondat un centru misionar în Nairobi, Kenya. Astăzi, rev.dr. Myongho Cheong propovăduiește Cele cinci componente ale Sfintei Evanghelii în 54 de țări africane pentru trezirea sufletelor acestora.

## Japonia, un tărâm lipsit de cuvântul Evangheliei

Prin același an s-au deschis și porțile evanghelizării în Japonia. În perioada 5 – 8 noiembrie 1993, Misiunea de trezire unită de la Goshien a avut loc pe stadionul de baseball din Goshien, cel mai mare stadion de baseball din Japonia, iar Grupul cu misiune artistică a interpretat un program atât de impresionant încât i-a emoționat pe coreenii japonezi din auditoriu. În luna iulie a aceluiași an, Grupul cu misiune artistică a fost invitat și la Cruciada Chinei & Adunarea de rugăciune pentru reunificare de pe muntele Baekdu de către pastorul Hyeon Gyoon Shin.

Prin iulie 1994, pastorul Seung Gil Ryu a fost trimis în Japonia ca misionar și astfel a început misiunea noastră în Japonia. În perioada 22 – 23 noiembrie 1994, am desfășurat o cruciadă cu titlul „Foc al Duhului Sfânt, revarsă-te în noi", la Centrul cultural Ganae din Japonia la care au participat aproximativ o mie de oameni. A fost organizată de Biserica Ida (păstorită de Yoshikawa Noboru) și susținută de mai multe biserici din Ida. Am transmis mesajul cu titlul „Dovezile istorice ale învierii" îndemnând participanții să fie pe deplin convinși de învierea lui Isus și să trăiască o viață de creștin cu speranța în înviere. În cea de-a doua zi, am predicat despre cum să-l întîlnim pe Dumnezeu cel viu. După predică, m-am rugat pentru cei bolnavi și foarte multe semne au avut loc prin lucrările mântuitoare ale Duhului Sfânt. Nu puteam decât să-i mulțumesc lui Dumnezeu. Pastorul Yoshikawa Noboru care a condus această cruciadă a spus:

- Foarte mulți japonezi au fost mișcați de mesajele spirituale profounde ale rev. dr. Jaerock Lee, ceea ce nu se întâmplă în mod obișnuit în Japonia. Foarte mulți credicioși japonezi sunt de părere că lucrările de vindecare au avut loc doar pe vremea lui Isus. Ascultând însă mesajele cu putere divină ale rev. dr. Jaerock Lee, mulți dintre ei au fost vindecați și l-au întâlnit pe Dumnezeu.

Îmi amintesc de un pacient care a fost vindecat în această cruciadă. Îl chema Yoshizawa Motohisa. Fusese operat la spate după ce lucrase ca inginer, dar, din cauza efectelor secundare ale operației, mergea foarte greu și a participat la această cruciadă chiar dacă avea dureri mari. În prima zi a început să creadă puțin după ce a ascultat mesajele. Ziua următoare, a venit la mine ca să mă rog pentru el. M-am rugat din tot sufletul și după ce m-am rugat pentru el prin punerea mâinilor durerile i-au dispărut, iar spatele său cocoșat s-a îndreptat.

## Cupluri care sufereau de infertilitate primesc răspunsul la rugăciuni

În luna februarie 1991, am desfășurat o adunare de trezire, în scopul sărbătoririi mutării în noul templu, cu titlul „Așa cum sporește sufletul tău". Am predicat 15 mesaje pe parcursul a două săptămâni și am condus, de asemenea, și adunările speciale pentru cei bolnavi.

Am început să organizăm Adunarea de trezire spirituală

specială cu durata de două săptămâni în anul 1993. Prima adunare a fost organizată în luna mai cu titlul „Păcatul, neprihănirea şi judecata" (Ioan 16:8). Ascultând predicile referitoare la temele din titlu, de două ori pe zi, dimineaţa şi seara, participanţii şi-au dat seama ce ziduri de păcat se află între ei şi Dumnezeu. Ei şi-au cercetat sufletul şi s-au căit cu lacrimi amare. Au străpuns zidul de păcate care-i separa de Dumnezeu şi au experimentat multe lucrări de vindecare.

Nici nu ştiau ce înseamnă credinţa, dar ascultând predicile s-au umplut de Duhul Sfânt, au înţeles cuvântul, s-au rugat şi au încercat să trăiască după cuvântul lui Dumnezeu. Participau mulţi oameni de la alte biserici din ţară, indiferent de confesiune. Credincioşii care au primit harul şi au fost vindecaţi la adunarea de trezire s-au umplut de Duhul Sfânt şi au slujit la bisericile lor cu mai mare sârguinţă. Unii au fost vindecaţi de cancer uterin sau de stomac prin Focul Duhului Sfânt. Au fost multe mărturii ale celor care s-au vindecat, inclusiv ale celor care şi-au recuperat auzul renunţând astfel la aparatele auditive, ale celor care şi-au recuperat vederea şi au renunţat la ochelari sau ale femeilor sterpe care au devenit mame.

Erau, mai ales, multe cupluri care nu au reuşit să conceapă un copil nici după cinci ani de căsătorie şi multe dintre ele au reuşit să primească binecuvântările procreării. Deoarece multe cupluri infertile mi-au cerut să mă rog pentru aceasta, la programul de seară din 5 mai 1993 a Adunării de trezire spirituală, când m-am rugat pentru cei bolnavi m-am rugat ca, „cei care nu pot face copii să primească binecuvântările procreării." După ce adunarea de trezire s-a încheiat, am auzit că multe dintre aceste cupluri au fost binecuvântate cu prunci în anul următor. Chiar acum, mulţi copii care s-au născut în urma acelor rugăciuni frecventează sau au frecventat grădiniţa Manmin.

## A avut o viață încercată

În luna mai a anului 1994, am organizat a doua Adunare de trezire spirituală specială pe parcursul a două săptămâni cu titlul „Voi face" (Ioan 14:13). Puternice lucrări ale Duhului Sfânt au avut loc și la această adunare. Mulți dintre participanți au primit vindecarea divină. Aș dori să vorbesc despre Joanna Park care se afla la spital pe atunci, după ce fusese implicată într-un accident de circulație.

Joanna Park a fost victima unui accident de circulație când se întorcea spre casă de la serviciu, în data de 27 mai 1993. A intrat în comă și a fost dusă la spital. I-a crăpat maxilarul, iar încheietura bărbiei i s-a rupt. I-au fost afectate și intestinele. De fapt, corpul său era acoperit peste tot de răni. Din cauza dislocării osului femural, bazinul și încheietura șoldului erau rupte și inflamate. Piciorul drept îi era paralizat și nu putea să-și miște degetele sau glezna, iar din cauza paraliziei nervului peroneu, un picior i-a devenit mai scurt cu 5 cm decât celălalt. Doctorii au spus că va rămâne cu această infirmitate pentru tot restul vieții ei.

În 10 mai 1994, Joanna Park abia a primit acordul de la spital pentru a participa la Adunarea de trezire spirituală specială cu durata de două săptămâni. A venit în cârje, dar când m-am rugat din altar pentru întreaga congregație a avut loc vindecarea. Piciorul ei strâmb s-a îndreptat. Nu putea să caște sau să-și deschidă gura, dar nu mai simțea nicio durere și a putut să caște de mai multe ori. Când m-am rugat pentru ea personal, a simțit focul Duhului Sfânt și a reușit să umble fără să se mai sprijine în cârje. Membrii bisericii care au văzut acest miracol erau atât de bucuroși încât dădeau slavă lui Dumnezeu printr-un ropot de aplauze. După două săptămâni, pacienta a fost diagnosticată la Spitalul Universitar Hanyang. Piciorul drept i se lungise cu 5

Joanna Park ar fi trebuit să trăiască cu handicap pentru tot restul vieții
Joanna Park a fost vindecată complet la o întâlnire de vindecare cu pastorul Jaerock Lee și a
   putut să meargă
Joanna Park slujește ca misionară având acum un trup sănătos

cm și ambele picioare aveau acum aceeași lungime.

Odată, un bebeluș care nu părea să mai aibă vreo șansă de supraviețuire s-a vindecat în mod miraculos. Diaconeasa Soonim Kim a născut prematur, iar bebelușul cântărea 1,2 kg. Acesta a fost pus în incubator însă venele ce alimentau inima au cedat și bebelușul a făcut o hemoragie cerebrală, pierzându-și astfel vederea. Doctorii au spus că nu se poate face nimic și chiar dacă s-ar interveni printr-o operație reușită, fetița ar rămâne doar cu o treime din simțul văzului unui om normal. În data de 7 mai 1994, doctorii le-au cerut părinților bebelușului să ducă copilul acasă, de vreme ce ei nu mai puteau face nimic. Din fericire, Adunarea de trezire spirituală se desfășura chiar atunci. Diaconeasa Soonim Kim a adus bebelușul la biserică, iar starea de sănătate a acestuia era foarte gravă. După ce luase atâtea medicamente și injecții, fetița nu mai cântărea nici măcar un kilogram. Nu se întrezărea nicio speranță de supraviețuire pentru fetiță. Tatăl acesteia renunțase deja la ideea că fetița va trăi.

În data de 8 mai, când m-am rugat din tot sufletul pentru acel copil, Dumnezeu a început să lucreze. Pupilele, care fuseseră tulburi, au început să redevină negre și ea și-a recăpătat vederea. Apoi și-a recăpătat forțele și a reușit să sugă biberonul. De atunci a început să mănânce foarte bine și a crescut sănătoasă. O cheamă Hanna și acum este elevă la școala primară, iar acum viața ei este în mâinile Domnului Isus.

### Un pacient cu apoplexie cerebrală

În anul 1995, cea de-a treia ediție a Adunarii de trezire spirituală specială cu durata de două săptămâni s-a desfășurat sub titlul „Cel neprihănit va trăi prin credință". În ultima zi a adunării, în timpul rugăciunii pentru cei bolnavi, s-a produs o agitație la intrarea în templu și cineva era dus pe o targă. Se părea că e adus de ambulanță. Era într-o stare critică. Mai târziu, am aflat că era prezbiterul Moonki Kim care suferise un atac de apoplexie. Un vas de sânge i-a cedat și i-a provocat hemoragia cerebrală.

Soția lui era pastor al unei biserici recent deschise și ea venea din când în când la biserica noastră pentru a asculta cuvântul

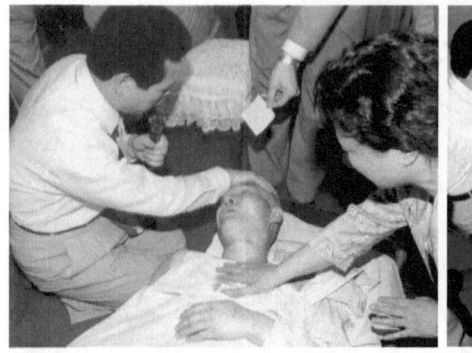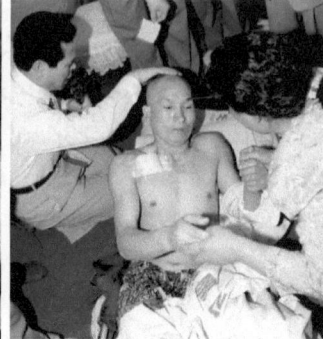

Un pacient cu aploplexie cerebrală s-a ridicat în picioare după rugăciune

Domnului. Când soțul ei a ajuns la spital doctorii au spus că acesta nu are șanse să trăiască. Dar, deoarece doamna pastor știa de Adunarea de trezire care se desfășura la biserica noastră, ea și-a adus soțul cu ambulanța la biserică spre a primi vindecarea prin credință.

M-am rugat pentru acest pacient care își pierduse cunoștința. De îndată ce am încheiat rugăciunea el s-a ridicat în picioare. Era ca într-o scenă de film. Toți cei care au văzut ce se întâmplase au început să bată din palme lăudând pe Dumnezeu.

## Primind vindecarea înainte ca brațele să-i fie amputate

La această adunare a participat diaconeasa Sang-yi Lee care avea opt degete afectate de cangrenă. Însă după rugăciune a primit vindecarea, iar degetele au devenit ca și înainte de boală. În iarna anului 1985 ea a suferit degerături. A făcut multe tratamente, inclusiv acupunctură, însă nimic nu a dat rezultate. Mai suferea și de artrită. În anul 1990, pe când se afla în Seul, cineva i-a

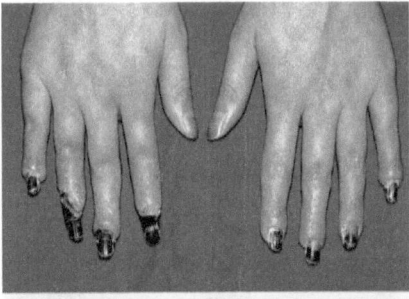

Sang-yi Lee a fost vindecată de degenerarea de la degete

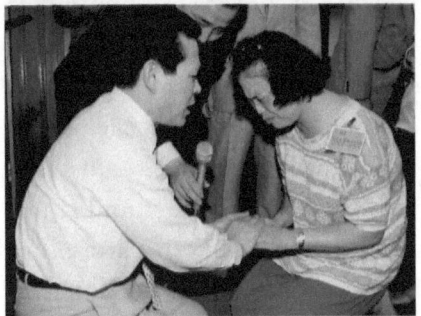

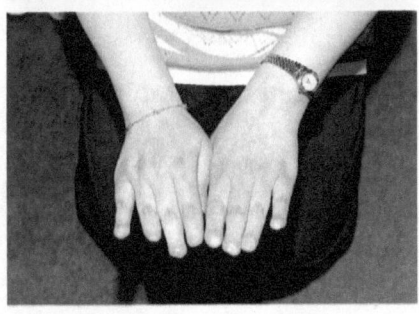

sugerat să frecventeze biserica noastră şi astfel a participat la câteva adunări, dar pe urmă s-a întors acasă. A dus o viaţă departe de Dumnezeu şi era leneşă în ce priveşte viaţa ei spirituală.

În anul 1993, a început să scadă în greutate, iar gâtul i-a înţepenit. A fost diagnosticată cu artrită reumatoidă, iar simptomele începeau să se accentueze odată cu evoluţia bolii. A fost internată în Spitalul Universitar Guro din Coreea, dar, două luni mai târziu, cele opt degete de la mâini, înafară de degetele mari, au dat în cangrenă. Mâinile i s-au înnegrit până la încheieturi. Nu numai unghiile ci şi oasele îi erau atinse de cangrenă. Doctorul a spus că trebuie să-i amputeze mâinile pentru a împiedica evoluţia bolii în partea superioară a braţelor şi a fixat o dată pentru operaţie. Din cauza durerilor, diaconeasa Sang-yi Lee a fost nevoită să ia foarte multe analgezice. În luna mai a anului 1994, cu o zi înainte de operaţie, a participat la Adunarea de trezire spirituală specială cu durata de două săptămâni. M-am rugat pentru ea, iar diaconeasa a mărturisit că în acel moment mâinile i-au devenit fierbinţi şi durerea insuportabilă a dispărut. De atunci, starea ei de sănătate s-a îmbunătăţit, iar doctorul a spus că nu mai are nevoie de operaţie.

Cangrena s-a oprit, iar partea afectată care arăta precum scoarţa unui copac a căzut şi în locul ei a crescut ţesut nou. Chiar şi unghiile i s-au refăcut. Anul următor, în luna mai 1995, ea a participat din nou la Adunarea de trezire spirituală specială cu durata de două săptămâni. În timpul rugăciunii speciale pentru bolnavi din cea de-a doua zi a adunării de trezire, m-am rugat pentru ea încă o dată. După rugăciune şi-a simţit trupul foarte uşor, iar durerea cauzată de artrita reumatoidă dispăruse. Era întreagă, sănătoasă şi trupul ei fusese eliberat de boală şi durere.

## Aflaţi sub protecţia lui Dumnezeu când s-a prăbuşit magazinul universal Shampoong

În biserica noastră există o organizaţie misionară numită „Sare şi Lumină" pentru cei care lucrează în restaurante sau în afaceri de distribuţie. De la înfiinţarea acesteia, în luna octombrie 1985, organizaţia a avut servicii de închinare şi adunări în diverse regiuni. Membrii acesteia lucrează în scopul evanghelizării angajaţilor din industria restaurantelor şi domeniul distribuţiei. Deoarece membrii organizaţiei „Sare şi Lumină" lucrează şi duminica, ei participă la serviciul religios după ce îşi termină treaba, între orele 21.00 şi 23.00.

În data de 29 iunie din anul 1995, pe la ora 18.00 a avut loc un mare dezastru. Clădirea magazinului universal Shampoong

Magazinul Sampoong se prăbuşeşte

s-a prăbuşit. Cam zece slujitori ai bisericii noastre înfăptuiau lucrări de evanghelizare acolo, iar Dumnezeu le-a oferit şansa de a scăpa cu viață. Am asistat la un miracol prin faptul că toți au supraviețuit acestei catastrofe.

Sora Jinsook Hong, care era misionară în magazinul universal Shampoong, a fost prinsă între piloni de beton la nivelul trei din subsol împreună cu colegii ei, dar a fost salvată în mod miraculos. Ea propovăduia evanghelia angajaților snack-barului de la nivelul trei din subsol. Când şi-a încheiat ziua de muncă s-a dus până la dispensar ca să se odihnească puțin. Clădirea s-a prăbuşit în timp ce ea se afla acolo, iar ea împreună cu asistenta au rămas blocate în dispensar. Cum clădirea s-a prăbuşit, asistenta s-a lovit la cap şi şi-a rupt piciorul. Deoarece nu vedeau nimic din cauza întunericului nu aveau cum să iasă de acolo. Uneori auzeau din depărtare strigătele de ajutor ale oamenilor aflați în aceeaşi situație.

- Soră Jinsook, mi-am spart capul, sângerez. Când mi-ai predicat evanghelia nu am ascultat și te-am evitat mereu. Îmi pare rău. Doamne! Îmi pare rău, voi crede în Tine de acum înainte! Plângea și striga asistenta.

Sora Jinsook Hong se ruga pentru ea ținând-o de mână și o mângâia prin cuvântul lui Dumnezeu. Praful de ciment din aer le intra în gât. Sora Hong se ruga:

- Doamne, trimite salvatori, nu numai pentru mine, ci pentru toți acești oameni! Oprește prăbușirea clădirii și ajută-ne să respirăm iarăși aer curat.

Dumnezeu i-a ascultat rugăciunea. La trei ore după ce au fost blocate sub dărâmături, pe la orele 21.00, au văzut lumina unei lanterne și cineva a strigat:

- Este cineva aici?

- Da, aici! Au strigat ele. Și doi oameni din echipa de intervenție au ajuns la ele călăuzindu-se după strigătele de ajutor.

Acest dispensar se afla lângă ieșirea de urgență și, din fericire, ieșirea de urgență și scările nu s-au prăbușit. Astfel, când cei din echipa de salvare au coborât pe scări au auzit rugăciunile și cântecele de slavă. Asistenta a fost dusă la spital cu ambulanța, dar sora Jinsook Hong nu a avut nici măcar o rană. Acest lucru s-a consemnat în toate jurnalele apărute în ziua următoare care scriau faptul că cei din echipa de salvare au găsit oamenii călăuzindu-se după sunetele cântecelor de laudă.

Cine ar cânta într-o astfel de situație de viață și de moarte? Sunetul era cel al rugăciunii și al slăvirii lui Dumnezeu, iar Dumnezeu a mișcat inima echipei de salvare să se îndrepte spre locul în care erau blocați copiii Lui. Jinsook Hong a participat mereu la serviciul religios de duminică seara și a dat zeciuiala cuvenită. Când respectăm ziua Domnului cum se cuvine și dăm zeciuiala cuvenită, Dumnezeu ne apără de accidente și boli.

# Los Angeles 1995

## Salvarea unei biserici

Înainte de Campania misionară care s-a desfășurat în perioada 27 – 29 aprilie, au avut loc câteva cruciade unite a peste 40 de biserici din diferite regiuni și am participat la cruciada din Biserica Prezbiteriană [H] a pastorului [O] care era președintele comitetului de organizare. Înainte de a merge la Los Angeles, membrii bisericii noastre mi-au dat o sumă de bani pentru a fi folosită în această misiune. Înainte de a pleca, i-am spus unuia dintre slujitorii bisericii:

- Dumnezeu mi-a dat o sumă frumoasă spre a fi folosită ca jertfă și cred că are El un scop în acest sens.

Biserica prezbiteriană menționată mai sus, în care am desfășurat o cruciadă vreme de trei zile, era o biserică mică. Pastorul acesteia, care avea peste 60 de ani și muncea din greu de unul singur fără a avea alte ajutoare. Era o adunare restrânsă la care au participat

Rostirea unei binecuvântări la Consiliul oraşului Los Angeles

Primeşte distincţia de cetăţean de onoare în Los Angeles

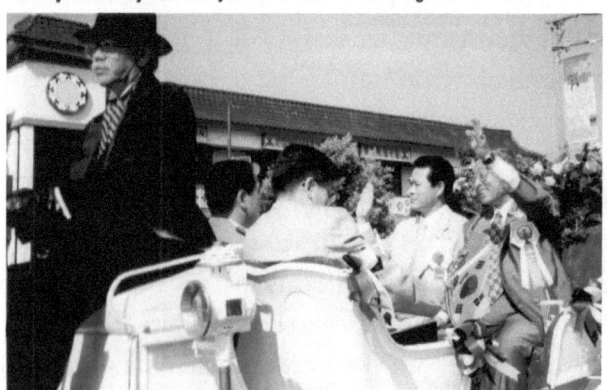

La parada de „Ziua Coreei" din Los Angeles

cam 100 de persoane, timp de 3 zile, dar totuşi am predicat cât am putut de bine. Foarte mulţi pastori care slujeau biserici mai mari mi-au spus că ar dori să predic la bisericile lor şi şi-au exprimat regretul că nu m-au auzit vorbind. Simţeam că era voia lui Dumnezeu să conduc cruciada în acea biserică timp de trei zile.

Pe data de 29 aprilie, la ultima adunare, pastorul bisericii s-a rugat pentru biserica sa şi plângea în timpul rugăciunii spunând:

- Doamne, rezolvă problema financiară a bisericii noastre care e pe cale să cadă în mâinile laicilor.

M-am simţit stânjenit în multe astfel de situaţii chiar şi ca vorbitor, dar ascultând rugăciunea am devenit şi mai neliniştit. Dumnezeu mi-a mişcat inima:

*- Ajută această biserică. Suma pe care ai primit-o nu este oare pentru o astfel de misiune? Ajută această biserică.*

Ascultând această voce, am spus în predică:

- Nu ştiu ce datorii are această biserică, dar biserica lui Dumnezeu nu ar trebui să sufere din cauza lumii. Voi oferi un mic ajutor, aşa că, haideţi cu toţii să participăm cu puţin pentru această biserică. Am promis 20 000 de dolari ca donaţie pentru acea biserică.

Am înţeles că Dumnezeu m-a trimis la această biserică deoarece eu eram în stare să îndur situaţiile incomode. Nu voiam să fiu slujit deoarece eram predicator, ci doar să-l ajut pe acest pastor să-şi recapete liniştea sufletească. Mi-am dat toată silinţa pentru ca pastorul să nu se simtă stânjenit şi să nu-şi irosească timpul din cauza mea. În timpul cruciadei, grupul de laudă a bisericii mele a interpretat cântecele de slavă. De asemenea, a încercat să ofere cât mai mult har şi plinătate a Duhului Sfânt membrilor participanţi.

Ziua următoare, pe data de 30 aprilie, pastorul a venit la mine cu o expresie posomorâtă şi mi-a spus:

- Domnule pastor, până ieri, toţi membrii bisericilor care te-au cunoscut au venit la această adunare, dar astăzi sunt sigur că toţi au plecat. Nici măcar nu trebuie să merg la biserică şi îmi dau seama de acest lucru.

Am fost surprins să aud vorbele sale şi l-am întrebat ce se întâmplase. Mi-a spus că pastorul asistent nu a trecut examenul de ordinare şi că avea reclamaţii la adresa acestui pastor. Acesta demisionase, iar prezbiterii care se opuneau acestui pastor erau şi ei învrăjbiţi. Biserica era un adevărat haos, mai mult, avea probleme financiare din cauza datoriilor, iar membrii acesteia îşi pierduseră puterea de trezire spirituală.

Însă când am ajuns la biserică am văzut că membrii nu au părăsit biserica, ci aceasta era plină. Chiar şi locurile corului erau pline, iar feţele fraţilor şi surorilor erau strălucitoare. Dumnezeu cunoştea situaţia în care se afla această biserică şi pentru a o salva m-a trimis pe mine să predic cuvântul Său şi să-l ajut pe pastor în problemele financiare.

## Campania misiunii mondiale LA '95

În 30 aprilie 1995, am fost invitat ca predicator principal la Campania misiunea mondială LA 1995 care s-a desfăşurat la Centrul convenţiei, fiind organizată de către Comitetul de evanghelizare mondială şi de Comitetul mişcării spiritual creştine din Coreea şi America. Prin harul lui Dumnezeu această campanie a avut un mare succes. Câteva zile mai târziu, am citit în Ziarul Creştin American următoarele:

Invitat ca președinte de onoare la cea de-a douăzeci și doua celebrare a Zilei Coreei în Los Angeles și participă la Centrul Cultural

„În data de 30 aprilie cam 50 de propovăduitori evanghelişti şi mai mult de 8000 de credincioşi s-au întâlnit şi au desfăşurat o adunare de trezire spirituală în scopul înfrăţirii tuturor raselor. Reverendul Jaerock Lee, predicatorul principal, a transmis mesajul cu titlul «Să fim una», şi a îndemnat participanţii la toleranţă spunând:

- Suntem cu toţii fraţi în credinţă indiferent de regiunea în care locuim, de rasă şi cultură, iar prin această credinţă unită, haideţi să punem bazele evanghelizării mondiale.

Vocea mulţimii a strigat motto-ul acestei campanii:

- Predicaţi evanghelia până la capătul lumii; faceţi din acest oraş un oraş al îngerilor; victoria este a noastră! încât a răsunat întreaga sală a Convenţiei."

Am participat şi la rugăciunea de la micul dejun la care au fost prezenţi aproximativ 300 de lideri ai zonei metropolitane din oraşul Los Angeles. Ei au apreciat spectacolele grupurilor de dans şi a grupurilor de laudă şi închinare, iar unii chiar au plâns emoţionaţi fiind de aceste spectacole.

### Festivalul Ziua Coreei

În luna septembrie a anului 1995, am participat la cea de-a 22-a ediţie a Festivalului Ziua Coreei a cartierului coreean din Los Angeles, în calitate de preşedinte onorific. Am ţinut rugăciunea reprezentativă pentru punerea temeliei unui monument şi am spus rugăciunea din deschiderea evenimentului „Noaptea coreeană". Am participat şi la cea mai importantă parte a evenimentului şi anume, la Parada Festivalului cu platformele decorate cu flori. Erau patru cai pentru o platformă specială pregătită pentru un oaspete de seamă. Mă simţeam stânjenit să apar în faţa atâtor oameni, dar totodată, cu strângere de inimă am acceptat să mă plimb cu această platformă, deoarece fusesem desemnat. Alte vehicule ne urmau platforma în această paradă.

Au fost câteva perturbări şi încercări de a mă opri de la participarea la acest eveniment în calitate de preşedinte onorific. Asociaţia coreenilor din Los Angeles s-a reunit într-o şedinţă şi a emis o declaraţie de obiecţie împotriva perturbărilor, afirmând că oricine va răspândi zvonuri false la adresa mea ca şi preşedinte onorific va fi dat în judecată de către asociaţie. Lucrarea lui Satan a fost reprimată de oamenii pe care Dumnezeu i-a rânduit într-un loc neprevăzut.

- Sfârşitul primei părţi -

Va urma (Volumul 2)

## Autor:
# Dr. Jaerock Lee

Dr. Jaerock Lee s-a născut în Muan, provincia Jeonnam din Republica Coreea, în anul 1943. Pe la douăzeci și ceva de ani s-a îmbolnăvit de nenumărate boli incurabile, din cauza cărora a suferit timp de șapte ani și își aștepta moartea fără șanse de însănătoșire. Într-o zi din primăvara anului 1974, sora sa l-a condus la o biserică, iar când a îngenunchiat acolo pentru a se ruga, Dumnezeul cel viu l-a vindecat imediat de toate bolile.

Din momentul în care dr. Lee L-a întâlnit pe Dumnezeul cel viu prin acea experiență minunată, l-a iubit din toată inima și cu toată sinceritatea, iar în anul 1978 a fost chemat să fie un slujitor al lui Dumnezeu. S-a rugat cu multă ardoare pentru a înțelege voia lui Dumnezeu cu claritate, pentru a o împlini în totalitate și pentru a asculta de Cuvântul lui Dumnezeu. În anul 1982 a deschis Biserica Centrală Manmin în Seul, Coreea de Sud, biserică în care au avut loc nenumărate lucrări ale lui Dumnezeu, cum ar fi vindecări miraculoase și minuni.

În anul 1986 dr. Lee a fost ordinat ca pastor în cadrul adunării anuale a bisericii „Jesus' Sungkyul Church of Korea", iar patru ani mai târziu, predicile sale încep să fie transmise în Australia, Rusia, Filipine și multe alte țări de către Far East Broadcasting Company, Asia Broadcasting Station și de către Washington Christian Radio System.

Trei ani mai târziu, în 1993, Biserica Centrală Manmin a fost inclusă între primele 50 de biserici din lume de către revista *Christian World* din S.U.A, iar pastorul Jaerock Lee a primit titlul de doctor onorific în teologie de la Christian Faith College, Florida, USA. În 1996 termină doctoratul în domeniul slujirii creștine la Kingsway Theological Seminary, statul Iowa, din S.U.A.

Din 1993 încoace, dr. Lee a preluat un loc de conducere în misiunea mondială prin nenumărate campanii de evanghelizare ținute peste hotare, în Tanzania, Argentina, în S.U.A în orașele: Los Angeles, Baltimore, New York, în statul Hawaii, în Uganda, Japonia, Pakistan, Kenya, Insulele Filipine, Honduras, India, Rusia, Germania, Peru, Republica Democrată Congo, Israel și în Estonia. În 2002 a fost numit un „pastor internațional" de către publicații creștine foarte cunoscute din Coreea pentru lucrarea sa din însemnate campanii unite de evanghelizare internaționale.

În aprilie 2013, numărul membrilor Bisericii Centrale Manim era de peste 120.000. Biserica are 10.000 de filiale în țară și peste hotare, iar până în prezent, peste 129 de misionari au fost trimiși în 23 de țări, inclusiv S.U.A, Rusia, Germania, Canada, Japonia, China, Franța, India, Kenya și în multe alte țări.

Până la data publicării acestei cărți, dr. Lee a scris 85 de cărți, inclusiv cărțile de mare succes *Gustând viața înainte de moarte, Viața mea, credința mea volumele I și II, Mesajul crucii, Măsura credinței, Cerul volumele I și II, Iadul* și *Puterea lui Dumnezeu*. Scrierile sale au fost traduse în peste 75 de limbi.

Articolele sale creștine apar în publicațiile *Hankook Ilbo, JoongAng Daily, Chosun Ilbo, Dong-A Ilbo, Munhwa Ilbo, Seoul Shinmun, Kyunghyang Shinmun, Korea Economic Daily, Korea Herald, Shisa News* și *Christian Press*.

Dr. Lee deține în prezent funcții de conducere în cadrul mai multor organizații și asociații misionare printre care: președintele consiliului bisericii United Holiness Church of Christ, președinte al Misiunii Mondiale Manmin (Manmin World Mission), președinte permanent al asociației World Christianity Revival Mission Association, fondatorul și președintele consiliului de conducere al rețelei Global Christian Network (GCN), fondatorul și președintele consiliului director al rețelei World Christian Doctors Network (WCDN) și al Seminarului Internațional Manmin (Manmin International Seminary -MIS).

### Cerul I & II

O prezentare detaliată a ambianței strălucitoare de care se vor bucura cetățenii cerului și o frumoasă descriere a diferitelor niveluri ale împărățiilor cerești.

### Mesajul Crucii

Un mesaj răsunător de trezire spirituală pentru toți cei adormiți spiritual! În această carte este prezentat motivul pentru care Isus este singurul mântuitor și expresia dragostei adevărate a lui Dumnezeu.

### Iadul

Un mesaj convingător pentru toată omenirea din partea lui Dumnezeu care dorește ca niciun suflet să nu piară în abisul iadului! Veți citi relatarea nedezvăluită până acum despre realitatea cruntă din locuința morților și din iad.

### Viața Mea, Credința Mea II

O relatare impresionantă despre credința adevărată care poate depăși orice fel de încercări și despre lucrările puternice ale Duhului Sfânt care s-au manifestat la o biserică care are o credință veridică.

### Măsura Credinței

Ce fel de locaș, cunună și răsplată vă sunt pregătite în cer? Această carte vă oferă călăuzire și înțelepciune pentru a determina unde vă este nivelul de credință și pentru a cultiva o credință de cel mai înalt grad de maturitate.

www.ingramcontent.com/pod-product-compliance
Lightning Source LLC
Chambersburg PA
CBHW030400130626
46549CB00004B/1570